Roland Schulz

So sterben wir

PIPER

Zu diesem Buch

»Tage vor deinem Tod, wenn noch niemand deine Sterbestunde kennt, hört dein Herz auf, Blut bis in die Spitzen deiner Finger zu pumpen. Wird anderswo gebraucht. In deinem Kopf.« Mit diesen Worten nimmt Roland Schulz den Leser mit auf die letzte Reise. Eindringlich beschreibt er, was wir während unserer letzten Tage und Stunden erleben. Er verfolgt die Reise des Körpers von der Leichenschau bis zur Bestattung und fragt schließlich, was Sterben und Tod für diejenigen bedeutet, die zurückbleiben: Wie trauern wir – und wie können wir weiterleben?
Ein aufwendig recherchiertes Buch, kraftvoll und voller Menschlichkeit.

Roland Schulz, Jahrgang 1976, ist Reporter. Er besuchte die Deutsche Journalistenschule in München. Er arbeitete unter anderem für *Geo* und *Die Zeit* und schreibt seit 2012 für das Magazin der *Süddeutschen Zeitung*. Für seine Reportagen wurde er mit zahlreichen Preisen ausgezeichnet, darunter der Deutsche Reporterpreis und der Theodor-Wolff-Preis.

Roland Schulz

So sterben wir

Unser Ende und was wir darüber wissen sollten

PIPER

Mehr über unsere Autorinnen, Autoren und Bücher:
www.piper.de

Ungekürzte Taschenbuchausgabe
ISBN 978-3-492-31621-7
1. Auflage September 2020
5. Auflage März 2026

Für einen direkten Kontakt und Fragen zum Produkt wenden Sie sich bitte an: *info@piper.de*
Umschlaggestaltung: zero-media.net, München
Satz: Fotosatz Amann, Memmingen
Gesetzt aus der Sabon LT Pro
Gedruckt von ScandBook in Litauen
Printed in the EU

Inhalt

Sterben

TAGE VOR DEINEM TOD, wenn noch niemand deine Sterbestunde kennt, hört dein Herz auf, Blut bis in die Spitzen deiner Finger zu pumpen. Wird anderswo gebraucht. In deinem Kopf. Im Kern deines Körpers, wo deine Lunge liegt, dein Herz, deine Leber. Auch aus den Zehenspitzen zieht sich das Blut zurück. Deine Füße werden kalt. Dein Atem verflacht. Die Sinne schwinden. Dein Körper leitet den Abschied vom Leben ein.

Später, wenn der Arzt den Totenschein ausfüllt, wird es so aussehen, als wäre dein Sterben einem streng geregelten Ablauf gefolgt, amtlich festgehalten im vertraulichen Teil deines Totenscheins, Blatt 1, Absatz I, Zeilen a) bis c). Aber das stimmt nicht. Dein Sterben ist ein Prozess voller Dynamik, so einzigartig wie dein Leben. Jeder Mensch erlebt diesen Prozess auf seine eigene, einmalige Weise. Erst danach, wenn du tot bist, lässt sich dein Sterben in drei Stufen staffeln, die der Arzt in den Totenschein einträgt.

Wenn dein Arzt ein Siebengescheit ist, wird er dein Sterben im ICD-Code abfassen, den Kürzeln aller Krankheiten weltweit. Vielleicht bist du eine J-18er-Lungenentzündung, wie Guido Westerwelle. Vielleicht ein Krebsfall der Kategorie C-22, wie David Bowie.

Wenn dein Arzt ein Simpel ist, wird er dein Sterben in Schlagworten abhandeln, die auf alle zutreffen. Vielleicht erfasst er dich als Atemstillstand. Am Ende steht jeder Atem still. Vielleicht als Herz-Kreislauf-Versagen. Am Ende versagt jedes Herz.

Wahrscheinlich aber wird er einfach die Kette der Krankheiten anführen, die dir den Tod brachte: von der unmittelbaren Todesursache vor wenigen Stunden über ihren Auslöser vor Monaten bis zum Grundleiden vor vielen Jahren. Aus Sicht der Statistik hat dein Sterben damals begonnen.

Du erinnerst dich sicher daran. Die Herzsache damals. Die Krebsdiagnose. Dieser dumme Sturz. Wie die Ärzte darüber redeten, war klar: Ist etwas Ernstes diesmal. Sie versprachen, es in den Griff zu kriegen. Sie hielten Wort, wie sie dein Leben lang Wort gehalten und dich geheilt hatten, bei jeder Krankheit, jedem Fieber, jedem Bruch. Sie schickten dich heim, und für ein Jahr oder fünf war es wieder gut. Aber jetzt liegst du hier, der Schwarm in weißen Kitteln war schon da, und auch wenn niemand deine Prognose in den Mund genommen hat, wird dir klar, wie es um dich steht. Du hast Angst.

Über Sterben ist schwer sprechen. Es lohnt sich aber, sagen die Spezialisten, die dem Sterben nahestehen. Sie waren anfangs skeptisch, als sie von der Idee dieses Buches hörten: Sterben, Schritt für Schritt? Sterben folgt keinem Fahrplan, sagten sie. Sterben ist dynamisch, Sterben ist komplex. Das beginnt schon mit dem Begriff. Sterben ist Teil des Lebens. Tod, das ist danach. Sie empfahlen Studien, Aufsätze, Statistiken. Dann erzählten sie doch, alte Ärzte und junge, Professorinnen der Palliativmedizin, Hospizleiter, Hospizhelfer, Pfleger, erfahren in tausenden Toden – weil sie ein Erlebnis aus ihrer Arbeit mit Sterbenden eint: Schmerzlicher als Sprechen ist Schweigen.

Deine Angst ist natürlich. Manche Forscher meinen, wir Menschen sind auch deswegen denkende Wesen geworden, weil wir uns lebenslang bemühen müssen, unsere Sterblichkeit zu leugnen. Das kennst du. Sterben? Das betraf dich nicht. Das war weit weg. Der Tod, das bedeutete immer den Tod der anderen, nie deinen eigenen. Auf diese Art hast du, wie wir alle, außer Acht gelassen, was uns gewiss ist: Wir werden alle sterben – aber wissen nicht, wann. Du weißt es jetzt. Bald.

Sterben zu schildern, birgt eine Gefahr: Wer Sterben zu erklären sucht, erzeugt – ob er will oder nicht – ein Gefühl des Wissens und damit der Kontrolle. Das, warnen Wissenschaftler, ist eine Illusion. Keiner kann wissen, was im Tod ist. Im Sterben stoßen der Verstand, das Denken, die Vernunft an ihre Grenzen: Da gibt es keine Gewissheiten mehr. Sicher ist jedoch: Sterben ist genau das Gegenteil von Kontrolle. Nicht lange, und du wirst die Hoheit über Körper und Geist vollkommen verlieren, unwiderruflich.

Fragen drängen sich in deinen Sinn; was nun, warum ich, wann genau, wie denn. Ärzte, die vielen Sterbenden zur Seite standen, sind am Anfang vorsichtig mit Antworten. Sie stellen lieber selber Fragen. Wie sehen Sie Ihre Situation? Was wissen Sie über Ihre Krankheit? Was haben Sie für ein Gefühl, wie geht es weiter? Was wäre, wenn es nicht so kommt? So stupsen sie dich, sachte, ganz sachte, und du kannst entscheiden, wie weit du der Wahrheit entgegentreten willst. Es gibt Kranke, denen wäre die volle Wahrheit zu viel. Es gibt Kranke, die wollen alles wissen. Ärzte und Pfleger auf Palliativstationen antworten daher nach einer Faustformel: Alles, was sie dir sagen, muss aufrichtig, muss wahrhaftig sein. Aber nicht zwingend gleich die ganze Wahrheit.

Du kannst jedoch jederzeit danach fragen. Das Wissen darum kann befreien. Schwerstkranke scheinen oft von einem Schweigen umstellt, das gegenseitiger Rücksichtnahme entspringt, der des Kranken wie der Gesunden:

... ich kann das den Kindern nicht zumuten ...
... wir dürfen Mama damit nicht belasten ...
... ich will ihnen nicht zur Last fallen ...
... wir müssen Papa schonen ...
... das ertragen sie nicht ...
... das hält er nie aus ...

Sehr häufig, dieses Phänomen. Sich beidseits schonen, um jeden Preis. Speziell, wenn es ans Sterben geht. Es gibt eine Geschichte dazu, die Ärzte in so vielen Spielarten erzählen, dass sie wie eine Fabel wirkt, obwohl sie sich wahrhaftig so zugetragen hat, jedes Mal. Sie handelt von einem Ehepaar.

Sie liegt drinnen auf dem Bett und flüstert: »Ich spüre es, ich werde sterben – aber sagen Sie das auf keinem Fall meinem Mann!«

Er steht draußen vor der Tür und sagt: »Meine Frau wird sterben, ich merke das – bitte sagen Sie ihr bloß nicht, wie ernst ihre Lage ist!«

Sie haben in der Medizin einen schönen Begriff gemünzt für diese Strategie: barmherzige Lügen. Solche Lügen bringen nichts. Auch die anderen Ausweichmanöver sind nutzlos, Aussitzen, Weglaufen, Schönreden. Sie funktionieren nicht; nicht beim Sterben.

Es ist erschütternd, wenn sie dir eröffnen, es geht zu Ende. Sie setzen an, und dir zerspringen die Sinne. Du hörst die Ärzte wie durch Watte. Du siehst die Dinge so entrückt wie durch das falsche Ende eines Fernrohrs. Du ringst um Atem. Danach kannst du dich nicht erinnern, was sie eigentlich gesagt haben. Gute Ärzte führen dieses Gespräch deswegen zweimal. Einmal, damit du vernimmst, wie es um dich steht. Und einmal, damit du verstehst.

Es gibt allerdings auch viele Ärzte, die führen dieses Gespräch gar nicht. Weil sie es nie gelernt haben in ihrer Ausbildung. Weil sie es nicht können, weder als Mensch noch als Arzt. Weil sie die Zeit dafür nicht haben, in der Hektik der Kliniken und Krankenhäuser. Und vor allem: Weil es so viel einfacher scheint, die Aussicht deines Sterbens zu leugnen, ob stillschweigend oder tatkräftig durch immer neue Therapien. Dabei können sie auf einen Komplizen hoffen – dich. Du willst dein Sterben nicht wahrhaben, du hast noch Hoffnung. Und Hoffnung springt auf jede Verheißung auf. Daraus kann sich eine Dynamik entwickeln: Du willst nicht sterben, dein Arzt nicht darüber sprechen, einmütig verliert ihr euch in Spiegelfechterei. Viele Sterbende bereuen das später. Sie sagen, für solche Possen sei die Zeit, die dir bleibt, zu kostbar. Du könntest längst anfangen, dich mit deinem Tod auseinanderzusetzen. Dafür muss dein Arzt dir aber offenlegen, dass du sterben wirst. Dafür muss dir bewusst werden, dass du sterben wirst.

In ihren Lehrbüchern steht, dass dein Gemüt im Kreis laufen wird, von jäh schwankenden Stimmungen gejagt. Du willst es nicht wahrhaben; sterben, du doch nicht. Dich packt der Zorn; wer ist hier verantwortlich, wer trägt hier die Schuld. Du versuchst zu verhandeln; ab jetzt jeden Sonntag in die Kirche und jeden Preis für eine neue Therapie. Dich schluckt Selbstmitleid; ist doch sinnlos, das alles. Du erkennst dein Sterben an; so schlecht waren sie nicht, die Jahre.

Das klingt nach einem fixen Programm in fünf Phasen. Doch sie vermengen und verflechten sich, in einem Wirrwarr von Gefühlen: erst das Selbstmitleid, dann der Zorn; gleich das Anerkennen – oder nie; wieder und wieder das Verleugnen. Dieses Unstete ist vielleicht der wichtigste Grundsatz des Sterbens. Sterben gehorcht keinen starren Gesetzen. Sterben nimmt sich alle Freiheiten.

Manche Menschen wühlt es auf, wenn ihr Sterben in Sicht kommt. Manche beruhigt es, wenn aus ihren Ahnungen endlich Gewissheit wird. Der Mehrzahl geht es wie dir. Du verstummst. Selbst wenn du sprichst oder scherzt oder schreist. Du bist stumm. Im Inneren. Oft auch außen. Das ist der Schock. Wissenschaftler sprechen vom existentiellen Schlag, dem Schaudern des Ichs, einem Ersttrauma des Sterbens. An diesen Beschreibungen zeigt sich der Spalt, der auf einmal zwischen dir und denen aufklafft, die im Leben stehen: Sie können spielend in Worte kleiden, was dir wie ein Dolch in die Eingeweide dringt. Du wirst sterben. Du wirst sterben. Du wirst sterben. Es dauert, das zu verdauen. Aus Sicht der Psychologie setzt dein Sterben damit ein: Sobald dir bewusst ist, dass dein Tod bevorsteht. Sobald dieses Bewusstsein dein Leben bestimmt.

Du gewinnst das Gefühl, wie in einer Luftblase durch deine Tage zu gehen. Die Welt da draußen ist voller Leben. Du bist dem Tod geweiht. Dabei macht er sich noch kaum bemerkbar. Ein Aussetzer ab und an. Der Schmerz dann und wann. Diese Mattigkeit. Sterben kündigt sich langsam an, je nach Krankheit.

Was immer du hast, deine Krankheit tritt ins Schlaglicht. Die Medizin hat den Hang, alles wissen zu wollen, und deine Ärzte bieten dafür auf, was das Arsenal hergibt: Ultraschall, Kernspin, CT. Laborproben, Röntgenbilder, Gewebeanalysen. Kann sein, dass du dabei in den Augen deiner Ärzte hinter deiner Diagnose verschwindest – sie nehmen dich weniger als Mensch wahr denn als Wirt einer Krankheit, die bekämpft gehört.

Das macht dich klein. Alles, was dich ausmacht – deine Augen, dein Lachen, deine Ängste, deine Lüste, dein Können, dein Wissen, deine Erfahrungen, deine guten und schlechten Eigenschaften, deine Lieblingslieder, deine Rückzugsorte, deine Erinnerungen und Sehnsüchte, deine Narben, deine Errungenschaften, deine Leibspeise, deine Traumlande, dein Geruch, deine List, deine Gesten, deine dunklen Geheimnisse und deine liebend gern offengelegten Triumphe, deine Macken und Stimmungen und Verdienste, deine Wünsche und Pläne und Ziele und der kleine Tick, mit dem dich deine Freunde immer aufziehen – alles das scheint von dir abzublättern, bis allein deine Diagnose dich definiert.

Auch wenn du den Eindruck hast: Die meinen das nicht persönlich, deine Ärzte. Sie sind so ausgebildet. Sie kämpfen seit Generationen auf diese Art um die Gesundheit ihrer Patienten; Diagnose, Therapie, Prognose – ein durchdachtes, planmäßiges, nüchternes Vorgehen. Ihr gesamtes System ist inzwischen auf dieser Form des Arbeitens aufgebaut: Abrechenbar ist Aktion, belohnt werden Behandlungen. Dadurch entsteht ein Drall, eine Dynamik, die auf Taten drängt, auf Therapien, auf Attacke gegen diese Krebszellen oder Keime, wer auch immer ihr Träger ist. Die moderne Medizin wirkt deshalb oft unpersönlich. Doch in erster Linie ist sie nüchtern und methodisch. Und so nüchtern und methodisch kämpfen deine Ärzte auch um das Leben des Menschen, der sich hinter der zehnstelligen Nummer verbirgt, die auf die Gesundheitskarte in deinem Geldbeutel gedruckt ist.

Du spürst, wie deine Stellung verrückt. Menschen beginnen, auf dich anders zu reagieren, in Worten, in Taten, besonders in Gedanken. Diese verstohlene Rücksicht. Dieses unterdrückte Unbehagen. Das hektische Überspielen. Es fühlt sich an, als hätten sie auf einen Schlag verlernt, auf natürliche Weise mit dir umzugehen. Du kannst dabei zusehen, wie deine Krankheit den Kreis deiner Freunde und Kollegen verformt.

Manche meiden dich. Weil ihnen das jetzt einfach zu viel ist. Weil sie jetzt auch nicht wissen, wie sie da helfen sollen. Kein Anruf mehr, kein Kontakt, sie sind fort wie die Schwalben, wenn der Winter naht. Auch wenn es wehtut: Das ist gut so. Du kannst jetzt keine Menschen brauchen, die mit nichts als Angst auf dich blicken.

Manche bestürmen dich. Weil sie selbst sich über jeden Besuch freuen würden, an deiner Stelle. Weil sie genau wissen, was gut für dich ist. Kuchen, Blümchen, von Herzen viel Kraft; sie päppeln dich, als gehe es um ihr eigenes Leben. Auch wenn es lieb gemeint ist: Bestehe auf Abstand. Sie sind keine Stütze, diese Menschen, die denken, das hier, das drehe sich nicht nur um dich. Doch. Dieses Mal dreht sich alles um dich allein.

Die meisten Menschen in deinem Umfeld sind sich jedoch überhaupt nicht sicher, wie sie mit dir umgehen sollen. Das zeigt sich in erster Linie an ihrer Sprache. Es dauert nicht lang, und du kannst Bingo spielen mit den Sprüchen, die ihnen unbedacht aus dem Mund schlüpfen.

Guten Morgen!

Du denkst: Nein, kein guter Morgen. Gar kein guter Morgen. Und auch kein guter Tag.

Du sagst: Morgen.

Wie geht's dir?

Du denkst: Beschissen, wie denn sonst.

Du sagst: Na ja, so la-la.

Also an deiner Stelle würde ich mal das versuchen.

Du denkst: An meiner Stelle würdest du weinen und schreien und wütend sein.

Du sagst: Mhm, merk ich mir.

Glaub mir, ich kann mir genau vorstellen, wie du dich fühlst.

Du denkst: Nein, das kannst du ganz und gar nicht, sei froh drum.

Du sagst: Glaub ich dir.

Hast du gehört, der Dingsbums spielt trotz Chemo noch Tennis.

Du denkst: Und ich bin müde. Und mir ist übel. Und ich bin mir nicht sicher, ob ich so was hören mag.

Du sagst: Wer noch mal?

Du musst jetzt stark sein.

Du denkst: Bin ich aber nicht, schon länger nicht. Ich kann spüren, wie ich schwächer werde. Ich will's nur nicht sagen.

Du sagst: Ich versuch's ja.

Weiß gar nicht, ob du das wusstest, aber an so was ist auch mein Onkel/Kollege/Nachbar gestorben.

Du denkst: Will ich nicht wissen. Will ich nicht wissen.

Du sagst: Wusste ich nicht.

Kopf hoch, du musst jetzt kämpfen!

Du denkst: Wie soll ich denn dagegen kämpfen. Ich will nicht kämpfen. Ich will leben.

Du sagst: Ich geb mein Bestes.

Entschuldige, dass ich weinen muss, aber das macht mich alles so traurig.

Du denkst: Und mich erst.

Du sagst: Kopf hoch. Du musst jetzt stark sein.

Und wenn ich irgendwas für dich tun kann, egal wann, sag einfach Bescheid, okay?

Du denkst: Mensch, du hast doch Arbeit und Familie und Termine und Freunde, du stehst voll im Leben, verdammt – egal wann, das ist doch gelogen!
Du sagst: Okay.

Wird schon wieder!
Du denkst: Eben nicht. Oh Gott.
Du sagst: nichts.

Mach's gut.
Du denkst: Mach's besser. Mach's besser in deinem Leben.
Du sagst: Du auch.

Du kannst ihr kaum entkommen, dieser krummen Kommunikation. Sterben übt eine Kraft aus, die deine Bindungen zu den Menschen unter Zug setzt; besonders zu jenen, die dir nicht so nahestehen. Das spricht selten einer aus, doch die meisten spüren es, manche bewusst, manche als Bauchgefühl – es ist, als stehe eine Spannung zwischen dir und der Welt: Du musst gehen. Die anderen bleiben. Diese Spannung kann stabile Beziehungen stabiler machen, zerbrechliche zerbrechlicher, aber es kann auch anders herum sein. Sterben prüft, wie belastbar deine Bindungen sind.

Du lernst, das Doppeldenk der Lebenden zu lesen. Sie muntern dich auf, doch sie sind niedergeschlagen. Sie feuern dich an, doch fühlen sich hilflos. Sie geben dir Ratschläge, doch wissen nicht weiter. Sie erklären deine Krankheit zu einem Kampf, doch sie sind sich im Klaren, dass es keinen Sieg über den Tod geben kann. Häufig steht hinter ihren Worthülsen gar nicht der Drang, dich zu trösten. Sondern das stille Verlangen, sich selbst die Situation zu erleichtern: Sie versuchen, ihre beklemmenden Gefühle in deiner Gegenwart in irgendetwas umzuschichten, das leichter zu ertragen ist.

Ausflüchte solcher Art gibt es unzählige, aber die meisten folgen einem von drei Mustern, die Sterbenskranke häufiger hören. Es gibt, erstens, die Verniedlicher. Sie ordnen deine Krankheit sofort ein, setzen sie in Bezug zu anderen Schicksalsschlägen wie dem Krieg am Hindukusch oder der Hungersnot in Afrika, stellen die Universalität des Sterbens fest – so viele Weisheiten und nur eine Botschaft: Hab dich nicht so, das ist der Lauf der Welt. Dann gibt es, zweitens, die Lehrmeister: Sie sehen deine Krankheit als wertvolle Erfahrung für dich, als eine existenzielle Übung, als Exerzitien für Körper, Geist und Seele – sie glauben, nichts im Leben geschieht ohne Grund, alles hat seinen tieferen Sinn, sieh das doch endlich ein. Und es gibt, drittens, die Lösungsanbieter: Sie haben deine Rettung schon in Sicht, sie kennen das eine Geheimmittel, die Gedankenübung oder das Gebet, das dich hundertprozentig heilen wird, und wehe, wenn du es nicht versuchst, denn deine Heilung liegt in deiner Hand – es ist alles eine Frage der Einstellung, du darfst dich nur nicht unterkriegen lassen! Manche Sterbenskranke sagen, in solchen Momenten kommen sie sich vor, als säßen die Gesunden über sie zu Gericht.

Solche Tribunale sind ein Zeichen, wie sehr der Tod außer Sicht gerückt ist. Es ist ein paradoxes Phänomen: Auch in der Moderne ist der Tod allgegenwärtig, jeden Morgen in der Zeitung, jeden Abend im Fernsehen, rund um die Uhr im Internet – aber im Alltag ist er kaum sichtbar. Der Fortschritt der Medizin, der Wandel der Gesellschaft, die Kultur der Moderne haben den handfesten Tod aus der Wahrnehmung verdrängt. Manche Menschen sehen den ersten Leichnam ihres Lebens erst im Alter von fünfzig oder sechzig Jahren, wenn ihre Eltern sterben. Aus der Sicht der Geschichte ist das eine Anomalie: Sterben und Tod waren über Jahrtausende ein sichtbarer, fassbarer, spürbarer Teil des Lebens, in allen Altersstufen. Aber inzwischen ist Sterben abstrakt.

Der moderne Mensch denkt über den Tod wie über den Weltraum: Er existiert zweifelsohne irgendwo da draußen – aber im tiefsten Herzen sind wir sicher, niemals durch seine Dunkelheit zu wandeln. Deswegen reagieren viele Menschen um dich so verquer auf die Aussicht deines Sterbens: Du bist die leibhaftige Mahnung, dass der Weltraum Wirklichkeit ist und auf uns alle wartet.

Demut. Demut und Respekt. Davon, sagen Ärzte, solle jeder Umgang mit Sterbenskranken geprägt sein. Aber das ist – wie bei vielen Weisheiten des Lebens – leichter gesagt als getan. Einige Sterbenskranke haben sich daher an einer Etikette versucht, einem kleinen Knigge für den Umgang mit Menschen, die sterben werden. Sie sagen, wichtig sei eines: Wer Sterbenskranken begegnet, sollte sich zuerst über seine eigenen Gefühle klar werden. Fühle ich mich unbehaglich? Fühle ich mich bedrückt, trostlos, ohnmächtig? Spüre ich im Angesicht des Kranken Angst? Alles menschlich; geht den meisten so. Aber ich muss mir bewusst machen, warum mich diese Gefühle überkommen. Weil mir der Sterbende so wichtig ist? Weil mich sein Anblick daran erinnert, dass die Krankheit auch mich hätte treffen können? Weil mir die Tatsache vor Augen tritt, dass mich ebenfalls der Tod erwartet? Das hilft, die Gefühle zu trennen: Welche drehen sich in Wahrheit um mich, welche um den Sterbenden. Dann ist es leichter, dir eine Hilfe zu sein. Leichter, nicht leicht. Ein Sterben erleben ist nie leicht.

In ihrem Knigge empfehlen die Sterbenskranken Menschen in der gleichen Situation einen Kniff. Er nennt sich das Modell der Ringe. Zeichne einen Kreis. Im Zentrum des Kreises, da stehst du, der Sterbenskranke. Ziehe einen zweiten Kreis um den ersten. Das ist der Mensch, der dir am nächsten ist: deine Liebe, dein engster Freund. Zeichne einen dritten Kreis um den zweiten. Das sind die Menschen, die dir nahestehen, deine Tochter, dein Sohn, deine Schwester, dein Bruder. Zeichne einen vierten Kreis. Deine besten Freunde. Einen fünften Kreis. Deine Kollegen. Einen sechsten. Nachbarn. Zieh so viele Kreise, wie du nötig hast, um dein Umfeld zu ordnen, von deinen Eltern bis zu entfernten Verwandten, von engen Freunden bis zu losen Bekannten. Sieht am Ende aus wie eine Krikelkrakel-Skizze des Sonnensystems: Das Zentralgestirn du, und um dich kreisen alle übrigen Himmelskörper auf ihren Umlaufbahnen. Das ist die Ordnung deiner Helferkreise. Oberste Regel für deine Freunde und Angehörigen: Trost rein, Klagen raus. Du, der Sterbenskranke im Zentrum, darfst alles, egal in welchem Kreis: Du kannst weinen und klagen und wüten und leiden und wimmern und toben und Gott und die Welt verfluchen. Auch die anderen werden das wollen, klagen, sich ausweinen, abladen, was sie belastet. Dürfen sie auch. Aber ausschließlich nach außen hin, zu Menschen auf äußeren Umlaufbahnen. Nach innen hin nicht. Nach innen, zum Zentrum zu, immer trösten.

Manche Sterbenskranke verteilen ihr Modell; sie kleben dann überall am Kühlschrank, die Kreise. Andere setzen auf Daumenregeln wie diese: Sobald jemand den drängenden Wunsch verspürt, etwas unbedingt für einen Sterbenskranken tun zu wollen – Stopp. Was der Gesunde wünscht, steht nicht an erster Stelle. Wichtig sind die Wünsche des Sterbenskranken. Und die sind, das weißt du, oft ganz andere als angenommen. Ein mitgebrachtes Essen kann eine schöne Geste sein oder ein Schlag ins Gesicht, weil deine engsten Gefährten, deine Familie dir deine letzten Mahlzeiten selbst kochen wollen, mit viel Liebe. Wenn du willst: Sprich darüber, was du dir wünschst, was dir ein kleiner Trost sein könnte. Wenn du nicht willst: Sprich darüber, wie sinnlos Wünsche dir erscheinen, wie wenig tröstet. Nur nicht verstummen, nicht ins Schweigen fliehen.

Es braucht seine Zeit, bis sich die Menschen auf die Aussicht deines Sterbens eingestimmt haben. Vielleicht hast du das Glück, Freunde zu haben, die bereits Erfahrung mit Sterbenden besitzen. Vielleicht kennst du Charakterköpfe, die derart im Leben wurzeln, dass sie alles instinktsicher anpacken, sogar das Sterben. Alle anderen werden es schnell lernen.

Trau dich ruhig, frag deine Ärzte. Sie wissen sowieso schon, was du fragen willst, weil es fast alle fragen: Wie viel Zeit bleibt mir noch?

Es gibt mehrere Antworten darauf. Eine handfeste. Eine ungefähre. Eine wahre. Das ist eine Sache der Statistik. Die moderne Medizin misst ihre Arbeit genau: Auswirkungen von Medikamenten, Ergebnisse von Operationen, Folgen von Therapien, dazu Neuerkrankungen, Behandlungsverläufe, Todesfälle – alles erfasst und ausgewertet. Manche dieser Daten münden in einer einzelnen Kennziffer, manche in endlosen Kurven, die Mortalität, Letalität, Inzidenz messen. Ist nicht so kompliziert, wie es klingt.

Angenommen, sie entdecken in deinem Kopf einen Gehirntumor. Bösartig. Genannt: Glioblastom. Der häufigste unter den bösartigen Gehirntumoren. Deswegen gibt es viele Daten dazu, sehr viele. Diese Daten erlauben die Vorhersage, wie lange Menschen mit Glioblastom noch leben werden. Das geschieht mit statistischen Methoden; eine gute, die Ärzte gerne anwenden, misst die Zahl der Patienten, die bis zu einem bestimmten Zeitpunkt überleben – die Kaplan-Meier-Kurve. Sieht aufgezeichnet aus wie eine Treppe abwärts. Bei Glioblastomen aber gleicht die Kurve einer Klippe, die schroff abfällt. Nach zwei Jahren sind nahezu alle Patienten tot.

Wie viel Zeit dir noch bleibt? Das kann ein Arzt anhand der Kurve ablesen: Im Mittel überleben Menschen mit Glioblastom elf Monate. Aber – da liegt der entscheidende Unterschied zwischen einer Statistik und einem Einzelfall – das bedeutet nicht, dass auch du noch elf Monate lebst. Manche sterben wenige Wochen nach der Diagnose. Manche leben länger als zwei Jahre. Das macht die handfeste Antwort auf deine Frage heikel. Die Statistik kennt die durchschnittliche Überlebensdauer für etliche Krankheiten auf Wochen, auf Tage genau. So präzise diese Statistiken sind, sie geben Wahrscheinlichkeiten an, keine Gewissheiten – kein Arzt der Welt kann voraussagen, wo genau du auf der Kaplan-Meier-Kurve deiner Krankheit liegst. Viele Ärzte wählen daher die zweite, die ungefähre Antwort: Sie nennen dir keinen Zeitpunkt, sondern einen Zeitraum. Die meisten Menschen mit Glioblastom, sagen sie, leben einige Monate oder Jahre. Die wahre Antwort auf deine Frage weißt du ohnehin selbst. Vielleicht stirbst du später, als alle glauben. Aber sicher früher, als du wünschst.

Du beginnst, dich zu verändern. Dein Körper geht voran. Er verändert sich schleppend. Aber nicht in jener gemächlichen Abdrift, die jedes Lebensjahr mit sich bringt; das Gewicht, das sich auf die Hüften sattelt, die Falten, die sich ins Gesicht furchen. Diese Veränderung ist anders, radikaler, als ob dein Körper auf einmal eine Unwucht bekommen hätte.

Deine Kräfte versiegen, Schwäche bemächtigt sich deiner Glieder. Dein eigenes Fleisch wird dir fremd. Das erniedrigt dich, dieses Gefühl. Als du als Kind aufgewachsen bist, hast du Zeit gebraucht, deinen Körper und seine Signale kennenzulernen: Aha, dieses Stechen in der Seite, das tritt nach atemlosem Laufen auf; der sauer metallische Geschmack im Mund, da ist Galle aufgestoßen; das Kribbeln in den Beinen, sie sind eingeschlafen. Aber dann war dir dein Körper vertraut; die innige Heimat deines Selbst, über Jahrzehnte hinweg.

Nun bekommst du das vage Gefühl, diese Heimat bliebe zurück, schrittweise, so wie Festland zurückbleibt, wenn du in See stichst.

Dein Körper fühlt sich anders an, folgt weniger. Sterben vereint viele Symptome, und manche schleichen sich früh an. Vielleicht bekommst du Verstopfung. Vielleicht Durchfall. Vielleicht überfällt dich Schluckauf. Vielleicht Juckreiz. Mal bist du müde. Mal schlaflos. Dir wird öfter übel. Du musst eher brechen. Deine Erschöpfung macht dich mürbe. Alles zusammen nennen Ärzte die Symptomlast. Der Ausdruck trifft. Die Last, die du zu schultern hast, drückt dich nieder, wie ein Joch. Aber es ist nicht allein das Leid, das so schwer wiegt. Es ist auch die Erkenntnis, deinem Körper nicht mehr trauen zu können. Du beginnst, anders auf ihn zu achten, argwöhnischer. Jedem Schaudern spürst du hinterher. Jedes Pochen horchst du aus. Du beobachtest dich wie ein Wächter, mit scharfen Sinnen, um die geringste Veränderung, den leisesten Vorboten wahrzunehmen. Dein Körper scheint zum Feind übergelaufen. Ärzte sprechen von der existentiellen Erniedrigung, die so schwere Krankheiten wie deine bedeuten. Sterbende, die den Anfang ihres Weges aufgezeichnet haben, schildern diesen Verfall so: Du blickst eines Morgens in den Spiegel und siehst jemanden, den du kaum mehr kennst. Dein Körper verändert sich, und mit ihm der Mensch, der in ihm wohnt.

Trauer tritt in dein Leben. Vielleicht wirft es dich um, wenn dir bewusst wird: Das gerade eben, das war das letzte Mal. Das letzte Mal am Meer. Das letzte Mal in den Bergen. Auf Arbeit. Am Steuer. Ein letztes Mal mit dem Menschen schlafen, den du liebst. Der letzte Schnee. Die letzte Rechnung im Restaurant. Das letzte Mal über dir der Mond. Das letzte Mal tun, was deine Gabe war.

Vielleicht streckt dich das Wissen nieder, so vieles nicht mehr erleben zu werden. Weihnachten. Die Geburt deines Enkels. Den Wein künftiger Jahrgänge. Wie deine Tochter laufen lernt, und dein Sohn sprechen. Ihr erster Schultag. Sein erster Liebeskummer. Dass dein Wunsch Wirklichkeit wird, der, von dem niemand weiß. Die nächste WM, und wer den Oscar, den Nobelpreis gewinnt. Die Sommersonne.

Egal, welche Form sie wählt – sie ist normal, deine Trauer. Wohin du dich wendest, was du unternimmst: Überall überschattet der Tod dein Tun. Das lässt die Schönheit des Lebens so ans Licht treten.

Deine Welt beginnt zu schrumpfen. Der Radius deiner Reisen wird kleiner und kleiner, ganz gemächlich erst, dann zügiger. Kein Urlaub im Ausland mehr, wo Ärzte andere Sprachen sprechen. Keine Ausflüge in andere Städte, weil der Weg allein dich auslaugen würde. Die Orte deines Lebens, die einst einmal – und wenn es nur in Träumen war – in aller Welt verstreut lagen, werden weniger. Mit den Orten rücken auch die Menschen aus deiner Reichweite. Die Dörfer und Städte deines Aufwachsens, wie ein ferner Kontinent. Das Theater am anderen Ende der Stadt, zu weit weg. Der Supermarkt um die Ecke, unerreichbar. Du bist selten auf der Straße. Du bist kaum mehr draußen. Dein Blick wird enger, die Sicht aus dem Fenster, der Fernseher. So nimmt Sterben langsam seinen Lauf. Du nimmst Abschied von Orten, du nimmst Abschied von Menschen, und schließlich nimmst du Abschied von dir selbst.

Es ist Zeit, an deinen Tod zu denken. Übereile nichts. Überlege nur. Was willst du noch tun? Welchen Wunsch erfüllen, dir und anderen? Welche Vorkehrungen treffen? Gerade die gilt es nicht zu vergessen, die Vorkehrungen für Tod und Sterben. Einige treffen diese schon früh, mitten im Leben. Andere erst spät, im Angesicht einer Krise oder Krankheit. Viele nie, wie du vielleicht. Doch es ist wichtig. Sonst wird es schwer für jene, die dich im Sterben und danach umsorgen, deine Ärzte, Bestatter, Aufbahrer, deine Familie und Freunde. Wenn sie deinen Willen nicht kennen, können sie ihn nicht erfüllen.

Es braucht nicht viel. Patientenverfügung, Totenfürsorge, Testament, diese drei. Papierkram, aber ganz anders. Du schreibst an die Lebenden, schon aus der Sicht eines Toten.

Die Patientenverfügung ist das kniffligste. Sie setzt deinen Willen für den Fall fest, dass du ihn nicht mehr äußern kannst. Sie dient dazu, deinen Ärzten zu sagen, was sie in solchen lebensbedrohlichen Situationen tun sollen und vor allem: was nicht. Knifflig daran ist, dass eine Patientenverfügung nur in Situationen wirksam wird, die du ausdrücklich benannt hast. Keine Sorge, es gibt Hilfe. Viele Stellen – das Justizministerium, Ärztekammern, Wohlfahrtsverbände – bieten Vordrucke an, die du nutzen kannst. Musst du nicht. Solltest du aber. So gehst du sicher, dass dein Wille auch wirksam ist, wenn es so weit ist. Die Vordrucke haben zwei Teile: Wann genau deine Verfügung gelten soll, im Endstadium einer unheilbaren Erkrankung zum Beispiel, und was dann geschehen soll – was verlangst du von deinen Ärzten, was verbietest du ihnen? Maschinelle Beatmung? Künstliche Ernährung? Im Kern geht es um eine einfache Frage, die schwer zu beantworten ist: Sollen sie dein Leben unter allen Umständen zu erhalten versuchen?

Es ist hart, das mit sich auszumachen. Den eigenen Tod durchdenken, und das im Detail. Dabei hilft, dem eigenen Leben Fragen zu stellen. Was ist dir wertvoll daran? Bist zu zufrieden? Möchtest du möglichst lange leben? Oder ist dir die Qualität deines Lebens wichtiger als seine Dauer? Wie bist du bislang mit Krankheit, mit

Leid umgegangen? Wie mit dem Tod derer, die vor dir gegangen sind? Was half dir dabei? Kannst du Hilfe annehmen? Hast du Angst, anderen zur Last zu fallen? Warum?

Fragen wie diese legen die Werte frei, nach denen du lebst. Schreib deine Antworten auf. Das hilft dir jetzt, in deinem Denken. Hefte die Antworten an deine Verfügung. Das hilft den Menschen an deiner Seite später, in deinem Sterben. Aus deinen Worten können Ärzte etwas ablesen, was sie den mutmaßlichen Willen des Patienten nennen: Sollte eine Situation eintreten, die du nicht bedacht hast, treffen sie ihre Entscheidung auf Grundlage der Werte, die aus deinen Worten sprechen. Wenn du Zweifel hast, während du deinen Tod durchdenkst – rede mit einem Arzt, der dich kennt, dem du vertraust.

Viele koppeln ihre Patientenverfügung mit einer Vorsorgevollmacht: Sie bestellen einen Menschen, dem sie vertrauen, zu ihrem Vertreter – er entscheidet in ihrem Namen, wenn sie es nicht mehr können. Andere verzichten auf jede Art der Verfügung, weil sie auf ein wohlwollendes Schicksal vertrauen.

Achtung verdient beides. Wer vorausdenkt und verfügt, begreift den Tod als gestaltbar, in gewissen Grenzen zumindest. Das ist er heutzutage in der Tat – die Medizin und das Menschenrecht, im Notfall auch auf sie zu verzichten, haben das Sterben verändert. Doch der Tod ist alt. Seit Anbeginn ist Sterben das Los aller Lebewesen. Wer vorausdenkt und vertraut, erkennt den Tod als Schicksal an, ohne das Leben nicht zu haben ist – und dem man sich als Mensch auch überlassen kann.

Egal, zu welcher Seite du neigst: Hauptsache, du setzt dich mit deinem Sterben auseinander. Welche Vorkehrungen du dann triffst? Das steht dir frei. Es ist dein Sterben. Erst dein Tod, der gehört dir nicht mehr allein.

Später, bevor die Bestatter deinen Leichnam holen, wollen sie drei Dinge wissen. Feuer oder Erde? Wo soll deine Asche, dein Leichnam bestattet werden? Sind Sonderwünsche verfügt? Du hilfst den Menschen, die du zurücklässt, wenn sie Antworten darauf wissen. Denn deine Angehörigen haben das Recht, über deinen Leichnam und deine Bestattung zu entscheiden, das Gesetz sagt: das Totenfürsorgerecht. Es reicht weit. Außer, du hast auch hier deinen Willen kundgetan.

Das geht im Großen. Ein Schriftstück, das Order für Art und Ort deiner Bestattung festhält, das die Totenfürsorge an andere überträgt, an Freunde, an Bestatter auch. Es geht auch im Kleinen. Ein Gespräch mit dem Menschen, den du liebst. Wie er sein soll, dein Abschied. Wie nicht.

Es gibt allerdings eine Faustregel. Alles, was ein wenig außergewöhnlich ist, besser schriftlich festhalten.

Wenn du deinen Leib als Leichnam der Wissenschaft vermachen willst und in der Anatomie nur anrufst – das reicht nicht aus.

Wenn du deine Asche im Wald oder auf See wissen willst und nur der Prospekt dafür neben deinem Sterbebett liegt – das reicht nicht.

Wenn du auf einem anonymen Gräberfeld beigesetzt werden willst und nur der Pastorin davon erzählst – reicht nicht.

Aufgeschrieben – und unbedingt: unterschrieben! – aber sind deine Wünsche bindend. Sie lassen sich hinterlegen, beim Bestatter, zur Not beim Notar. Nur Teil des Testaments sollten sie nicht sein. Wenn es nach deinem Tod eröffnet wird, ist deine Bestattung in der Regel bereits gelaufen.

Wenn du sichergehen willst, machst du beides, mit deinen Menschen sprechen, es schriftlich festhalten. Wenn du ganz sichergehen willst, dass du im Tod in guten Händen bist, suchst du dir deinen Bestatter selbst, so früh wie möglich, lange vor deinem Sterben. Vielleicht standst du vor Jahren einmal am Sarg eines Freundes, dessen Begräbnis dir gefiel. Vielleicht fragst du jemanden, dem du vertraust, ob er einen guten Bestatter kennt. Dann besuchst du die empfohlenen Bestatter – ja, in der Tat: Besuch sie. Lass dir schon im Leben erklären, was sie im Tod mit deinem Leichnam machen werden: Wie holen sie ihn? Wo verwahren sie ihn? Wer wäscht, wer kleidet ihn? Was kostet das? Und: Was davon könnten sie dir nicht nur erklären, sondern auch zeigen? So testest du sie. Ein Bestatter, der bereits bei deinem Besuch ungehalten wird, springt auch im Tod abweisend mit dir um. Einer, der deine Suche nach gewissenhafter Totenfürsorge ernst nimmt, behandelt auch deinen Leichnam mit Achtung. Im Grunde ist es wie immer im Leben, wenn es wichtig wird: Du suchst jemanden, dem du und der dir in die Augen blicken kann. Du suchst jemanden, der sein Geschäft versteht, aber nicht als Geschäft allein.

Manche machen dann gleich alles fest: Sie schließen vorab einen Vertrag mit dem Bestatter ihrer Wahl, in dem sie ihre Bestattung planen, anordnen, das Geld dafür hinterlegen. Kann sein, dass Bestatter dafür komplizierte Konstruktionen wie eine Sterbegeldversicherung anbieten. Die lohnen sich selten. Auch das Angebot, alles im Voraus zu zahlen, ist unlauter: Geht der Bestatter bankrott, ist das Geld weg. Verbraucherschützer raten zu einem Treuhandkonto.

Ganz gleich, wie du im Detail über deine Totenfürsorge entscheidest: Auf diese Art wirkt dein Wille über den Tod hinaus. Doch Vorsicht. Darin liegt eine Verlockung. Manchen Menschen gefällt das Gefühl, einmal Macht über ihren Tod zu haben, so sehr, dass sie bis ins Detail vorschreiben, wie ihre Bestattung über die Bühne zu gehen hat. Welcher Sarg. Was sie anhaben wollen. Was die anderen anhaben sollen. Welcher Friedhof, welches Grab, welcher Stein. Welche Blumen. Welche Lieder. Wer spricht. Wer nicht. Welche Kerzen, Gäste, Kränze. Welches Foto neben den Sarg, welches Foto auf die Trauerkarte, den Ort des Leichenschmauses, dazu Sitzordnung und Speisefolge und bitte – bloß kein »Ave Maria« vom Band.

Das kannst du alles bestimmen, klar. Bedenke nur: Deine Bestattung, die ist nicht für dich. Deine Bestattung dient jenen, die um dich trauern. Sie ist ein erster Schritt, deinen Tod anzuerkennen. Es hilft, wenn du ihnen dafür Raum lässt. Vielleicht singen sie ein Lied für dich. Vielleicht schreiben sie auf deinen Sarg. Vielleicht spielen sie das Rauschen des Meeres an deinem Lieblingsort über Lautsprecher.

Bleibt dein Testament. Das ist einfach. Schreib eigenhändig, aber leserlich. Setz das Datum darunter, den Ort. Unterschrift nicht vergessen, und zwar Vor- und Nachname. Erfahrene Anwälte empfehlen, ansonsten alles so schlicht wie möglich zu halten. Versuche, gerecht zu sein. Benachteilige niemanden. Am besten hast du bereits mit allen gesprochen. Falls nicht, bringen auch Befehle aus dem Grab wenig. Das ausgeklügelte Steuersparmodell? Ändert null, wenn dein Testament eröffnet wird. Du sparst gar nichts. Du bist dann tot.

Eine Frage kreist in deinem Kopf. Warum. Warum. Warum ich. Warum jetzt. Warum, warum, warum. WARUM? Gibt keine Antwort. Schon gar keine, die zufriedenstellt. Nur Versuche, sich einer zu nähern.

Manche Sterbende suchen Trost in der Tatsache, dass sie nicht allein sind. Sie sterben, wie ihre Eltern starben, wie ihre Großeltern und deren Eltern und wie deren Großeltern, bis ins letzte Glied. Die Geschichte des Menschen reicht gut 8000 Generationen zurück, und die Statistiker, die dies berechnen, gehen von gut 200 Milliarden Menschen aus, die bis heute auf Erden gestorben sind. Jetzt bist du an der Reihe.

Manche rechnen sich ihren Trost aus, der rationale Lauf der Statistik, gründend auf dem Gompertz'schen Sterbegesetz: Ab einem Alter von dreißig verdoppelt sich alle acht Jahre das Risiko eines Menschen, im nächsten Lebensjahr zu sterben. So gesehen ist Sterben mit vierzig Pech, mit sechzig Schicksal, aber schon ab siebzig kannst du dich statistisch nicht mehr beschweren.

Manche stützen sich auf ihren Ursprung aus Sternenstaub. Die Bausteine deines Körpers – Wasserstoff, Kohlenstoff, Sauerstoff – bildeten sich im Urknall, in Sternenexplosionen. Astrophysiker schätzen: Die Hälfte aller Atome auf Erden – in Berg und Baum, in Meer und Mensch – stammt von Sternen jenseits der Milchstraße. Sie sind Milliarden von Jahren alt. Die paar Jahre in dir sind da nur ein Blinzeln, bevor der Weg durch die Ewigkeit weitergeht.

Manche suchen sich einen Schuldigen, die Zigaretten, den Alkohol, das Fleisch, die Schadstoffe in der Arbeit, und wären sie doch, hätten sie nur.

Manche versuchen, ihr Sterben zu begreifen, indem sie es als ihre biologische Pflicht betrachten – mach Platz, wie andere dir Platz gemacht haben.

Manche trösten sich mit dem Glauben an Gott, egal welchen, und hoffen, dass der Tod nicht das Ende ist.

Manche bäumen sich bis zuletzt auf, der Tod, diese Drecksau.

Welchen Weg du auch wählst, er wird die Frage in deinem Kopf nicht vollkommen zum Verstummen bringen. Sterben lässt sich nicht rationalisieren, Sterben lässt sich nicht lernen. Ärzte sagen, gerade die Abgeklärten, die behaupten, sie seien mit ihrem Sterben im Reinen, ringen oft nochmals sehr mit sich. Du kannst das Sterben durchdenken, du kannst darüber meditieren und philosophieren und Bücher wie dieses lesen, du kannst den Tod als Nichts abtun oder Sonntag für Sonntag den Glauben bekennen, dass die Toten auferstehen – du kannst dich auf alle erdenklichen Arten vorbereiten und am Ende doch feststellen: Ich habe solche Angst, ich habe solche ungeheure Angst. Auch diese Angst wird dir das Sterben abstreifen.

Schmerz sucht deinen Körper heim. Du bringst weniger zuwege. Du ruhst mehr. So beginnst du langsam, dich vom Leben zu lösen. Aus Sicht der Medizin ist das noch nicht Sterben. Deine Prognose ist infaust, das ist Arztsprache für: Deine Erkrankung ist unheilbar und führt fortschreitend zum Tod. Doch der Sterbeprozess steht dir noch bevor.

Die Medizin ordnet ihn in Phasen, terminale Phase, finale Phase – der Versuch, den Verlauf des Sterbens zu fassen, wenigstens mit Fachworten. Terminale Phase, das bedeutet, dass sich dein Tod ankündigt, dass er absehbar ist, landläufig sagt man: die letzten Tage. Finale Phase, das ist das Sterben selbst, das Ende deines Lebens, der letzte Tag, die letzten Stunden, Minuten, Sekunden.

Aber fast allen, die an Sterbebetten arbeiten, sind diese Begriffe zu schwammig. Sie halten sich an die Veränderungen, die Sterbende durchmachen. Es gibt etliche. Vielleicht erlebst du nur wenige davon, vielleicht alle. Vielleicht durchlebst du sie über Tage hinweg, vielleicht in einer einzigen Nacht. In den letzten Stunden dann mündet Sterben bei vielen in einen Verlauf, der ähnlich ist.

Du liegst in einem dieser Betten hinter einer dieser Türen auf einem dieser Gänge, die sich derart gleichen – irgendein Krankenhaus, irgendeine Stadt, wie die meisten Sterbenden im Land. Zusammen seid ihr sehr viele. Sie erfassen jeden Einzelnen von euch, Jahr für Jahr, zuletzt 954 874 an der Zahl, denn jeder Tote birgt in der

Gemeinschaft mit allen anderen Toten ein wertvolles Wissen: Wer stirbt wann an was? Diese Daten lenken die Forschung, die Medizin.

Manche Ärzte träumen davon, die Masse aller Toten auf der Welt zu erfassen, die Toten Deutschlands, die Toten Europas, alle Toten Asiens, Amerikas, Afrikas, mehr als 57 Millionen im Jahr, und sie haben bereits begonnen, sie aufzureihen und abzuzählen – sie nennen diesen Datensatz den Weißen Wal der Wissenschaft, weil es die Besessenheit eines Ahabs braucht, ihn zu erheben: jeder einzelne Tod, jedes einzelne Leben dahinter. Gilt als Trumpf im Kampf um Gesundheit. Ist dir gleichgültig. Warum zum Teufel liegst du hier? Du hattest doch die Hoffnung, der Tod hole dich hinterrücks.

So stellen sich viele ihr Ende vor, wie bei einer simplen Maschine: Dein Spielzeug damals, das zum Aufziehen, lief und lief und lief, bis plötzlich ein kritisches Bauteil wie das Getriebe brach und das Gerät auf einen Schlag zu arbeiten aufhörte – ein jähes Sterben, unerwartet, aus voller Gesundheit heraus. So sterben sehr wenige. Du bist eine zu komplexe Maschine dafür.

Deinen Körper tragen mehr als 200 Knochen, mehr als 600 Muskeln vollführen deine Bewegungen. Dein Herz schlägt in Hast über hundert Mal pro Minute, das Blut mit solchem Druck durch seine Bahnen pumpend, dass der Puls durch deinen kompletten Körper klingt. Deine Lungen atmen Tag für Tag mehr als 10 000 Liter Luft ein, aus denen die Abermillionen deiner Lungenbläschen bis zu 800 Liter Sauerstoff aufnehmen. Dein Gehirn, keine drei Pfund Gewebe, die deine Gedanken, Handlungen, Erinnerungen, Träume hervorrufen, schickt Impulse schneller als Stürme durch deine Nervenstränge. Du bestehst aus Milliarden kritischer Bauteile, manche reparieren sich in vollem Lauf selbst, manche gibt es doppelt, Lungenflügel, Niere, Eileiter oder Hoden – du bist keine simple Maschine, sondern ein auf Ausfallsicherheit ausgelegtes System, komplexer als jedes Kraftwerk. Physiker sagen: ein offenes System hoher Ordnung. Solche Systeme versagen selten auf einen Schlag. Sie versagen schrittweise.

Ab dreißig sinkt die Kraft des Herzens.

Ab vierzig verlieren die Muskeln an Masse.

Ab fünfzig schwindet die Dichte der Knochen.

Ab sechzig fehlt im Schnitt ein Drittel der Zähne.

Ab siebzig ist das Gehirn im Schädel geschrumpft.

Du nutzt dich ab, bis du dich nicht weiter abnutzen kannst. Dann fällt das System auseinander. Selbst das passiert selten schlagartig. Dem Tod geht es auch langsam schnell genug.

Du bist schwach. Du hast Schmerzen. Du hast plötzlich zu viel und zu wenig Zeit zugleich. Zu wenig, weil du spürst, dein Leben verrinnt. Zu viel, weil du das, was dein Leben ausgemacht hat, nach und nach nicht mehr ausführen kannst.

Du konntest allein reisen. Du konntest deine Finanzen regeln, deine Pillen schlucken. Du konntest einkaufen, kochen, waschen, putzen, telefonieren. An diesen acht Aktivitäten messen Ärzte und Pfleger deine Fähigkeit, auf eigene Faust zu leben. Kannst du nicht mehr.

Du konntest Treppen steigen. Du konntest duschen, dich kämmen, dich ankleiden. Konntest gehen, konntest essen. Aus Bett und Stuhl aufstehen. Aufs Klo gehen. Deinen Urin halten. Die ATL, Aktivitäten des täglichen Lebens. Sie bestimmen, wie unabhängig du bist. Bist du nicht mehr.

Aus Sicht der Soziologie bist du bereits tot. Weil die Menschen dich in deinem Leiden schon nicht mehr als lebend betrachten. Weil sie dich in deiner Gebrechlichkeit wie bereits gestorben behandeln. Weil du, was immer du im Leben warst, nicht mehr bist.

Manche der Rollen, die du im Leben innehattest, streift dir das Sterben sanft von den Schultern. Manche entreißt es dir, grausam und gnadenlos. Ganz gleich, durch welche Rollen du dich definiert hast, sie gehen dir verloren, über Monate, binnen Stunden. Du warst eine Mutter, ein Vater. Du warst eine Kraft, eine Schönheit. Du warst arm, reich, warst Lehrer, warst Schüler. Du warst eine Könnerin, du warst ein Macher. Du warst der Ernährer, und wirst gefüttert. Du warst der Partner, und brauchst Pflege. Du warst der Beschützer, und bist schutzlos.

Sterben entblößt dich, bis auf den Kern, bis allein bleibt, wie du wahrhaft bist, abseits aller Rollen, ohne jede Maske. Einige erschreckt das zutiefst. Andere fragen sich, warum ihnen das erst jetzt glückt.

Eine Eigenart gibt es dabei. Manche Sterbende fühlen sich freier, mit Fremden über ihr Sterben zu sprechen als mit Freunden. Es ist, als entfessle sie das Wissen, dass ihr Gegenüber ihre Geschichte nicht kennt, sondern nur ihre Gegenwart. Sie offenbaren Gefühle und Gedanken, die sie sonst nicht offenlegen, und plötzlich tut sich die Gelegenheit auf, einmal so zu sein, wie sie sein wollen, unbeschwert von Schablonen. Das passiert Pflegekräften in Hospizen häufig. Sie kommen Sterbenden in der Pflege sehr nahe, schon körperlich, doch ohne sie persönlich zu kennen. Manchmal finden sich dann ungewöhnliche Freundschaften: Sterbende vertrauen sich vorbehaltslos an, erzählen unverblümt von ihrem Leben und den Lehren, die sie daraus gezogen haben. Auch ehrenamtliche Hospizhelfer erleben diese besondere Art von Beziehungen, die schonungslose Offenheit der Sterbenden. Das sind Momente, schön und traurig zugleich: Da lebt ein Sterbenskranker seine letzte Zeit, während wildfremde Menschen um ihn sorgen, und genau unter ihnen gibt er sich ganz so, wie er ist, vollkommen frei.

Vielleicht bist du alt. Vielleicht bist du jung. Sterben kennt kein Alter. Aber es bevorzugt die Alten. Die Hälfte der Sterbenden in Deutschland ist über achtzig; mehr als die Hälfte stirbt nach langer Krankheit. Vielleicht hast du es am Herzen, stirbst aber an einer Blutvergiftung, die nach dem Darmdurchbruch ausbrach, der auf deinen Darmkrebs zurückging. Vielleicht hast du Krebs, stirbst aber an einem Blutgerinnsel in der Lunge, das aus deinem Bein emporwanderte, nachdem du dir den Oberschenkelhals brachst und so lange lagst. Vielleicht hast du es an der Lunge, stirbst aber, weil du schwallartig Blut erbrichst, das aus aufgeplatzten Krampfadern in deiner Speiseröhre strömt, die sich ausgebildet haben, weil sich Blut in der Pfortader deiner Leber staute, die so lange so entzündet war, bis sie fast nur noch aus kaputtem Gewebe voller Knoten bestand. Im Singsang der Medizin heißt es: Der Tod wird hierzulande häufig als Endpunkt multimorbider Krankheitsverläufe alter Menschen erfahren.

So ein natürlicher, auf chronischen Krankheiten gründender Tod im Alter bedeutet: Du genießt ein großes Glück. Du bist nicht auf der Flucht über Bord gegangen und ertrunken. Dich haben sie nicht im Dunkel der Nacht geholt und erschlagen. Du bist nicht in deiner Wiege gestorben, nicht im Krieg, nicht im Kindbett, an keiner Seuche, keiner Wunde, keiner Infektion, an keiner der Katastrophen, die anderswo den Tod bringen, auch heute noch. Dein Sterben hat damit nichts gemein.

Du hast Ärzte um dich, und vielleicht setzen sie sich sogar, statt stehend auf dich herabzublicken bei der Visite. Du hast Krankenpfleger an deiner Seite, und vielleicht betrachten sie dich nicht als den Krebs da hinten oder die Lunge dort, sondern blicken dir in die Augen. Du besitzt eine Krankenversicherung und vielleicht Anrecht auf OPS 8–982, Abrechnungsschlüssel einer palliativmedizinischen Komplexbehandlung.

Sie mögen den Ausdruck Palliativmedizin auf Palliativstationen nicht sonderlich. Er ist ihnen zu eng. Sie sagen, die Arbeit an der Seite Sterbender sei so viel mehr als Medizin – Pflege, Aufmerksamkeit, Psychologie, Sorge für Körper und Seele ... Sie ziehen deswegen einen Ausdruck vor, der alles umfasst, ein Lehnwort aus dem Englischen: Palliative Care, die Palliativ-Fürsorge. Sie legen großen Wert auf die Wurzeln des Wortes palliativ: *Pallium*, so nennt das Lateinische den Mantel, und *palliare* bedeutet, jemanden bedecken, mit einem Mantel umhüllen. Sie reiten deswegen so darauf herum, weil sie genau wissen, wie düster das Wort Palliativmedizin in den Ohren vieler Patienten klingt: Oh je, das sind doch die mit dem Tod, letzte Haltestelle vor dem Friedhof.

Auch Ärzte sitzen dieser Fehleinschätzung auf. Die palliative Medizin ist jung, erst seit dem Jahr 2009 ist sie in Deutschland verpflichtender Teil der Ausbildung eines Arztes, erst seit 2014 wird sie auch tatsächlich allseits gelehrt. Sie steht an der Seite der kurativen Medizin, dem althergebrachten Weg des Heilens.

Auf dem Papier wirken beide wie zwei scharf abgegrenzte Schulen. Die kurative Medizin hat das Ziel, einen kranken Menschen zu heilen, und zwar vollständig. Nennt sich *Restitutio ad integrum*, dieses Ideal – Arztsprech für: Alles wieder gut. Dieser Ansatz ist außerordentlich wirksam, aber unvollständig: Was, wenn ein Mensch so krank ist, dass es keine Chance auf Heilung mehr gibt? An diesem Angelpunkt setzt die palliative Medizin an. Sie hat das Ziel, die Leiden eines derart schwerkranken Menschen zu lindern und seine Lebensqualität zu verbessern.

In der Praxis lässt sich diese Grenze jedoch selten so scharf ziehen. Ab wann genau lässt ein Arzt alle Hoffnung auf Heilung fahren? Zu welchem Zeitpunkt sind wirklich alle Therapien ausgeschöpft? Wann exakt wird schwerkrank zu sterbenskrank? Deswegen bemühen sich kurative und palliative Medizin – gerade bei Patienten wie dir – im besten Fall früh, Seite an Seite zu arbeiten. Das ist schwieriger, als es den Anschein hat. In manchen Kliniken stehen sie sich wie zwei Kulturen im Kampf gegenüber. Das hat mit der Geschichte der Medizin zu tun.

Sieh sie dir an, deine Ärzte. Speziell die alten, die sperrige Titel tragen, Prof. Dr. Dr., die Primar- und Chef- und Oberärzte. Sie sind Kinder einer Revolution.

Als sie auf die Welt kamen, setzte die Medizin zu einem Sturmlauf an: Penicillin zwang Plagen nieder, die bislang den Tod bedeutet hatten. Antibiotika anderer Art besiegten alte Geißeln des Menschen wie die Pest, Tuberkulose, Cholera. Neue Impfstoffe merzten die Röteln aus, Masern, Wundstarrkrampf, Diphtherie, Kinderlähmung.

Als sie anfingen, Medizin zu studieren, wagte sich das Fach an Wunder: Chirurgen operierten am offenen Herzen, schnitten Tumoren aus dem Hirn, verpflanzten Organe. Ein Herz, das nicht mehr schlug, ließ sich beleben. Lungen beatmen. Blut waschen.

Als sie Karriere in Kliniken machten, drang die Medizin in Dimensionen vor, die nie ein Mensch zuvor gesehen hatte. Die Ebene des Erbguts, die Biochemie der Botenstoffe. Ionenkanäle in der Zellmembran. Antikörper und Antigene. G-Proteine. mRNS.

Eine einzige Generation erlebte, wie sich die Macht des Menschen, zu heilen, stärker wandelte als in allen Generationen zuvor. Aus dieser Generation stammen deine Ärzte.

Das hat sie stärker geprägt, als sie wahrhaben wollen. Seit sie denken können, eilt die Medizin von Triumph zu Triumph. In weniger als hundert Jahren hat sich die Lebenserwartung mehr als verdoppelt. Zum ersten Mal in der Geschichte leben im Jahr 2020 mehr Menschen über 65 als unter fünf Jahren auf der Erde. Jedes Jahr steigt die Lebenserwartung von Neugeborenen um einen Monat. Ärzte, die sich mit dieser Revolution der Medizin auseinandersetzten, haben ein gutes Gleichnis gefunden, wie bahnbrechend sie war – als entdeckte man auf einmal: Wasser löscht Feuer! Allerdings hat diese Revolution auch die Art geprägt, wie Medizin ausgeübt wird, insbesondere in Krankenhäusern. Ärzte sind auf Aktion geeicht, wie Feuerwehrleute: Alarm – handeln, retten, heilen!

Das kennst du. Einfach nichts tun, das können die meisten Ärzte schlecht. Sie haben stets noch eine Sache in der Hinterhand. Sie tun sich schwer damit, eine begonnene Therapie zu beenden. Sie fürchten sich, einem schwerkranken Menschen nichts anzubieten – das ist doch ihre Aufgabe, Leben erhalten! Doch in Fällen wie deinem ist ein anderes Denken angebracht. Du wirst sterben. Daran ändert auch eine letzte Chemo, eine letzte OP nichts. Wenn du mit deinen Ärzten darüber reden willst – das Zauberwort heißt: Therapiezieländerung. Das bedeutet nicht: Alles egal, ihr könnt mich aufgeben. Das bedeutet: Bitte auch palliative Behandlung bedenken.

Dazu musst du beharrlich bleiben. Denn du unterliegst nach wie vor dem starren System der Krankenhäuser, und dieses System ist darauf geeicht, Krankheiten zu bekämpfen, nach präzisen Schlüsseln und Plänen: Nur Aufwand lässt sich abrechnen. Durch diesen Drang zur Betriebsamkeit gerät leicht aus dem Blick, dass die Medizin nicht dazu da ist, Krankheiten zu beherrschen. Sondern dazu, dem Menschen zu dienen. Auch und gerade am Ende. Vielleicht sind die alten Ärzte mit ihren sperrigen Titeln der Auffassung, du bist noch nicht austherapiert. Vielleicht haben sie da noch was im Köcher. Wenn du das Gefühl hast, der Schwarm der weißen Kittel und du, ihr führt gar kein Gespräch über dich, sondern über deine Krankheit – bleib beharrlich. Du musst die Stärke aufbringen, auf eine offene Diskussion zu drängen, wenn sie es nicht schaffen. Du musst deinen Wunsch deutlich äußern.

Gut möglich, dass deine Ärzte dennoch darauf beharren, um dich zu kämpfen. Das sagen sie oft so, sie kämpfen. Sie klingen in solchen Augenblicken wie Soldaten, keinen verloren geben, immer weiterkämpfen, nie aufgeben. Ärzte, die diesen Kampfgeist hinterfragen, sagen, er verstelle die Sicht darauf, dass der Kampf um das Leben am Ende immer verloren geht. Manche Palliativmediziner wenden daher einen Trick an, um allzu kämpferische Kollegen früh dazu zu bringen, die Perspektive zu wechseln. Sie stellen, was sie die Überraschungsfrage nennen: »Wären Sie überrascht, wenn Ihr Patient innerhalb der nächsten zwölf Monate verstirbt?«

Wenn die Antwort »Nein« lautet, dringen sie darauf, auch palliative Fürsorge anzuwenden.

Dann kommt es darauf an. Es gibt in der Palliativmedizin von allem zu wenig – zu wenig ausgebildete Pfleger und Ärzte, zu wenig Betten und Stationen, viel zu wenig Verständnis für die Idee dieser Medizin. Deswegen beeinflusst deine Krankheit, welche Hilfe du bekommst. Auch die Zeit, die du schon krank bist, spielt eine Rolle. Vielleicht hat eine seltene Krankheit deinen Körper im Sturm genommen. Nicht so gut. Vielleicht hast du Krebs, lange schon. Besser, um ein Bett zu bekommen. Vielleicht hast du auch einfach Glück, und irgendwo wird zu rechten Zeit ein Platz frei.

Dann ziehen deine Ärzte die Spezialisten hinzu, denen die Zeit vor dem Sterben vertraut ist. Dann treten dem klassischen Ziel der kurativen Medizin, der Heilung, zwei weitere Ziele zur Seite – die Lebensverlängerung und die Lebensqualität. Über diese Begriffe sind dutzendfach Aufsätze verfasst worden, es gibt faustdicke Fachbücher, Studien und Statistiken, aber im Grunde ist es ganz einfach: Deine Ärzte und Pfleger ändern die Kernfrage ihres Arbeitens.

Vorher fragten sie: »Was können wir dagegen tun?«

Jetzt fragen sie: »Was können wir für Sie tun?«

Das bedeutet nicht, dass sie deine Behandlung einstellen, ganz und gar nicht. Das bedeutet, dass sie sich fragen, was für dich, in deiner Situation, wahrhaft die angemessene Behandlung ist – sie denken ihr gesamtes Handeln von dir her. Die Professorinnen, die in diesem Denken führend sind, sprechen von radikaler Patientenzentriertheit.

Diese Haltung zeigt sich in Details: Auf manchen Palliativstationen lesen die Ärzte, bevor sie über dich beratschlagen, gemeinsam ein Gedicht, als Zeichen, dass dies nicht nur ein weiterer Termin ist. Auf anderen gibt es die stillschweigende Regel, sich am Ende der Schicht immer von allen Sterbenden zu verabschieden; für den Fall, dass sie bis zur nächsten Schicht schon verstorben sind.

Diese Haltung zeigt sich im Ganzen: Sie richten ihre Stationen auf die Bedürfnisse ihrer Patienten aus, andere Farben an den Wänden, anderes Essen, andere Regeln, vor allem aber andere Gespräche. Sie sprechen mit dir offen und aufrichtig darüber, welches deine Ziele, deine Wünsche für die Zeit sind, die dir verbleibt. Manche Sterbenskranke rührt das zu Tränen, weil es das erste Mal war, dass sie gefragt wurden, was eigentlich sie wollen.

Auf diese Art wägst du mit ihrer Unterstützung ab, was dir wichtiger ist. Möglichst lange leben. Möglichst erträglich. Oder doch den Versuch einer weiteren Operation wagen? Alle Hoffnung auf eine letzte Therapie setzen? Deine Entscheidung. Kann dir keiner abnehmen. Und es kann auch keiner darüber urteilen, der nicht selbst in dieser Situation ist. Manche Sterbenskranke macht es bitter, wie bevormundend gesunde Menschen über solche Entscheidungen sprechen: Sterben und die Zeit davor sind aufgeladen mit Idealisierungen, Klischees, Ideologien. Die Frage, wie lange ein Leben lebenswert ist, lässt sich aus sicherer Ferne leicht erörtern. Die Antwort, was Lebensqualität ist, scheint sonnenklar, solange nichts quält. Im Sterben gibt es aber keine endgültigen Antworten mehr. Der Tod stellt alles infrage. Und auch das lässt sich so leicht schreiben, so leicht lesen, so leicht glauben – aber es hat eine andere Macht, wenn du dich dem Tod stellen musst. Deswegen die Demut, zu der erfahrene Ärzte im Umgang mit Sterbenden raten, deswegen der Respekt vor ihnen.

Sie hüten sich jedoch, Hoffnungen zu wecken, zu große zumindest. Denn gleichgültig, welche Entscheidung du triffst, sie wird mit großer Wahrscheinlichkeit nicht erreichen, was du dir in Wahrheit wünschst. Ein Leben wie einst. Keinerlei Schmerzen. Wieder Rad fahren, arbeiten, reisen. Das wird nicht geschehen. Dafür ist dein Weg schon zu weit.

Vielleicht hast du noch die Möglichkeit, den Ort deines Sterbens zu wählen. Manche wollen sterben, wo sie gelebt haben: daheim, in Geborgenheit. Manche suchen die Sicherheit eines Krankenhauses mit seinen Spezialisten. Es gibt dazu – wie immer im Sterben – keine allgemeingültigen Regeln. Nur einen Rat. Es ist gut zu wissen, welche Finger deine Augen schließen werden.

Du ziehst dich zurück, Schritt um Schritt. Menschen sind hoffende Wesen, der Zukunft zugewandt. Doch deine Zukunft schrumpft, Tag für Tag mehr. Viele wenden ihren Blick dann zurück. Manche schildern, sie sähen ihr Leben in einer Schärfe, die bange macht. Manche erleben es, als betrachteten sie ihr Leben aus großer Höhe, wie eine Landschaft. All die Küsse. All die Tränen. Der Augenblick damals, wie seltsam, dass du ausgerechnet daran denkst.

Du bedauerst Dinge, deren Bedeutung dir nie bewusst war. Dir wird klar, wie viele Träume du nicht verwirklicht hast, nicht mal versucht hast zu verwirklichen. Manche Pfleger sammeln diese Erkenntnisse, die Sterbende gewinnen, und schreiben sie auf. Sie lesen sich wie Hitparaden der Reue. Sehr viele Sterbende wünschen sich, sie hätten den Mut gehabt, ihr eigenes Leben zu leben, nicht das, was andere von ihnen erwarteten. Sie wünschen, sie hätten weniger hart gearbeitet. Wären häufiger barfuß gelaufen. Hätten Freundschaften stärker gepflegt. Wären ausgelassener gewesen. Hätten mehr Berge bestiegen, mehr Flüsse durchschwommen, mehr Sonnenuntergänge beobachtet. Könnten segeln oder singen oder die Sprache des Landes sprechen, in dem sie das erste Mal verliebt waren. Hätten sich weniger Sorgen, aber mehr Fehler gemacht. Wären öfter verreist. Hätten mehr Menschen umarmt, häufiger ihre Gefühle gezeigt. Hätten immer zu ihnen gestanden. Hätten sich erlaubt, glücklicher zu sein im Leben.

Den Drang Sterbender, ihr Leben abzuwägen, greifen sie in manchen Kliniken auf und stellen ihrerseits Fragen: Was ist wichtig? Wann hast du dich in deinem Leben am lebendigsten gefühlt? Worauf bist du stolz? Was hast du nicht fertiggebracht? Welche Hoffnungen, welche Wünsche hast du für jene, die du zurücklässt? Was rätst du ihnen hierfür? Was sollen sie von dir in Erinnerung behalten? Danach geben sie dir eine Abschrift deiner Antworten, damit du sie jemandem hinterlassen kannst. Klingt nach Hokuspokus. Ist aber eine anerkannte Therapie. Das hat mit dem Wesen des Leids am Lebensende zu tun.

Es ist schlimm, wenn dir klar wird, dass du gelebt hast und nun sterben musst. Schlimmer ist, wenn dir klar wird, dass du nicht gelebt hast und nun sterben musst. Dann treibt es Dinge empor, die du wohl verborgen wähntest. Verdrängte Konflikte. Zerbrochene Beziehungen. Versäumte Gelegenheiten. Gebrochene

Versprechen. Vergeudete Jahre. Für manche Sterbende ist das schmerzhafter als die körperlichen Schmerzen. Auf Palliativstationen sprechen sie deswegen von ganzheitlichem Schmerz: Im Sterben speist sich Schmerz aus vielen Quellen. In ihren Lehrbüchern unterscheiden die Ärzte vier Dimensionen: die körperliche, die soziale, die spirituelle und die seelische Dimension von Schmerz.

Die körperliche Dimension, das sind die handfesten Schmerzen, wie sie entstehen, wenn dir etwas eine Wunde schlägt oder ein Knochen bricht.

Die soziale Dimension, das sind die Zweifel, die in dich sickern, wo wirst du sterben, wer wird für dich da sein, wie wird es ihnen ohne dich gehen.

Die spirituelle Dimension, das sind die Fragen nach dem Sinn, warum Sterben, warum du, was kommt danach, kommt da überhaupt etwas.

Die seelische Dimension, das ist die Angst, die dich anspringt, Angst vor Qualen, Angst vor Einsamkeit, Angst vor der Ungewissheit, Angst, allein zu sein.

Angst ist ein entscheidender Faktor im Sterben. Angst kann deinen Atem stocken lassen, Angst kann deine Schmerzen verstärken. Auch im Sterben hilft es, Ängsten offenen Auges entgegenzutreten. Sag den Menschen an deiner Seite, was dir Angst macht. Zu ersticken? Die Pein unerträglicher Schmerzen? Das sind die Ängste der meisten. Es tut gut, in Ruhe darüber zu reden.

Ersticken, erklären Ärzte, erlebt im natürlichen Verlauf niemand bei Bewusstsein: Wenn deine Lunge versagt, steigt im Blut die Konzentration von Kohlendioxid so lange, bis du das Bewusstsein verlierst, meistens im Schlaf, wenn der Kohlendioxid-Spiegel des Menschen sowieso steigt. Erst danach stirbst du an Sauerstoffmangel.

Was du vielleicht erlebst, ist Atemnot. Sie ist gefürchtet, gerade weil Furcht dabei eine große Rolle spielt. Atemnot hat selten damit zu tun, dass du tatsächlich zu wenig Luft bekommst. Häufig entspringt sie einem Teufelskreis: Das Gefühl, nicht genügend Luft zu bekommen, macht dir Angst – und Angst kann Atemnot auslösen und verstärken.

Dann packt dich Panik, du ringst nach Atem, die Panik flammt auf und greift nach den Menschen an deiner Seite, die unwillkürlich anfangen, selbst rascher zu atmen, weil sie dich um Atem ringen sehen – Atemnot überträgt sich. Wenn möglich: Ruhe bewahren. Sie haben auch Medikamente, die Atemnot nehmen, aber es genügt auch oft, wenn alle ruhig mit dir atmen, sie deinen Oberkörper aufsetzen, das Fenster öffnen. Die Luft, die über dein Gesicht streicht, trifft auf Nervenenden, die auf kühlen Luftzug ansprechen: Das Gefühl, nicht genügend Luft zu bekommen, wird geringer. Das klappt oft auch mit einem Handventilator. Und unerträgliche Schmerzen? Schmerz ist von allen Bereichen des Sterbens derjenige, den sie am besten beherrschen.

Sie sitzen dann an deinem Bett, eine Kladde in der Hand – frag mal, vielleicht darfst du dir den Schmerzanamnesebogen ansehen. Auf den ersten Blick ist er einschüchternd: seine Sprache streng, seine Fragen so versessen auf die Details deiner Qual. Doch dieses Formular macht es möglich, deine Schmerzen zu sezieren, Schritt für Schritt:

Schmerzart (Welcher ist dein Hauptschmerz, welcher dein Nebenschmerz?)

Schmerzverlauf (Gibt es einen Auslöser, eine Frequenz, strahlt er aus?)

Schmerzdauer (seit einer Woche, einem Monat, einem Jahr?)

Schmerzstärke (auf einer Skala von 1 bis 10; dabei bedeutet 1 sehr geringe, 3 erträgliche, 5 etwas stärkere, 7 starke, 9 immense und 10 die schlimmsten Schmerzen, die du dir vorstellen kannst)

Schmerzcharakter (Wie fühlen sich deine Schmerzen an – drückend, ziehend, schneidend? Bohrend, pochend? Dumpf oder brennend, stechend oder einschießend? Spitz? Wie eine Kolik, wie eine Attacke?)

Schmerzregion (Wo sitzen deine Schmerzen, in der Schulter, im Hals, in den Armen, im oberen oder unteren Rücken, in Brust, Becken, Beinen, in der Blase, im Darm, im Gesicht, im Kopf, in Ober- oder Unterbauch?)

So ermitteln sie, wann du wo und wie Schmerz spürst. Dann bestimmen sie seine Form und Qualität:

Sitzt er an einer Stelle allein, scharf und stechend? Gut möglich, dass etwas die Schmerzrezeptoren in deiner Haut, an deinen Gelenken oder Knochen gereizt hat – im Jargon der Medizin sagt man: ein nozizeptiver Schmerz.

Schießt dein Schmerz brennend hell ein, wie ein Blitz? Womöglich entsteht er, weil Nerven direkt erkrankt sind – ein neuropathischer Schmerz.

Egal, mit welchen Namen sie deinen Schmerz rufen: Sie versuchen, seine Ursache zu beseitigen, und setzen Schmerzmittel auf ihn an, in drei Stufen. Erst Medikamente wie Ibuprofen, Metamizol oder Diclofenac. Dann Tilidin oder Tramadol. Schließlich Morphin, Oxycodon, Hydromorphon, Buprenorphin, Fentanyl.

Dieses Drei-Stufen-Schema dient als Grundlage einer Schmerztherapie mit Medikamenten, aber manchen Ärzten ist es zu schlicht, weil Schmerz so einzigartig sein kann wie der Mensch, der ihn spürt. Sie versuchen, Schmerzmittel exakt auf dich und deine Schmerzen zu eichen.

Zuerst stecken sie dafür das Ziel mit dir ab. Bemühe dich, realistisch zu bleiben. Ja, körperliche Leiden können sie lindern, sehr sogar. Aber Schmerzen vollständig ausmerzen, ausnahmslos? Das ist schwierig. Wenn, geht das nur mit Nebenwirkungen, die dein Bewusstsein dämpfen und dir damit die letzten Erlebnisse des Lebens rauben. Also womöglich andere Ziele anpeilen. Es hilft, wenn du erklärst, was du dir wünschst. Vielleicht willst du wieder ohne Schmerzen schlafen können, gar die ganze Nacht durch. Vielleicht willst du tagsüber nicht mehr auf Schritt und Tritt vom Schmerz beschattet werden.

Sie loten dann den Seegang deiner Schmerzen aus, ihr Auf und Ab, ihren Schub und Sog, bei Tag und Nacht. Wichtig ist, wie hoch die Wellen dabei steigen. Diese dämmen sie ein, indem sie dir zu festen Zeiten eine fixe Dosis Schmerzmittel geben, sie nennen das: deine Basismedikation. Bleiben die Wellenberge bei Sturm. Wenn es ideal läuft, schäumen deine Schmerzen nicht höher als der Damm. Wahrscheinlich ist aber, dass sie ab und an darüberschwappen. Dann geben sie dir eine weitere, geringere Dosis Schmerzmittel, die allerdings sehr schnell wirkt: die Bedarfsmedikation. Solltest du diese mehrmals am Tag brauchen, setzen sie deine Basismedikation herauf, meist um die Dosis der Bedarfsmedikation – sie stocken den Damm auf. Auf diese Art passen sie den Damm nach und nach an den Seegang deiner Schmerzen an. So lange, bis du nur noch bei Sturm Bedarfsmedikation brauchst.

Die Medizin nutzt eine Fülle von Methoden, diese Mittel zu verabreichen. Einige legst du dir unter die Lippen wie ein Kügelchen Kautabak, andere kannst du als Lolli am Stiel lutschen. Einige speist dir eine Schmerzpumpe unter die Haut, andere unmittelbar ins Rückenmark. Es gibt Pflaster, die ständig Schmerzmittel abgeben, gut für die Basismedikation. Es gibt Tropfen, am Abend eine Dosis im Schnapsglas aufs Nachtkästchen gestellt, gut gegen Schmerzspitzen. Es gibt Sprays, die du in die Nase sprühst – ein eleganter Weg, der zwei Eigenarten deines Körpers ausnutzt: Die Riechfasern deiner Nase reichen direkt in dein Gehirn, und sie sind wie die meisten Nerven von fettreichem Mark umhüllt.

Schmerzmittel in Sprays sind daher fettlöslich, um so schnell wie möglich im Gehirn anzuschlagen. Sie wirken binnen weniger Minuten. Sehr gut gegen Schmerzen, die so jäh und stark über dich hereinfluten, als wolle der Damm brechen.

Solltest du so schwer leiden, dass es dir unerträglich scheint, können dich Ärzte, wenn du es wünschst, mit hohen Dosierungen in die Sedierung schießen – ein zwiespältiger Segen: Du wirst Schmerz und Angst nicht mehr wahrnehmen, aber auch sonst wenig. Das kann ein Verlust sein. Manche Sterbende sind wach bis zuletzt, Hand in Hand mit jenen, die ihr Leben waren. Manche Sterbende träumen zum Ende hin stärker; sie wandern alte Wege, treffen im Traum bereits tote Freunde, erreichen nochmals Orte der Erinnerung. Lass dir die palliative Sedierung aber auf alle Fälle erklären. Allein das Wissen, diese Option zu haben, hilft vielen, ihre Angst im Zaum zu halten.

Du wehrst dich, mit aller Kraft. Dabei spürst du, wie sie dir schwinden, die Kräfte. Sie stehlen sich fort, über Nacht, wie Abtrünnige. Du merkst, Dinge entgleiten deiner Kontrolle. Kleine wie die Kunst, eine Maschine zu bedienen. Große wie die Macht, deine Blase zu beherrschen. Du wehrst dich. Aber deine Kraft, aber deine Kraft. Du bist immer weniger selbstständig. Das kränkt. Gerade in einer Gesellschaft, die Autonomie als hohes Gut achtet. Aber schwerer wiegt die Scham. Du bist immer mehr auf die Hilfe anderer angewiesen. Beim Anziehen. Beim Waschen. Beim Po abputzen. Du wehrst dich. Fällt schwer, verdammt schwer.

Wer bei Kräften ist, kann sich kaum ausmalen, welche Wucht dieser Verlust von Kontrolle entwickelt. Vielleicht kommst du Helfern von heute auf morgen herrisch vor. Vielleicht wundert sich die Familie, warum du mit einem Mal auf Nichtigkeiten beharrst. Versuch, nachsichtig zu sein. Wie können sie wissen, wie es ist, sich selbst loslassen zu müssen. Nichtigkeiten? Nicht für dich. Du klammerst dich an alles, was noch deiner Kontrolle untersteht. Das ist normal. Vielen Sterbenden wird das, was sie noch bestimmen können, immer wichtiger, und wenn es die Frage ist, ob ein Fenster offen bleibt.

Du denkst vielleicht daran, wie es wäre, nicht auf den Tod zu warten, sondern deinem Leben selbst ein Ende zu setzen. Viele Sterbenskranke beschäftigen sich damit, manche sehr früh, manche erst spät, manche nur kurz, manche lang. Dabei spielt eine große Rolle, wie du gelebt hast. Manche Sterbende fassen ihr Leben als Geschenk auf – vielleicht Gottes, vielleicht des Schicksals, der Evolution. Sie scheuen sich, dieses Geschenk wegzuwerfen, bis zuletzt. Andere Sterbende finden, sie seien ein Leben lang selbstbestimmt gewesen – warum nicht auch im Sterben? Wer, wenn nicht sie, sollte über das Ende ihres eigenen Lebens bestimmen? Es ist sehr schwer, darüber zu urteilen. Gibt es einen Lebenszwang? Gibt es eine Freiheit in den Tod? Auf Stationen, in denen gestorben wird, erleben Ärzte häufig, dass Sterbenskranke meinen, nicht mehr leben zu wollen. Sie haben aber die Erfahrung gemacht, dass der Wunsch, seinem Leben selbst ein Ende zu setzen, selten bedeutet, dass der Sterbende lebensmüde ist. Er will sehr wohl weiterleben. Nur nicht so. Wenn sie dann seine Schmerzen dämpfen, seine Ängste ansprechen, ihm zur Seite stehen, weicht der Wunsch. Aber einfache Antworten gibt es auf die Frage nach der Selbsttötung nicht. Am Ende kannst nur du allein abwägen. Willst du durch deine Hand sterben? Oder an der Hand eines anderen?

Dein Appetit vergeht schleichend. Es mag Monate her sein, dass es dich nach etwas Handfestem gelüstete. Der

Geruchssinn ist der erste, der schwindet, lange bevor dein Sterben beginnt, und Geruch und Geschmack gehen Hand in Hand. Nichts schmeckt mehr. Kein Fleisch. Kein Brot. Kein Gemüse, kein Obst. Die Leibspeise nicht, die Krankenkost nicht. Was lange geht, sind Eis oder eingefrorene Fruchtstücke. Manche mögen Joghurt. Manche Kausäckchen aus Gaze, in die ein Aroma eingeschlagen ist, das Erinnerungen weckt – ein Stückchen Stollen, ein Happen Matjes, eine Spitze Spargel, ein Krumen Pumpernickel. Irgendwann erlischt auch daran das Interesse. Du hast keinen Hunger mehr. Das ist natürlich. Dein Körper verlangt nicht mehr, was er nicht länger braucht.

Für die Menschen an deiner Seite ist es ein harter Einschnitt, wenn du zu essen aufhörst. Essen ist das deutlichste Symbol, dich nicht verloren zu geben, das sie haben, und nun ist es ihnen genommen. Damit kommen viele Angehörige gar nicht gut klar. Möglich, dass sie erst jetzt fassen, was dir über Wochen bewusst wurde: Du gehst. Für immer.

Dann kann eine Dynamik entstehen, die tückisch ist: Aus Angst um dich verlangen sie vielleicht, man solle dir eine Sonde legen, eine Infusion, irgendetwas – bitte bloß etwas unternehmen. So ein Eingriff ist schwerwiegend. Essen, besonders aus dem Schlauch, bedeutet Flüssigkeit. Zu viel Flüssigkeit kann deinem Körper schwer zu schaffen machen, wenn deine Organe nach und nach ihren Dienst einstellen. Auch, wenn deine Angehörigen damit zu ringen haben:

Du stirbst nicht, weil du nichts mehr isst.

Du isst nichts mehr, weil du stirbst.

Du fängst an, durch den Mund zu atmen. Sprechen fällt schwer, deine Stimme ist ein Hauch. Wenn du noch etwas erledigen willst, mach es jetzt. Deine Schwäche wird stärker werden. Dann ist die Chance vorbei zu sagen: Ich verzeihe dir. Es tut mir leid. Ich liebe dich. Danke. Auf Wiedersehen.

Nicht, dass du es musst. Auf Stationen, wo gestorben wird, schätzen sie den süßlichen Drang zur Versöhnung nicht, der manche Angehörige treibt – als ob Stunden vereinen könnten, was Jahre entzweiten. Schwärmereien wie diese entspringen der Vorstellung, Sterben könne ein Höhepunkt im Leben sein, ein krönender Abschluss, in einem guten, schönen Tod gipfelnd.

Solche Gedanken äußern ausschließlich Menschen in Gesundheit. Schon Pfleger scheuen vor diesen Worten. Sterben ist nicht schön. Sterben ist die krebskranke Mutter, die sich schreiend ins Leben krallte, weil sie ihr kleines Kind nicht auf der Welt allein lassen wollte. Sterben ist der Mann, der vor Angst vom Sterbebett auffuhr und seinen Besucher bat, nimm mich mit, bitte. Sterbende, die ihren Weg aufzeichneten, schrieben: Sterben ist das Schwerste, was ich in meinem Leben getan habe. Sterben ist hart, Sterben schmerzt. Und dennoch, trotz oder gerade wegen dieses geballten Leids, ist Sterben ein Teil des Lebens.

Es fällt schwer, das anzuerkennen. Als Sterbender, aber als Lebender auch. Leid und Leiden sind immer seltener sichtbar. Sie spielen sich im Schatten der Öffentlichkeit ab, im Krankentrakt, auf der Intensivstation, in der Arztpraxis, aber schon im Wartezimmer soll davon nichts mehr zu spüren sein – als sei Leiden eine Betriebsstörung des Lebens. Ist es aber nicht. Mensch sein, dazu gehört auch Leid, auch Schmerz. Das lässt sich leicht sagen. Aber es ist schwer zu leben. Selbst für Menschen, die schon viele Sterbende begleitet haben. Sie sagen, eines helfe jedoch. Erlebt zu haben, dass auch im Leid eine Würde liegen kann.

Du igelst dich ein, vor Freunden wie Fremden. Sie sollen dich nicht sehen, nicht so. Der Körper verwüstet.

Die Kräfte verflogen. Eine Windel am welken Po. Du befürchtest, beäugt zu werden, wie ein waidwundes Tier.

Vielen Sterbenden geht es so. Sterben macht nackt, Sterben ist intim. Manche vergleichen es darin mit dem anderen Akt, in dem sich ein Mensch bis unter die Haut entblößt, dem Sex. Doch Sterben ist intimer noch. Weil du so ausgeliefert bist. Weil du dich dabei vollständig selbst verlierst. Weil du solche Angst hast – Angst, verletzt zu werden, Angst, andere zu verletzen: die Menschen, die dir am wichtigsten sind.

Wenn du noch die Kraft hast: Sprich darüber. Dann wissen die Menschen um dich herum von deiner Scheu. Das hilft, Missverständnisse auszuräumen, mit Angehörigen etwa. Manche Sterbende wollen später, wenn der Tod ihnen ganz nahetritt, allein mit sich sein. Doch fehlt die Kraft, es zu sagen. Dann drehen sie sich weg zur Wand, und die Familie sieht darin eine letzte Botschaft. Dabei kann der Sterbende nur nicht mehr, schon gar nicht unter den Augen aller. Es hilft auch den Helfern an deiner Seite, das Wissen um deine Scheu. Sie schirmen dich dann ab, wenn zu viele Menschen verlangen, dich ein letztes Mal zu sehen.

Vielleicht aber erlaubst du auch, dass andere dich so sehen dürfen; deine Kinder, deine Freunde, die enge Familie. So schwach und schutzlos du sein magst, du besitzt eine eigentümliche Kraft. Sterbende hinterlassen ein Echo, tief in der Erinnerung der Lebenden – vielleicht hast du es selbst erlebt, an den Sterbebetten, an denen du einst gestanden hast: Egal welchen Eindruck du gewannst, ein friedliches Sterben, ein erkämpfter Tod, der Eindruck hat dich lange begleitet. Das ist natürlich. Für viele ist das Sterben eines geliebten Menschen erstmals Anlass, sich aufrichtig mit Leben und Tod auseinanderzusetzen. Darin liegt deine Kraft. Sterbende können in ihrem Sterben ein Beispiel sein.

Das bedeutet nicht, dass du dich zwingen musst, tapfer zu sein, im Gegenteil. Es genügt zu sterben. So, wie du bist. So schwach, so schutzlos. Auch die Menschen an deiner Seite werden einmal sterben, auch sie werden schwach und schutzlos sein. Aber sie werden schon wissen, wie es ist. Weil sie das Echo deines Sterbens in ihrer Erinnerung tragen.

Deine Schwäche zwingt dich in den Schlaf, immer häufiger, immer länger. Wenn du wachst, wendest du dich nach innen. Alles ist mühsam, selbst das Schlucken. Da du meist durch den Mund atmest, dörrt es deine Mundschleimhäute aus. Deine Kehle ist trocken wie eine Scherbe, die Zunge klebt dir am Gaumen. Du hast das Gefühl, du hättest Durst. Doch mit Trinken ist es wie mit Essen: Über solche Bedürfnisse bist du bereits hinaus. Es ist dein trockener Mund, der dich glauben macht, Durst zu leiden.

Früher fuhren Ärzte dann an Infusionen auf, was sie konnten. Das war ein Irrtum, sagen inzwischen viele. In deinem Körper ist das ausgewogene Zusammenspiel der Organe, das dein Leben aufrechterhält, in Auflösung begriffen. Wie in der Kälte einer Winternacht sammelt dein Kreislauf dein Blut im Kern des Körpers, um die inneren Organe zu versorgen. Diese Reaktion – Ärzte sagen: du zentralisierst – geht oft mit einem Fallen des Blutdrucks einher, und darunter leidet die Funktionsfähigkeit der Niere, die deinen Wasserhaushalt im Gleichgewicht hält. Oft ist die Niere das erste Organ, das im Sterben seinen Dienst erst einschränkt und dann einstellt. Dadurch kannst du kaum mehr Flüssigkeit ausscheiden. Überschüssige Flüssigkeit lagert sich im Gewebe ein, legt sich in die Lunge, lässt deinen Atem rasseln. Aber nicht falsch verstehen: Solange du trinken magst, trink. Vermeide nur, dass sie dich mit Infusionen vollllaufen lassen. Gegen das Gefühl des Durstes hilft anderes.

Lass dir Eiswürfel aus Tee auf die Zunge legen. Geht auch gut mit Sherry. Saug an feuchtem Stoff. Lass dir den Mund mit einem Sprühfläschchen benetzen. Es muss kein Wasser darin sein. Wein geht auch. Ein Sprühstoß Riesling. Ein Sprühstoß Spätburgunder. Ananassaft. Oder Orange. Allein das Aroma säurehaltiger Getränke regt den Speichelfluss an. Keine Scheu. Es gibt Sterbende, die haben ein Spalier von Sprühfläschchen neben sich stehen, sogar mit Sekt, falls alte Freunde noch mal anstoßen wollen.

Dein Körper verfällt stärker. Du hast kaum mehr die Kraft, eine Kerze auszublasen. Zeit, dass sich dein Umfeld auf deine Sterbestunde vorbereitet. Besonders, wenn du daheim zu sterben wünschst. Sterben geht auch ohne Spezialisten an deiner Seite, aber einige Vorbereitung hilft sehr. Manche Ärzte münzten dafür den Begriff der »Letzten Hilfe« und bieten Letzte-Hilfe-Kurse an. Hospizhelfer sprechen vom vorausschauenden Denken: Freunde und Familie gehen in Gedanken durch, was in den Tagen und Stunden vor deinem Tod geschieht. Wer soll wann an deiner Seite wachen? Was passiert, wenn Schwierigkeiten auftreten – wenn Schmerzen stärker werden, du um Atem ringst, dich Unruhe packt? Wissen dann alle, was zu tun ist? Sind die Medikamente und Schmerzmittel dafür zur Hand? Fühlt sich jeder deiner Freunde sicher in ihrer Anwendung?

Es lohnt sich, eine Liste aufzustellen, auf der deine wichtigsten Medikamente und ihre Dosierung stehen, dazu die Telefonnummern deiner Freunde und deines Hausarztes, außerdem eine Anrufkette, damit klar ist, wer wann von wem informiert wird. Hilfreich ist auch, für akute Situationen zu planen, die deine Krankheit auslösen kann. Keine Panik. So eine Planung bedeutet nicht, dass Schwierigkeiten auftreten müssen. Aber wenn, dann wissen alle Bescheid, was gerade geschieht, was zu tun ist.

Ärzte, die das Sterben gut kennen, wählen ein drastisches Beispiel, um die Bedeutung vorausschauenden Denkens zu erläutern: Manchmal bricht bei Menschen, die einen Tumor am Hals oder im Gesicht haben, dieser Tumor auf. Das blutet stark. Der Anblick von Blut aber erschreckt. Besonders bei so viel Blut. Wer nun nicht weiß, was Verbluten heißt, versucht vor Schreck vielleicht, dir einen Verband oder doch den Notarzt, oder irgendwas irgendwie … Wer vorausschauend denkt, der weiß: Verbluten heißt, du wirst sehr schnell sehr müde und dann bewusstlos, und dann stirbst du. Das gilt als gnädiger Tod. Wer vorausschauend denkt, kennt den Kunstgriff der Medizin, dem Anblick von Blut seinen Schrecken zu nehmen – die Farbe Grün: Im Operationssaal sind die Tücher grün, weil Blut darauf nicht alarmierend rot aussieht, sondern nur dunkle Flecken bildet. Am Sterbebett eines Menschen mit einem Tumor, der aufbrechen könnte, also keine weißen Handtücher, um sein Blut aufzunehmen. Nur grüne.

Solch ein Wissen ist wichtig. Weil es Ruhe bringt, wenn es unruhig wird. Manchmal, wenn Menschen zu Hause sterben wollen, überwältigt die Angehörigen eine Unsicherheit, meist am Ende, wenn sich dein Atem ändert, die Wärme deiner Glieder, das Aussehen deines Gesichts. Dann sehen sie dich in Not, dann glauben sie dich in Gefahr. Egal, wie sehr du den Wunsch geäußert hast, in Frieden zu Hause zu sterben – viele rufen dann doch die 112, einen Notarzt, schnell! Der Notarzt ist jedoch ein Spezialist der Notfallmedizin, er folgt im Zweifel ihren Regeln: handeln, retten, helfen. Dein Sterben aber ist kein Notfall. Dein Sterben hat sich angekündigt und seit Monaten, Wochen, Tagen abgezeichnet. Wenn es so weit ist, kannst du keinen Rettungssanitäter brauchen, der dir im Sterben ein automatisches Thoraxkompressionsgerät auf die Brust schnallt, um dich wiederzubeleben und mit Blaulicht und Sirene in die Intensivstation zu fahren. Nicht falsch verstehen. Notärzte sind wertvoll, ihre Arbeit rettet Leben. Aber du bist längst bereit, die Lande der Lebenden zu verlassen. Es geht nicht mehr darum, dein Sterben zu verhindern. Es geht darum, dein Sterben zu begleiten, bis zum Schluss.

Möglich, dass dich in deinen letzten Tagen Unruhe übermannt. Vielleicht zupfst du am Betttuch, vielleicht zeigen deine Finger in ziellose Ferne. Einige Sterbende entledigen sich ihrer Kleider. Andere wollen auf und los. Viele decken sich ab, als wollten sie etwas abwerfen. Eine Geste ist häufig. Du tastest. Du fasst. Du langst ins Nichts. Flockenlesen nennen sie das in der Medizin. Erfahrene Pfleger erinnert es an Kinder im Kettenkarussell – wenn sie weit emporfliegen und sich den Wind durch die Finger fahren lassen.

Manche Sterbende – darunter oft jene, die bis jetzt nicht wahrhaben wollen, dass sie im Sterben liegen – beginnen in Bildern zu reden. Eine verlangt nach ihren Wanderstiefeln. Einer fürchtet, seinen Zug zu verpassen. Andere wollen Koffer packen, verlangen nach ihrem Mantel, bestellen mit letzter Kraft auf dem Sterbebett Kataloge für eine Weltreise. Ärzte nennen es die Symbolsprache Sterbender. Auch sie schwindet. So wenig Kraft. Kaum dass deine Stimme noch dein Flüstern trägt. Du wirst schläfriger. Du schläfst nachts, du schläfst tags. Das Gefühl für Zeit ist dir entglitten.

Dein Bewusstsein driftet. Mal bist du hier. Mal bist du fort. Ein Fuß in beiden Welten, so beschreiben sie deinen Zustand in Hospizen. Den Menschen um dich kommt es vor, als seist du immer schwerer aus deinem Schlaf zu erwecken. Wenn du weniger und weniger getrunken hast, gleitet dein Körper in einen Zustand des Wassermangels, den viele Ärzte auf Palliativstationen als natürlich für Sterbende betrachten: Dein Puls wird langsamer, dein Urin weniger. Dir wird seltener übel, du musst seltener erbrechen. Dein Körper schüttet Botenstoffe aus, die Schmerzen dämpfen.

Manchmal kommt es vor, dass Menschen kurz vor dem Tod noch einmal aufblühen, zur Überraschung aller. Du siechst dahin, doch dann bist du auf einmal wieder da. Du bist klar, so klar. Du gewinnst das Gefühl, zu Kräften zu kommen. Deine Lebensgeister flackern auf. Kann in vielen Formen kommen, dieses Aufblühen. Eine junge Frau, die seit Tagen im Sterben liegt, hebt unversehens zu singen an. Ein Kind, lange vom Nebel seiner Krankheit umhüllt, kommt zu sich und kündigt den Eltern an, nun zu sterben. Ein alter Mann erwacht aus seiner Ohnmacht, erkundigt sich reihum, wie es den Enkeln geht, reißt einen Witz.

Wissenschaftler haben dieses Phänomen die terminale Luzidität getauft. Sie tun sich schwer damit. Solche Erscheinungen am Lebensende entziehen sich vorschnellen Erklärungen. Vielleicht entspringen sie dem biologischen Wechselspiel des Verfalls, das dein Körper durchläuft. Vielleicht den Wundern der Seele, vielleicht den Wundern des Verstandes. Weiß keiner genau. Die Mehrzahl der Menschen, die an Sterbebetten sitzen, hoffen, dass dies so bleibt. Sie schätzen die Schleier, die das Sterben umgibt – ein Geheimnis, dessen Mysterium darin liegt, dass der Mensch es nicht vollkommen durchdringen kann.

Es gibt einen griffigen Ausdruck für die klaren Augenblicke, die dem Tod manchmal vorausgehen: das Licht am Anfang des Tunnels. Auch dieses Aufleuchten geht vorüber. Die singende Frau verstummt. Das Kind gleitet ins Koma. Der alte Mann versinkt in Ohnmacht, so jählings, wie er daraus auftauchte.

Dämmer überkommt dich. Es ist kaum mehr möglich, die Dinge mit dem Auge zu fixieren. Das Gewicht deiner Lider ist oft zu schwer, um sie zu heben. Du wirkst fern, so fern. Sie vergleichen diese Veränderung mit vielen Bildern. Ein Gang in die Nacht, bis sich deine Silhouette im Dunkel verliert. Ein Foto, das im Zeitraffer verblasst. Die Sonne, wie sie versinkt. Ein verlöschendes Licht. Nichts davon trifft es wie die Wortwahl der Ärzte. Sie sagen: Du trübst ein.

Das heißt nicht, dass du jedes Bewusstsein verlierst. Dein Ohr hört noch, wie sie in deiner Gegenwart über dich sprechen, mit Tränen in der Stimme oder so, als wärst du längst nicht mehr anwesend. Deine Haut spürt, wenn jemand über sie streicht. Doch dein Körper ist so schwach, dein Geist in solcher Ferne, dass manche Pfleger sagen, dieses Eintrüben sei ein Schritt in ein Andersland. Es kommt vor, dass Sterbende dabei Menschen zu sehen glauben, die sonst niemand sieht. Eine Frau wiegt einen unsichtbaren Säugling; später erklärt ihr Ehemann, ihr Erstgeborener war eine Totgeburt. Ein lange obdachloser Mann sieht abends die Polizei anrücken, ohne fliehen zu können; ein anderer riecht das Parfüm seiner Mutter, die starb, als er ein Kind war. Eine fast hundertjährige Frau grüßt die leere Ecke ihres Zimmers, wo sie ihre vor Jahrzehnten verstorbene Schwester wahrnimmt.

Ärzte, die Sterben allein als medizinisches Phänomen betrachten, diagnostizieren solche Visionen auf dem Sterbebett als Delir – eine Verwirrtheit, die krankhaft ist. Andere Ärzte scheuen ein derart entschiedenes Urteil, weil durch dein Eintrüben eine Grenze wissenschaftlicher Erkenntnis erreicht ist: Wer diesen Schritt des Sterbens durchlebt, vermag darüber nicht mehr zu sprechen, zu urteilen, zu denken – alle Einschätzung erfolgt von außen. Das ist ein grundsätzliches Problem. Studien des Sterbens stammen nicht von Sterbenden. In der Sprache der Wissenschaft sagt man: Erkenntnisse über Sterben sind selten emisch, also auf Beschreibungen der unmittelbar Betroffenen fußend, sondern nahezu immer etisch, also durch Beobachtung von außen gewonnen.

Ab jetzt bist du mit dir allein. Das bedeutet nicht: einsam. Du kannst deine Freunde um dich haben, deine Familie, die ganze weite Welt, es ist gleich. Du stirbst allein. So, wie du allein atmest. So, wie du allein träumst.

Sterben braucht seine Zeit. Sterben geht seinen eigenen Gang. Gerade gegen Ende, wenn der Tod allmählich Gestalt annimmt, kennt es keine Eile. Das Wissen darüber ist verschüttgegangen, und so sitzen sie an deiner Seite und warten, im Niemandsland zwischen der Furcht, es könnte bald, und der Hoffnung, es könnte endlich vorbei sein.

Sie sitzen an deinem Bett, stehen auf, gehen umher, setzen sich, streichen über dein Haar, stehen wieder auf. Stunde um Stunde verstreicht. Sie warten, wie man unter dunklen Wolken auf ein Unwetter wartet, jetzt wird es regnen, und es regnet nicht, jetzt wirst du sterben, und du stirbst nicht. Sie warten und weinen und weinen und warten, auf jedes Seufzen deiner Lippen achtend, und die Stunden, dem Lauf der Zeit entzogen, warten mit ihnen. Doch du stirbst nicht.

Dein Sterben hält den Menschen an deinem Sterbebett einen Spiegel vor. Sie sehen dich und sich dort liegen, und vielen kommt es vor, als stürmten Fragen auf sie ein. Wer bin ich. Was ist Leben. Wie nur weiter. Am Bett eines Sterbenden zu stehen, das zwingt dazu, innezuhalten. Manchen Angehörigen macht das Angst, sie fliehen davor. Manche aber zieht es an, sie sammeln sich am Sterbebett wie um ein Lagerfeuer.

Aus Sicht der ärztlichen Lehrbücher folgt Sterben häufig einem Weg, den die Krankheit weist: Wer an der

Leber litt, gleitet mit ihrem zunehmenden Ausfall in Dämmer und Koma. Wessen Niere krank ist, den führt der Anstieg an nicht ausgeschiedenen Harnstoffen, wessen Lunge krank ist, der Anstieg an Kohlendioxid im Blut in die Bewusstlosigkeit. Ärzten, die viele Tode gesehen haben, ist das zu simpel. Immer weniger Sterbende leiden, gerade im Alter, an einem Krankheitsbild allein.

Auf Stationen, die Erfahrung mit dem Sterben haben, sehen sie jetzt häufiger nach dir, und sei es nur kurz. Sie halten Ausschau nach weiteren Veränderungen, die deinen Tod ankündigen. Einige achten eher auf das Eintrüben, einige auf das Aussehen von Gesicht und Gliedern. Alle achten auf deinen Atem.

Du atmest flach, vielleicht schon Wochen, vielleicht erst Tage – jeder Atemzug nur noch ein sanfter und seichter Austausch von Atemluft. Deine Atmung ist mächtig. Im Leben achtet nur kaum einer auf sie. Wenn du schläfst, wiegt sie dich, Atemzug um Atemzug, tief und regelmäßig. Wenn du wachst, trägt sie dich, in Ruhe, unter Belastung, am Ende aller Kräfte. Sie ist der einzige lebenswichtige Vorgang deines Körpers, der nicht allein automatisch abläuft, sondern den du auch bewusst steuern kannst. Nun ändert sie sich.

Du nimmst neue Atemmuster an. Es gibt einige. Viele Sterbende wechseln in die Cheyne-Stokes-Atmung. Das kann sich kein Mensch merken, auch kein Arzt, deswegen lernen sie solche Wort-Ungetüme im Studium mit Eselsbrücken wie dieser: Erst ist der Atem scheyn, und dann stokt er. Deine Atemzüge, anfangs tief, flachen ab, bis dein Atem stockt, eine deutliche Pause macht, mit einem tiefen Seufzer wieder einsetzt. Tiere im Winterschlaf atmen so. Und Menschen, die sterben.

Du ächzt im Atmen, du stöhnst. Nicht immer, nicht dauernd, aber von Zeit zu Zeit. Wenn Frauen an deiner

Seite wachen, erinnert sie das oft an das andere Ende des Lebens, die Geburt. Sie hören in den Wellen deines Seufzens die Wehen und ihren Takt. Aber auch Männer spüren, dass nun Kräfte der Natur am Werk sind, dass in diesen Augenblicken etwas Altes seinen Lauf nimmt, urgewaltig, naturgetreu. Manche erfüllt dieser Eindruck einer elementaren Macht mit Furcht, sie lesen aus jedem Seufzer Leid. Andere erleben es als Trost, mit eigenen Augen zu sehen, wie natürlich der Prozess des Sterbens wirkt. Beide Eindrücke sind Beobachtungen: Niemand vermag mit Sicherheit zu sagen, wie sich ein Sterbender in seinem Eintrüben fühlt. Manche Ärzte glauben, dein Zustand sei keine Bewusstlosigkeit oder Koma, sondern eine Art Traumzustand. Andere Beobachter glauben, dein Geist habe das Gelände deines Körpers längst geräumt.

Durch deine wachsbleiche Haut schimmern dunkel die Blutbahnen, deinen Gliedern den Anschein von Marmor gebend. An deinen Fingern und Zehen färben sich die Nagelbetten bläulich, vielleicht auch deine Kniescheiben, vielleicht deine Mundwinkel – Zeichen, wie wenig dein Blut noch in dir zirkuliert.

Schwäche sperrt dir den Mund auf, deine Wangen fallen ein. Deine Augen liegen tief in ihren Höhlen. Deine Nase ragt spitz über deinen offenen Mund. Dein Kinn, spitz. Das Hippokratische Gesicht. In alter Zeit war dies das Zeichen für den Arzt, seine Arbeit einzustellen. Ab diesem Augenblick übernahm der Priester.

Dein Anblick erschreckt. Gerade in einer Gesellschaft, in der Tod weniger als Gewissheit, sondern als Folge schlechter Lebensentscheidungen gilt. Einer Gesellschaft, die jung oder alt kaum mehr als körperliche Zustände, sondern als Geisteshaltung begreift.

Dein Schluckreflex verebbt, und in der Tiefe deines Rachens sammelt sich Speichel. Wenn du atmest, streicht dein Atem durch dieses Sekret, bringt es zum Schwingen, ein brodelndes Geräusch entsteht. Es klingt ein bisschen wie ein Kind, das mit dem Strohhalm den letzten Rest Limo aus einem Glas saugt. Das Todesrasseln.

Viele Angehörige hören darin Qualen. Selbst Pflegern fällt es schwer, es zu ertragen. Das ist wie ein Reflex: Dich zu hören, dich zu sehen – es ist, als schärften sich die Sinne aller Lebenden auf jede einzelne Regung des Körpers, der vor ihnen stirbt. Auf rasselnden Atem verlangen viele Angehörige dann Aktion – Sedieren, Absaugen, Hilfe, Hilfe. Doch es ist zweifelhaft, ob dir das eine Hilfe ist, ob du überhaupt Hilfe brauchst. Pfleger sehen in solchen Momenten lieber auf deine Stirn. Schmerz zöge sie kraus. Sehen sie kurz vor dem Tod immer seltener. Du bist dabei, die Domäne des Schmerzes hinter dir zu lassen.

Deine Sterbestunde ist nah, sehr nah, und dennoch unvorhersehbar. Dein Gesicht, dein Atem, das Aussehen deiner Glieder sind Anzeichen, dass dein Tod direkt bevorsteht. Aber sie geben keinen Aufschluss darüber, wie hartnäckig sich das Leben in deinem Körper halten wird, und wie lange. Alte Ärzte sagen, sie seien an Sterbebetten oft überrascht worden. Da war der Sterbende, der wie rasend verfiel, alle waren sicher, eine Stunde, mehr nicht, dann ist er tot. Aber er starb nicht, drei Tage lang nicht. Da war die Sterbende, die aufrecht saß und sprach, bis zuletzt, um jählings zu sterben, binnen zehn Minuten.

Über ein Phänomen berichten Pfleger häufig. Manchmal scheint es, als ob Sterbende den Augenblick ihres Todes beeinflussen könnten. Nicht stark, nicht wundergleich. Aber doch so, dass es auffällt. Bevor er eintrübt, erfährt ein sterbender Mann, dass sein Sohn sich auf den Weg macht, aus dem Ausland. Der Mann verweht, doch dann, überraschend, stabilisiert sich sein Zustand. Der Sohn fährt die Nacht durch und den halben Tag, und als er an der Seite des Vaters anlangt, stirbt der, erst dann. Die Geschichte gibt es auch anders herum. Ein Mann erfährt, dass seine Familie im Zug sitzt, nur vier Stunden, dann werden sie hier sein. Er stirbt wenige Minuten vorher. Es ist strittig, ob diese Geschichten so häufig erzählt werden, weil sie sich wahrhaftig so oft zutragen. Oder weil sie so außerordentlich sind, dass sie in der Erinnerung der Lebenden stärker haften bleiben. Sie unterstreichen aber, dass Sterben auch ganz am Ende unberechenbar bleibt.

Viele Angehörige verlieren das aus den Augen. Inzwischen ist dein Sterben ein wesentlicher Teil ihres Lebens geworden. Sie haben mit dir gebangt und geweint, Aussagen der Ärzte entschlüsselt, Trauer und Schmerz getrotzt. Sie sorgten um dich, sie fütterten dich. Sie opferten Zeit, sie opferten Kraft. Der Weg war so weit, manchmal baut sich währenddessen eine stille Erwartung auf – dann verlangt es sie danach, auch das Ende zu erleben: Sie wollen dich sterben sehen. Gut möglich, dass du ihnen ein Schnippchen schlägst. Pfleger erzählen das häufig, so oder ähnlich: Eine Familie wacht an der Seite einer Sterbenden. Sie harren aus, über Stunden, über Tage, immer im Wechsel, damit sie im Sterben nicht allein ist. Aber dann muss einer aufs Klo, lässt sie einen Augenblick allein, und sie stirbt, genau dann. Das trifft manche Angehörige schwer. Sie fühlen sich betrogen. Sie nehmen es persönlich. Doch es gibt keinen Grund dafür. Vielleicht willst du im Augenblick deines Todes jemanden an deiner Seite wissen. Vielleicht willst du allein sein. Aber vielleicht entscheidet auch das Schicksal: Deine Zeit ist um.

Die Spannung deiner Muskeln schwindet. Dein Auge bricht. Deine Organe stellen den Dienst ein. Der radikale Übergang eines lebendigen Wesens in tote Materie. Aus Sicht der Mathematik folgt er einer superkritischen

Hopf-Bifurkation, einem Modell der Chaostheorie, das beschreibt, wie ein Gleichgewicht seine Stabilität verliert. Ärzte sagen dazu, einfache Antworten hätten alle gern.

Dein Kinn krampft sich zusammen, du schnappst nach Atem, die Menschen an deiner Seite glauben, das war dein letzter Atemzug. In der Regel kommt dann noch einer. Manchmal auch zwei. Dann ist es so weit. Du atmest dein letztes Mal. Zwei, drei Augenblicke noch pulsiert deine Halsschlagader. Dann setzt dein Herzschlag aus.

In der Geschichte des Menschen galt dieser Zeitpunkt lange als die Grenze zwischen Leben und Tod: Der letzte Atemzug, der letzte Herzschlag endigte das Leben. Das klingt deutlich und klar, doch so deutlich ist es nicht. Zu den Eigenheiten des Todes zählt, dass sich der Zeitpunkt seines Eintretens einer exakten Ortung entzieht – es ist, als gliche die Grenze zwischen Leben und Tod einer Fata Morgana: Aus der Entfernung betrachtet, scheint sie scharf gezogen und klar erkennbar, hier das Leben, dort der Tod. Doch je näher der Betrachter rückt, desto mehr verschwimmt sie. Der Übertritt – ein Atemzug? Oder der Augenblick danach? Ein Herzschlag? Die Stille darauf? Wenn ein Herz stillsteht, vermag die Medizin den Menschen manchmal von dieser Schwelle des Todes zurückzureißen. Sind Menschen ohne Herzschlag deswegen am Leben? Oder tot, nur noch nicht ganz?

Sicher ist: Der Tod, das ist kein Schalter, der im Sterben irgendwann umgelegt wird, an, aus, lebendig, tot. Vielmehr liegt zwischen Leben und Tod eine Art schwebender Zustand. Aus Sicht der Religionen spielt sich Sterben darin ab: Dein Körper gibt sich und seine Funktionen auf, bis nichts als dein Wesen, deine Seele übrig ist. Aus Sicht der Wissenschaft steht solch ein Glaube auf einer Stufe mit Esoterik. Doch im Lauf der Geschichte haben sich beide Sichtweisen ähnlicher Instrumente bedient, um Erkenntnisse über diesen schwebenden Zustand zu erlangen. Sie haben den sichtbaren Sterbeprozess in Worten, Psalmen, Zahlen beschrieben – und den unsichtbaren Todeseintritt durch Gleichnisse und Metaphern gedeutet. Deswegen sagen viele Definitionen, die der Mensch für den Tod gefunden hat, wenig über den Tod, sondern mehr über das Leben aus. In alter Zeit galt das Herz als Sitz der Seele, und der Atem war der sinnfällige Ausweis eines lebendigen Menschen. Also musste das Erlöschen des Atmens, das Verstummen des Herzens bedeuten, dass der Mensch nicht mehr am Leben war – und damit: tot. Allerdings lassen sich solche Zeichen erst feststellen, wenn der Tod bereits eingetreten ist. Auch das macht den Tod so eigen: Dass er da war, merkt der Mensch erst im Nachhinein.

Im Grunde stehen beide Sichtweisen – die spirituelle und die rationale – gleichermaßen sprachlos vor dem Geheimnis, wann sich Leben in Tod wandelt. Es gibt keine exakte Antwort auf die Frage, wann der Tod eintritt. Es gibt nur Annäherungen, die sich immer wieder ändern. Die aktuelle Auffassung hat das Herz durch das Hirn, die Seele durch das Bewusstsein ersetzt. Was macht den Menschen zum Menschen? Wir glauben, das Gehirn, genauer: was wir darin verorten, die Summe der Erinnerungen, Gefühle, Erfahrungen, Fähigkeiten. Also erklärte der moderne Mensch das Erlöschen der Gehirnfunktionen zu seinem Tod.

Dein Herz steht still. Was jetzt geschieht, ist zugleich Grund für Zuversicht und Zweifel. Gewöhnlich beginnt die Aktivität deines Gehirns nach zwanzig bis dreißig Sekunden zu erlöschen. Manche Forscher meinen, dass dein Körper dein Gehirn in dieser Zeit mit Botenstoffen flutet: Serotonin, Endorphine, Dopamin. Die kennst du.

Vom Verlieben, von schweißtreibendem Sport, vom Sex. Sie dämpfen Schmerz. Steigern die Euphorie. In einem Experiment hängten Forscher betäubte Ratten an ein EEG-Gerät und stoppten ihre Herzen. In den Sekunden vor ihrem Tod flammten die Gehirnströme der sterbenden Ratten stärker als im Leben auf.

Zweifler sehen darin das letzte Aufbäumen eines sterbenden Gehirns, das verzweifelt herauszufinden versucht, was ihm widerfährt.

Zuversichtliche sehen darin ein letztes Feuerwerk, das ein sterbendes Gehirn abbrennt, um angemessen aus dem Leben zu gleiten.

Und dann bist du tot.

Tod

WENN EIN STERBEBETT zum Totenbett wird, ist da diese Stille. Als sei eine Tür hinter dem Toten ins Schloss gefallen, als er ging. Sein schwerer Atem, erloschen. Sein kehliges Seufzen, verklungen. Sein Sterben, vorbei. Was vorher lauter wirkte, als es war, ruft im Verstummen eine Stille hervor, die schier greifbar ist. Eine Stille, wie sie in der belebten Welt selten herrscht; winters vielleicht, wenn der Schnee fällt und alle Stimmen schluckt. Diese Stille umfängt die Lebenden an der Seite deines Sterbebetts, und für einen Moment begreifen sie, wie durch einen Blitz erleuchtet, die Macht des Todes.

Dann setzt der Takt des Lebens wieder ein. Das schwache Summen der Geräte. Das leise Ticken der Uhr daheim. Die gedämpften Melodien der Maschinen in der Klinik. Menschenklänge auf dem Gang, in der Ferne Verkehr. Draußen vor dem Fenster ein Vogel. Alles klingt unerhört neu, nachdem die Sinne so lange bis zum Schmerzen geschärft waren.

Die Stille bleibt schweben. Die Gegenwart des Todes legt einen Bann über die Lebenden, lange noch. Sie senken ihre Stimmen. Sie treten sachte auf, wie auf Katzensohlen. Sie bewegen sich vorsichtig, als fürchteten sie, etwas zu zerbrechen. Selbst wenn sie weinen, wenn sie wehklagen, ist da so etwas wie Ehrfurcht. Eine Reaktion eint viele, egal ob im Krankenhaus oder daheim: Sie sehen dem Gestorbenen ins Gesicht.

Wie verwundbar der Mensch in diesem Moment wirkt. Der Körper und seine Glieder knochenzart. Die Hände auf der Decke wächsern; ihr Griff, gerade noch so schwach, ist leblos. Doch nirgends zeigt sich der Tod derart wie im Gesicht. Der knochige Schädel. Die hohlen Wangen. Das spitze Kinn. Aus der Haut ist alle Farbe gewichen, sie ist fahl. Das Gesicht ist eingesunken, seine Züge sind zerfallen. Die Augen in ihren Höhlen sind halb auf, doch der Blick ist leer. Der Mund steht offen, aber kein Laut kommt mehr von diesen Lippen. Das Gesicht hat seine Ähnlichkeit mit dem Antlitz des Menschen, der es im Leben trug, verloren. Erfahrene Hospizhelfer sagen: Der Glanz ist weg. Auch Menschen, die noch nie im Leben eine Leiche gesehen haben, erkennen: Du bist gestorben.

Aber nicht allein. Gestorben ist im gleichen Augenblick dein Sterbezwilling, irgendwo auf der Welt. Sekunde für Sekunde, sagt die Statistik, sterben auf der Erde im Schnitt zwei Menschen.

Tick. Du. Dein Zwilling.

Tack. Der Säugling im Jemen. Der Greis in Kanada.

Tick. Die Frau an der Küste. Der Mann am anderen Ende der Stadt.

Tack. Der einsame Kerl im dritten Stock rechts, die vierfache Mutter in Australien.

Tick, gestorben der Ordensmann und die Schauspielerin, Tack, gestorben die 99 Jahre alte Uroma und der 0 Tage alte Junge,

Tick, gestorben die Bäuerin am Ganges und der Schlosser in den Anden, tack, gestorben die berühmte Musikerin in China und gestorben der anonyme Flüchtling im Mittelmeer,

Tick, gestorben die beiden, die abkamen von der Autobahn,

Tack, die zwei Soldaten in Syrien,

Tick, Tod Nummer 21, Tod Nummer 22,

Tack, Tod Nummer 23 und 24,

Tick, Tod 25 und 26,

Tack, 27, 28,

Tick,

doch in der Zeit, die es dauerte, diese Reihe der Toten zu lesen, sind drei Dutzend weitere gestorben. Jede Minute sterben über einhundert Menschen. Jede Stunde fast 6500. Jeden Tag mehr als 150 000 Menschen, jeder Einzelne mit einer eigenen Geschichte, alle zusammen eine anonyme Masse. Das ist das Paradox des Todes: Jeder stirbt allein, sein Tod ist ein einzigartiges Ereignis – und zugleich ein vollkommen alltäglicher Vorgang, so allgemein wie sonst wenig auf der Welt.

Ähnlich wie deine Geburt stellt auch dein Tod dir Gefährten zur Seite, die der Zufall gewählt hat, weil sie am selben Tag, in derselben Gegend starben.

Eine alte Frau, die am Abend die Augen schloss und am Morgen schon kalt war.

Ein kleines Kind, dessen Kräfte nicht mehr ankamen gegen den Krebs.

Ein junger Mann, der nur noch ein letztes Wahnsinnsfoto machen wollte.

Du, gerade gestorben, am Ende einer langen Krankheit.

Noch liegen eure Leichname einzeln an den Stätten, wo ihr starbt, aber bald werden sie sich begegnen: Leichnam für Leichnam reiht sich ein in den Lauf, den jeder Tote nimmt – eine Kette von Stationen, aufgereiht wie auf der Linie einer Untergrundbahn. An einigen Knotenpunkten kreuzt sich der Weg aller Toten. Andere Stellen erreicht ein Leichnam allein. Der Lauf der Toten dauert nicht lang. Dein Leichnam wird einige Tage unterwegs sein, vielleicht eine Woche, vielleicht eineinhalb, selten länger. Diese Zeit zwischen dem Eintritt des Todes und der Bestattung ist einmalig. Weder vorher, im Sterben, noch nachher, in der Trauer, ist so viel so genau erforscht, geregelt, ritualisiert.

Wann. Wo. Darauf kommt es an. Diese Umstände deines Todes zeichnen den Weg vor, den dein Leichnam von nun an nimmt. Die Sterbestunde hat Einfluss darauf, wie schnell es gehen wird. Ist es nachts? Morgens? Abends? Ist Wochenende? Ein Werktag? Alles außerhalb gewöhnlicher Betriebszeiten bremst deinen Leichnam. Alles innerhalb treibt ihn an. Aber wichtiger als die Sterbestunde ist der Sterbeort. Der Sterbeort beeinflusst, welche Hände deinen Leichnam waschen, welche Ärzte ihn abtasten, um den Tod festzustellen, welche Beamten deinen Tod beurkunden – aber vor allem verankert der Sterbeort, nach welchen Gesetzen, Verordnungen, Friedhofssatzungen mit deiner Leiche zu verfahren ist.

Der Tod ist in Deutschland Ländersache. Doch viele Bundesländer haben die Details des Todes in ihrer Verfassung an die Kommunen delegiert. Auf dieser Ermächtigungsgrundlage haben die lokalen Gebietskörperschaften eigene Regelungen in Sachen Tod ausgearbeitet. Deswegen ist er in Deutschland komplizierter als anderswo. Durch das Dickicht seiner Formulare, Vorschriften und Dokumente weist der Sterbeort den Weg. Aber das ist alles noch weit weg. Amtlich bist du noch nicht tot, noch lange nicht.

Wann. Wo. Darauf kommt es an. Du bist gerade eben gestorben, dein Leichnam liegt daheim, in dem Haus, in dem Landstrich, der deine Heimat war – eine Gegend wie viele, eine Stadt, das Land ringsum, ein Fluss, schon am Horizont weitet sich der Blick. Einige Krankenhäuser. Viele kleine Gemeinden. Mehrere große Friedhöfe.

Genug Tote, um einem stattlichen Kreis von Bestattern, Krematorien und Beamten Arbeit und Auskommen zu geben.

Der Leichnam der alten Frau liegt in ihrem Zimmer im achten Stock des Altenheims an der Autobahn. Es ist Morgen.

Der Leichnam des kleinen Kindes liegt im Krankenhaus vor der Stadt, auf der Kinderpalliativstation. Es ist Mittag.

Der Leichnam des jungen Mannes draußen, im Freien, unter einem Baugerüst. Es ist Abend.

Wenige Lebende wissen von den Wegen der Toten. Die meisten Menschen ahnen dunkel davon, wenn diese Wege unversehens in ihrem Alltag aufscheinen: Von einem Friedhof weht das leise Läuten einer Totenglocke herüber, in einer Seitenstraße am Standesamt parkt ein Leichenwagen, aus einer Tür in der Innenstadt treten Männer, die einen Sarg auf den Bürgersteig tragen. Dann ist der Augenblick verflogen, und allein eine Ahnung bleibt, dass da direkt neben den Landen der Lebenden noch eine andere Welt liegt, ganz nah und doch fern.

Es ist eine eigenständige Welt. Es gelten eigene Gesetze dort, es herrscht eine eigene Sprache. Diese Welt durchziehen eigene Grenzen, sie ist in eigene Hoheitsgebiete unterteilt. Die Toten haben ihre eigenen Dokumente, eigene Jahreszeiten, eigene Rituale, sie tragen eigene Kleider, bewegen sich in eigenen Fahrzeugen, bevölkern eigene Zonen. Die Toten sind wie ein eigener Stamm, mitten unter uns.

Nahezu alle Lebenden, die Zugang zu dieser Welt haben, sind Spezialisten. Sie arbeiten an bestimmten Abschnitten des Weges, den die Toten nehmen; kaum einer kennt ihre gesamte Welt. Deswegen waren sie fasziniert, als sie von der Idee hörten, diese Welt einmal vollständig zu vermessen – einmal den Weg eines Leichnams entlangzuwandern, Station für Station. Sie glaubten nicht, dass das möglich wäre. Manche Abschnitte sind abgeschottet, viele wie versteckt. Außerdem verbindet viele der Lebenden, die an der Seite der Toten arbeiten, eine Gemeinsamkeit: Sie sind zu Verschwiegenheit verpflichtet. Die eine ist Beamtin und darf keine Details über die Toten preisgeben, die sie mit Papieren ausstattet. Der andere ist Amtsträger bei der Polizei und unterliegt der Schweigepflicht über die Toten, deren Todesursachen er ermittelt. Die dritte ist Ärztin und darauf vereidigt, alles zu verschweigen, was sie durch ihre Arbeit an einem Toten über ihn erfährt. Manche der Spezialisten haben auch wenig Interesse, einen Einblick in die Welt der Toten zu eröffnen, weil es dort gute Geschäfte zu machen gibt, oder weil sie fürchten, die Lebenden zu verschrecken. Das ist interessant, denn die Existenz dieser Spezialisten ist eine neuartige Erscheinung, historisch betrachtet: Über Jahrtausende war der Umgang mit den Toten die übliche Aufgabe der Angehörigen – sie kämmten, wuschen, kleideten ihre Leichen selbst, hoben ihnen die Gräber aus, bestatteten sie mit eigener Hand. Eine Kaste von Bestattern und Bürokraten um die Toten bildete sich erst spät, zum Teil erst vor 150 Jahren.

Allerdings finden sich unter diesen Spezialisten auch Menschen, die der Meinung sind, die Welt der Toten sei dem Blick der Lebenden zu sehr entzogen. Sie willigten ein, sich und ihre Toten für dieses Buch begleiten zu lassen – unter einer Bedingung: Keine Namen. Deswegen sind die Lebenden und die Toten, denen dein Leichnam auf seinem Weg bis ins Grab begegnet, in einigen entscheidenden Details verändert: Vielleicht ist das Geschlecht anders oder das Alter, vielleicht der Ort einer Szene oder der Augenblick, in dem sie sich zutrug. Aber alle sind echt – hinter jedem von ihnen steht ein wahres Gesicht, eine wahre Geschichte.

Die alte Frau liegt im Bett, in dem sie seit zwanzig Jahren schlief, unter den Fotos ihrer Familie, ihr Mann, tot, ihre Brüder, tot, ihre Kinder und Enkel leben in der Ferne. Eine Pflegerin tritt an ihr Bett. »Guten Morgen Frau G.«, sagt sie. »Zeit zum Aufstehen! Frau G.? Frau G.?«

Das kleine Kind ist so stumm in seinem bunten Bett, und seine Eltern stehen auf, und sie umarmen sich, und sie weinen.

Den jungen Mann findet ein Bauarbeiter nach Feierabend, er fasst ihn an, fährt erschrocken zurück. Dann läuft er, den Notarzt rufen.

Du liegst dort, und da ist diese Stille. Als ob im Tod eine Tür ins Schloss fiel.

Dein Leichnam liegt ohne Regung da, leblos. Aber die Ruhe dieses Anblicks täuscht. In seinem Inneren ist dein Leib, handwarm noch, Schauplatz einer enormen Dynamik – der Hausherr hat den Körper verlassen, und ohne seine Anwesenheit geraten die gewohnten Abläufe aus dem Tritt. Das Blut, das mit der Gesetzmäßigkeit der Gezeiten durch deinen Körper kreiste, steht in seinen Bahnen still. Sofort greift eine starke Kraft danach, und binnen Minuten sind seine Bestandteile der Macht der Gravitation unterworfen: Die Blutplättchen, die roten und weißen Blutkörperchen setzen sich in den Blutbahnen ab, sinken zu Boden, versacken im Körper. Auch deine anderen Flüssigkeiten folgen der Schwerkraft; Galle, Lymphe, Magensaft sammeln sich an den tiefsten Stellen ihrer Gefäße. Zugleich gerät überall das ausgeklügelte Zusammenspiel deiner Zellen ins Stocken. Ohne den Sauerstoff, den das Blut lieferte, fehlt den Zellen in Nerven, Muskeln, Organen die entscheidende Zutat, Energie zu erzeugen. Sie verstoffwechseln noch, was sie auf Vorrat haben, dann beginnen die biochemischen Prozesse zu stottern. Im Inneren der Zellen stauen sich Zwischenprodukte des Stoffwechsels, und das ausbalancierte Milieu, in dem alle Teile der Zelle ihre Arbeit verrichten, kippt. Die alte Ordnung kollabiert. Enzyme brechen aus. Eiweiße entfalten sich. Organellen platzen. Äußerlich ist von diesen stürmischen Abläufen, die im Inneren deines Leichnams einsetzen, nichts zu sehen. Allein dein Gesicht gibt einen Hinweis auf den Wandel, der losbricht. Im Moment des Todes erschlaffen die Muskeln, und im Gesicht des Toten werden die Züge weicher. Dein Antlitz, gerade noch vom Sterben gezeichnet, wirkt sanfter. Dennoch ist unübersehbar, dass sich etwas Fundamentales verändert hat.

Was nun wichtig ist, was jetzt, da der Tod just eingetreten ist, unbedingt zu unternehmen ist, die eine Sache, die alle Spezialisten Angehörigen empfehlen, die Sache, die dringend gemacht gehört, die zwingend zuerst zu tun ist, weil sie wichtiger ist als alles andere im Schatten des Todes – diese Sache ist:

Nichts.

Ja, nichts.

Atem holen. Durchatmen. Da sitzen. Still sein. Weinen vielleicht, die Hand des Toten halten. Sonst nichts. Es gibt keine Eile. Was hätte passieren können, ist passiert. Was kommt, hat Zeit.

Deine Glieder. Dein Gesicht. Sie mustern jeden Zoll deines Körpers, ein stilles Vergewissern, ein stummes Staunen, wie radikal dieser Wandel war. Wo ist das Leben hin, das aus deinem Körper wich? Wo steckt die Energie, die aus dir schwand? Die Kraft, die aus deinem Atem sprach? Eine Erklärung für dieses Mysterium haben schon viele gesucht. Die Religionen begegnen dem Rätsel mit einer Vielzahl von Ritualen. Christen singen den Lobgesang des sterbenden Simeon, Moslems sprechen Sterbenden das Glaubensbekenntnis ins Ohr, damit die Seele den Körper mit diesen Worten im Sinn verlässt. Buddhisten glauben, die Seele verharre noch eine Weile über ihrer alten Hülle, und rühren den Leichnam daher nicht an. Aber auch Menschen ohne Gott spüren Unfassbares. Manche beschreiben es wie eine unsichtbare Sonne, in der sich etwas ballt. Manche erinnern ein Gefühl, aus der Zeit zu stürzen, manche glauben, wie im Angesicht einer großen Kraft ihr kleines Selbst wahrzunehmen. Wahrscheinlich bilden sie sich das nur ein, sagen Wissenschaftler. Womöglich können sie das nur nicht messen, sagen deren Gegner. Im Grunde sind sich beide Seiten einig: Das Geschehen ist so groß, es ist nicht zu greifen. Hospizhelfer sagen: Wer das Privileg bekommt, in der Stunde des Sterbens bei einem Menschen zu sein, der solle diesen Moment und sein Mysterium auskosten, mit vollem Herzen.

Wie das Sterben weicht auch der Tod allen Versuchen aus, ihn zu verstehen. Er entzieht sich einem eindeutigen Begreifen, er ist darin wie Wasser: In dem Augenblick, in dem man es endlich zu fassen meint, rinnt es einem durch die Finger. Dieses Dilemma martert Philosophen, Wissenschaftler, Priester, seit der Mensch zu denken begann: Sie schaffen es nicht, den Tod selbst dingfest zu machen – sie können sich ihm nur nähern, über den Umweg des Lebens. Was ist der Tod? Das Ende des Lebens. Diese Definition ist dürftig; als erklärte man: Wasser, was ist das – keine Erde. Und wenn der Tod das Ende des Lebens ist: Was ist Leben? Was macht es aus? Was lässt ein Lebewesen zum Lebewesen werden, den Menschen zum Menschen – und wann gehen diese Eigenschaften genau zu Ende? Solche Gedankengänge sind Krücken, nur auf sie gestützt erreicht der Mensch Erkenntnisse über den Tod. Da die Lebenden diese Fragen aber Generation für Generation neu durchdenken, gibt es inzwischen Antworten – dürftige zwar, aber Antworten – in Fülle.

Wie das Sterben ist auch der Tod ein Prozess. Die Religion, der Staat, das Recht, alle gehen anders mit diesem Prozess um. Deswegen gibt es keine einheitliche Deutung, jede Disziplin legt ihn unterschiedlich aus. Doch niemand betrachtet ihn so unumwunden wie die Ärzte, die an Toten arbeiten, als Rechtsmediziner. Sie unterteilen diesen Prozess: Sie kennen nicht einen Tod, sondern zwei, die sich wiederum in zwei Untertode teilen lassen. Weil das Kunststück, den Tod zu vierteilen, anfangs eher verwirrt als erklärt, zeichnen sie ihn – in schroffen Schaubildern, die eine eigentümliche Schönheit aufweisen. In ihrer simpelsten Form sehen sie aus wie der Schwung eines Skifahrers im Schnee: Von links oben kurvt er in langer Kehre aus dem Leben, ändert in der Mitte seine Richtung, biegt in sanftem Bogen nach rechts unten in den Tod. So sieht das aus:

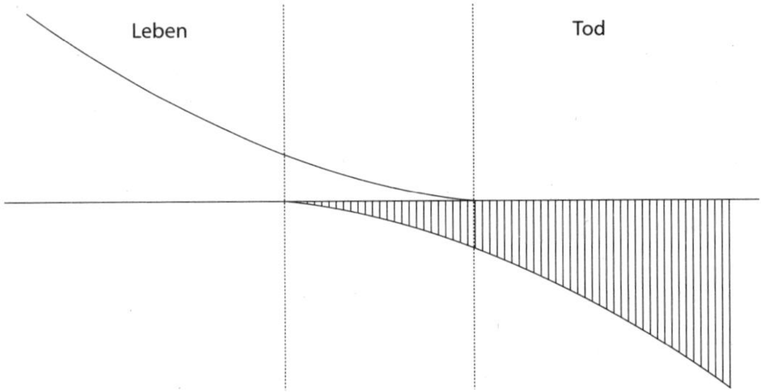

Auf flüchtigen Blick fällt es nicht auf, aber die beiden Kurven – des Lebens, des Todes – schneiden sich nicht. Sie schnüren nur kurz nebeneinanderher, in der Zwischenzeit, wenn das Leben geendet hat, aber noch nicht mit Haut und Haar, wenn der Tod eingetreten ist, aber noch nicht überall im Körper.

Auf den Schaubildern beginnt die Kurve des Todes an einem Punkt, den Ärzte den Individualtod nennen – der erste Tod. Die Theorie teilt ihn in zwei Teile: Dein Atem stoppt, dein Herz hört auf zu schlagen, das ist der klinische Tod, auch Herztod genannt. Dann erlöschen die Funktionen deines Gehirns, in Großhirn, Kleinhirn, Hirnstamm, und wenn sie vollständig und unwiderruflich verloschen sind, sprechen Ärzte vom Hirntod – das, was heutzutage landläufig als Tod gilt.

Doch die Kurve des Lebens endet nicht an dieser Stelle, sie endet später, am Punkt des biologischen Todes – der zweite Tod. Auch er lässt sich in der Theorie aufschlüsseln: Die Funktionen aller Organe fallen aus, die Funktionen aller Zellen fallen aus. Erst wenn auch in der letzten Zelle deiner Leiche alles Leben erloschen ist, ist der biologische Tod eingetreten, der auch als totaler Tod bezeichnet wird.

Die Medizin nennt die Zeit, die zwischen dem Eintritt des Individualtodes und dem endgültigen Ausfall aller Funktionen der Organe und Organsysteme liegt, das intermediäre Leben – manche Ärzte meinen: ein krummer Begriff, weil er eine Nähe zum Leben vorgaukelt, die nicht mehr besteht. Auch er ist Ausweis, wie schwer es ist, den Tod in Kategorien zu zwingen.

Die Wirklichkeit ist wie immer komplexer als die Theorie. Diese Abläufe des Todes greifen ineinander über, sie verschränken und verstärken sich: Zellen sterben ab, Gewebe, Organe, wie bei einem Stromausfall gehen überall im Straßenblock des Körpers die Lichter aus. Nicht alle auf einen Schlag, nicht alle in fester Reihenfolge, aber doch alle, unerbittlich. Jede einzelne Zelle ereilt das Schicksal des Körpers, den es zusammen mit allen anderen bildete – sie stirbt. Bei einigen Zellen, wie im Gehirn, geht es rasend schnell. Bei anderen Zellen dauert es Stunden oder sogar Tage, bis sie vollends verenden, in Knorpeln oder der Hornhaut des Auges zum Beispiel.

Diese Kaskade des Todes klingt wie arkanes Wissen, allein Ärzten und anderen Spezialisten vorbehalten. Das ist ein Irrtum. Vor wenigen Generationen waren die Grundzüge dieses Wissens in fast jeder Familie bekannt. Die Mehrzahl der Menschen starb daheim, und der Umgang mit ihren Leichnamen ließ die Lebenden erfahren, wie sich der Körper des Menschen im Tod wandelt.

Es ist Zeit. Wann, merken die Menschen, die an Totenbetten wachen, meist allein. Manche verspüren einen Frieden, in dem sie noch ein wenig verweilen wollen. Manche weinen, während ihre Gefühle wanken, sie sind erschrocken, sie sind traurig, sie sind erleichtert, alles zugleich. Manche beten. Manche singen. Manche wollen raus aus diesem Raum des Sterbens. Manche fühlen sich ausgelaugt, zu erschöpft für Gefühle. Manche müssen etwas tun, am besten gleich. Alle kommen an den Punkt: Jetzt – jetzt ist es an der Zeit.

Oft sind es offene Augen oder der offene Mund eines Leichnams, die Menschen am Totenbett handeln lassen. Im Krankenhaus oder in einem Altersheim unternimmt dann meist eine Schwester oder ein Pfleger die ersten Schritte, aber das muss nicht sein: Jeder kann einen Toten versorgen, es ist nicht schwer. Hospizhelfer sagen, es gebe im Grunde nur zwei Sachen zu beherzigen: Keine Hektik – und keine Scheu.

Sie haben die Erfahrung gemacht, dass Hektik und Scheu häufig denselben Ursprung haben: Jemand erträgt die Situation nicht. Das ist normal. Es ist eine Sache, dem Tod zwar tagtäglich, aber nur abstrakt zu begegnen, in der Zeitung, im Fernsehen, in Gestalt eines Totenschädels auf einem T-Shirt. Es ist etwas anderes, ihn auf einmal vor Augen zu haben. Da liegst du, die Liebe eines Lebens, der Herzensbruder, das geliebte Kind, der alte Freund, dessen Stimme noch im Ohr klingt, dessen Gesten und Blick und Geruch noch in Erinnerung sind, der doch gerade eben noch am Leben war, verdammt, ein Mensch aus Fleisch und Blut. Aber du bist tot. Das macht sprachlos. Das macht fassungslos. Das ist nicht zu begreifen, nicht sofort, nicht schnell.

Eines hilft aber dabei. Den Tod eines nahen Menschen, sagen Trauerbegleiter, beginnt man zu begreifen, indem man seinen Leichnam in der Tat be-greift, ihn sieht, fasst, spürt. Oft ist die Scheu davor groß. Mutter, eine Leiche. Vater, ein Toter. Die große Liebe, tot. Doch ein Mensch, der sich ein Herz fasst, reicht in der Regel. Ein Griff zur Hand des Toten, einmal über dein Gesicht gestreichelt, durch dein Haar gefahren, das bricht den Bann. Dann fassen sie deinen Leichnam an. Er fühlt sich fremd an, der vertraute Körper. Seltsam klamm. So entsetzlich stofflich. Und unleugbar leblos. Mit jeder Berührung sinkt die Gewissheit stärker ins Bewusstsein: Diesen Körper hat die Seele verlassen, nur der Leib ist zurückgeblieben. Zeit, ihn zurechtzumachen.

Die Pflegerin fühlt der alten Frau G. im Altersheim den Puls, drückt ihr die Hand, dann geht sie, Bescheid sagen.

Die Eltern des Kindes halten seinen kleinen Körper weinend in den Armen, sie wollen sich nicht lösen, noch nicht.

Den jungen Mann schirmt der Bauarbeiter ab, bis er in der Ferne die Sirenen hört.

An deine Seite treten sie aufgewühlt, und ein wenig ängstlich.

Die Menschen an deinem Totenbett werden auf viele Arten gerufen. Manche nennen sie Angehörige, ein altes Wort, das Familienbande betont, das deinen Tod und die Trauer darüber zur Sache eines begrenzten Kreises macht. Manche Bestatter nutzen daher ein anderes Wort, weil sie der Auffassung sind, die Trauer um einen Toten sei kein Vorrecht seiner Familie – sie sagen: Zugehörige. Die Spezialisten auf Friedhöfen und in Ämtern verwenden Fachbegriffe, die auf die Abschnitte deines Todes abzielen: Hinterbliebene, Anzeigepflichtige im Todesfall, Totenfürsorgeberechtigte, Bestattungspflichtige und Bestattungskostenpflichtige, Vermächtnisnehmer und Nachlassempfänger. Aber diese amtliche Nomenklatur ist nur auf dem Papier wichtig. Im Alltag ist die Trauer um dich schwer aufzuschlüsseln. Im besten Fall trauern sie alle. Jeder, der dir im Leben wichtig war. Jeder, dem du im Leben wichtig warst. Wenn du Glück hattest, sind es ein- und dieselben.

Dann machen vertraute Hände deinen Leichnam zurecht. Die Augen schließen, das steht am Anfang. Wie im Film – durch jenes zum Symbol gewordene Wischen der ganzen Hand über beide Augen gleichzeitig, die sofort geschlossen bleiben – funktioniert das selten. Es ist einfacher, erst ein Auge zu schließen, dann das andere. Wenn das Auge halb offen steht, kann es reichen, die eigene Hand leicht auf die Stirn des Toten zu legen – auf die Art, wie es Mütter machen, wenn sie fühlen wollen, ob ihr Kind Fieber hat – und mit dem Daumen vorsichtig das obere Lid nach unten zu schieben. Wenn das Auge weiter offen steht, kann es nötig sein, mit dem unteren Lid anzufangen und es sanft nach oben zu schieben. Gut möglich, dass die Augen danach nicht geschlossen bleiben. Es hilft, ein kleines Kissen unter den Kopf des Toten zu stecken. Sollten die Augen weiterhin offen stehen, einfach ein wenig Stoff oder Gaze anfeuchten, die Lider verschließen, damit beschweren. Manche legen auch Münzen auf die Augen. Das geht ganz gut. Sie dürfen nur nicht lange liegen. Sonst drückt sich das Relief der Münze in die Lider, und bei einem Leichnam bleibt ein solcher Abdruck lange.

Dann der Mund. Wenn er offen steht, eine Hand an den Kopf legen, die andere unter das Kinn, den Kiefer sanft nach oben schieben und so den Mund schließen. Auch der Mund kann wieder aufgehen. Ab und an reicht es dann schon, den Kopf des Toten auf dem Kissen ein wenig zu verlagern. Ansonsten ein Handtuch fest zusammenrollen und zwischen Kinn und Brust klemmen. Klappt der Mund immer noch auf, kann man einen Schal um den Kiefer legen, das Kinn hochbinden und den Schal über dem Kopf verknoten. Das sieht dann so aus wie die Verbände, die die Typen mit Zahnschmerzen in Comics tragen. Aber nicht zu fest zuziehen. Dein Leichnam ist dabei, einen dynamischen Wandel zu durchlaufen, und Gesichtszüge, die zu straff und streng in Form gezwungen werden, können dieses verzogene Aussehen eine Weile beibehalten, wenn der Schal später abgenommen wird.

Bleibt das Waschen. Die Leichenwaschung ist eine sehr alte Art, sich von einem Toten zu verabschieden. Viele Religionen betrachten die Leichenwaschung als wichtiges Ritual, für das es genaue Regeln gibt, wer wäscht, wann, wie. Sie dient der Reinigung des toten Körpers, aber auch seiner Reinheit an sich, eine große Geste. Sie ist so gut wie ausgestorben. In vielen Krankenhäusern und Altersheimen gibt es eine kurze Katzenwäsche, Hände aufeinander, fertig. Mitunter nicht mal mehr das. Zu wenig Zeit. Lässt sich auch nicht abrechnen. Soll doch der Bestatter machen. Wütend darüber werden – klar, warum nicht, aber Wut ist vorschnell, sie macht es sich sehr einfach. Diese Geste des Abschieds ist nicht nur in Altersheimen und in Krankenhäusern ausgestorben. Einen Leichnam waschen, das machen auch Angehörige kaum mehr.

Es ist aber nicht schwer. Eine Schüssel Wasser, schön warm. Waschlappen. Seife. Vielleicht ein paar Tropfen eines duftenden Öls ins Waschwasser. Manche fangen an den Armen an, manche am Kopf des Toten, und waschen ihn, am ganzen Körper, achtsam, bedächtig, aber das kommt von allein. Ein toter Leib ruft eine eigentümliche Ehrfurcht hervor. Oft erleben Menschen, die dem Toten schon zur Seite standen, als er im Sterben lag, ihre Handgriffe wie ein Echo: Wie sie damals deinen Körper wuschen, so waschen sie jetzt deinen Leichnam, und die Unterschiede werden offenbar. Dein Gesicht, klamm. Deine Haut, fahl. Deine Glieder, so ungelenk schwer. Weil dein toter Körper keine Kräfte mehr birgt, braucht es zwei Menschen, ihn zu waschen. Anders ist seine Masse schwer zu handhaben.

Es gibt Eigenheiten des Leichnams, die erschrecken können, wenn man sie nicht kennt. Sie treten zutage, wenn der Tod noch nicht lange her ist. Manchmal entfährt einem toten Körper ein Ächzen, aber das ist kein Atem, das ist Luft, die aus deinen Lungen entweicht. Manchmal zuckt noch ein Muskel oder zwei. Auch dies ist kein Wille mehr. Nur ein letzter Nachhall des Lebens, das einmal in deinem Körper war. Ein Ereignis ist häufig. Da sich im Moment des Todes die Spannung der Muskeln löst, erschlaffen sie auch im Darm. Dann geht mitunter Stuhl ab. Auch die Blase kann sich entleeren. Das ist alles natürlich. Am besten eine Windel unterlegen. Binde oder Waschtuch geht auch. Wichtig ist eines: Wer den Leichnam während des Waschens auf die Seite drehen will, sollte ein dickes, mehrfach gefaltetes Handtuch auf das Gesicht des Toten legen, weil ihm Magensaft aus dem Mund laufen kann. Nicht erschrecken, es kann viel sein, bis zu einem Liter. Riecht streng. Auch das ist normal. Alles natürlich. Der tote Körper, der so lange an den Willen und die Wege eines Lebewesens gebunden war, gehorcht nun ausschließlich den Gesetzen der Natur.

Im Altersheim an der Autobahn richten sie den Leichnam von Frau G. rasch her. Sie schließen ihr die Augen, setzen ihr vorsichtig das Gebiss ein, binden ihr Kinn hoch. Dann räumen sie weg, was an Krankheit und Alter erinnert, die Windeln, den Medikamentenspender mit den Pillen des Tages, die Schnabeltasse.

Vor dem Zimmer, in dem der Leichnam des kleinen

Kindes liegt, stellen sie eine Kerze auf und zünden sie an. Das ist das Zeichen. Der Tod war da.

Am Leichnam des jungen Mannes kniet der Notarzt, aber den Tod muss er nicht eigens feststellen, das sieht er auf einen Blick.

An deinem Totenbett ist es still. Sanft fahren sie mit weichen Lappen über deine Schenkel, zwischen die Zehen, die Sohlen entlang. Dein Leichnam ist noch immer dabei, sich zu wandeln. In seinem Inneren ist das Blut – von der Schwerkraft gepackt – durch das feine Netz seiner Kapillaren gesickert, in die Adern gelaufen, die es speisten und leerten, schließlich in Arterien und Venen geströmt, abwärts, immer abwärts. An den tiefsten Stellen deines Leichnams sammelt es sich; weil er auf dem Rücken liegt, an der unteren Seite des Rumpfes, in der Region des Nackens, an den Hüften. Die Blutbahnen dort schwellen. Die Blutfülle drückt ins Gewebe. Auf der Haut tauchen Flecken auf. Sie sind anfangs kaum zu sehen, Sprenkel sanften Rots, doch dann wird die Farbe dunkler, die Flecken größer, sie fließen zusammen, vereinigen sich, violette, fast bläuliche Flächen erscheinen. Die Totenflecken. Sie sind besonders.

Alle Zeichen, durch die sich der Tod bis zu diesem Zeitpunkt zeigte – das Aussetzen des Atems, der Stillstand des Herzens, das Verstummen des Pulses, das Brechen des Blicks –, sind den strengen Regeln der Medizin nicht sicher genug. Auch ein Mensch, der stark unterkühlt ist, kann keinen Puls mehr haben. Ein Blinder kann lichtstarre Pupillen besitzen. Aber jetzt hat sich der Tod ein erstes Mal sicher kundgetan. Totenflecken bilden sich schnell, manchmal erscheinen die ersten schon eine halbe Stunde nach dem Eintritt des Todes.

Neben der Physik erringt auch die Chemie ihre uneingeschränkte Herrschaft über die Materie deines toten Körpers zurück. Auf der Ebene der Atome und Moleküle ist Aufruhr, die eingespielten Routinen sind dahin.

Die Reaktionsketten, die dein Leben am Laufen hielten, fahren sich fest. Überall, in der kleinsten Zelle und im größten Organ, bocken die komplexen biochemischen Kreisläufe des Stoffwechsels. Den Lebenden an der Seite deines Leichnams bleiben diese Prozesse verborgen – mit einer Ausnahme. Muskeln folgen einem faszinierenden Mechanismus. Ihre Fähigkeit, sich zusammenzuziehen und anzuspannen, beruht auf zwei besonderen Proteinen, Aktin und Myosin, die in den Muskelfasern ineinandergleiten und sie so verkürzen. Um diese Muskelspannung wieder zu lösen, ist ein Molekül entscheidend: Adenosintriphosphat, kurz ATP. Dieses Molekül ist ein Wunderwerk. Es kann Energie speichern, Signale übermitteln, aber in den Muskeln dient es einem besonderen Zweck: Es sorgt dafür, dass die Muskelfasern wieder weich werden und sich entspannen.

Im Moment des Todes setzt in den Muskeln deines Leichnams ein Prozess ein, der auch ohne Sauerstoff Energie erzeugt. Das ist Standard, ein im Leben oft erprobter Reflex, um Reserven zu mobilisieren, bis der Normalzustand wieder hergestellt ist. In der Hoffnung darauf stellen die Zellen weiter ATP her. Die Moleküle lassen die Muskelfasern weich werden. Ohne die Signale und Reize eines lebenden Organismus bleiben sie entspannt – die Muskeln deines Leichnams erschlaffen. Doch die Hoffnung hat deine Zellen getrogen. Einen Normalzustand wird es nicht mehr geben. Es dauert etwas, dann sind ihre Reserven erschöpft. Keine Energie mehr. Ohne Energie kein ATP. Ohne ATP keine Entspannung. In den Muskelzellen gleiten die Muskelproteine ineinander, verharren in dieser starren Stellung, und Faser für Faser spannen sich deine Muskeln an. Es ist ein schleichender Prozess, er setzt langsam ein. Aber die Menschen, die dabei sind, deinen Leichnam zu waschen, können seine ersten Anzeichen womöglich schon spüren.

An die Augenlider deines Leichnams, an den Nacken

oder an die Kaugelenke setzt sich eine Steifheit. Sie fühlt sich an wie ein Widerstand. Manchmal braucht das nach dem Tod eine Stunde, manchmal zwei oder drei. Sie tritt in der Regel aber später auf als die Totenflecken. Das zweite Zeichen eines sicheren Todes macht sich bemerkbar: Die Totenstarre setzt ein.

Die ersten Stunden nach dem Tod ist dein Leichnam noch frei, und der Umgang mit ihm an nichts gebunden außer an den Respekt, der den Toten gebührt. Aber nun greifen die Gesetze, welche die Lebenden den Toten auferlegt haben. Es gibt Dutzende in Deutschland, einige auf Bundesebene, die meisten auf Länderebene. Sie sind von Bundesland zu Bundesland verschieden, heißen aber ähnlich: Bestattungsgesetz, Gesetz über das Leichenwesen, Gesetz über das Bestattungs- und Friedshofswesen, Gesetz über das Leichen-, Bestattungs- und Friedhofswesen. Sie sind unterfüttert mit Verordnungen zu ihrer Durchführung, die wiederum verwirrend lange Namen tragen, aber im alltäglichen Geschäft mit dem Tod abgekürzt werden, BestVO, TbVO, BestDVO. So unterschiedlich sie im Detail sind, eines schreiben sie alle vor: Jeder Todesfall ist anzuzeigen – und unverzüglich eine Leichenschau zu veranlassen.

Im Altersheim an der Autobahn tritt aus diesem Grund ein Protokoll in Kraft, wie es alle Altersheime pflegen, festgehalten im QMH, im Qualitätsmanagementhandbuch: Arzt alarmieren, Pflegedienstleitung benachrichtigen, Heimleitung informieren (am Wochenende nur bei außergewöhnlichen Fällen); Angehörige nach Absprache oder laut Dokumentation.

Auch auf der Palliativstation haben sie Verfahren für den Tod, gestützt auf den großen bürokratischen Apparat des Krankenhauses, aber sie achten darauf, dass sie rücksichtsvoll ablaufen, um Angehörige in ihrem Schmerz nicht zu stören.

Den Leichnam am Fuß des Baugerüsts trifft die ganze Kraft der Gesetze. Ein junger Mann, dem äußerem Anschein nach von bester Gesundheit, liegt tot auf einer Baustelle? Das bedeutet § 159 StPO, bedeutet Abschnitt 33 RiStBV und in dieser Gegend § 4 Abs. 3 BestattG – bedeutet: Polizei.

An deinem Totenbett hadern sie mit dem Regelwerk des Todes. Es kommt ihnen seltsam vor, sehr sogar. Ein Mensch ist gestorben, ein Leben erloschen, gerade erst. Sie ringen damit, sie spüren eine große Erschütterung des Seins. Wenn sie Worte dafür suchen, sind es oft welche des Taumelns, des Falls: Den Boden hat es mir unter den Füßen weggerissen, die Welt ist aus den Angeln gehoben, alles sinkt in Schutt und Asche. Sie stehen schwankend in den Trümmerwüsten deines Todes, ein leeres Land, in dem Himmel und Horizont fremd sind, und nirgendwo Halt. Es ist ein unwirkliches Erlebnis, in diesem Zustand zu erfahren, dass unverzüglich Aufgaben zu erledigen sind. Den Tod anzeigen? Eine Leichenschau? Das fühlt sich an, als habe sich im Augenblick deines Todes irgendwo eine gewaltige, gut geölte Maschinerie in Gang gesetzt, die sich daran macht, diesen Sterbefall da abzuarbeiten, unbeeindruckt, unerbittlich.

Diese Maschinerie gibt es. Sie ist mächtig. Sie lässt sich nicht stoppen, nicht gänzlich. Wer sie aber kennt, kann sie an bestimmten Abschnitten bremsen. Am Anfang vor allem, wenn sie gerade anläuft. Den Tod anzeigen? Das ist im Augenblick egal. Das Gesetz schreibt dafür eine Frist von drei Werktagen vor, ab dem Todestag gerechnet. Aufschub bekommen also automatisch alle, die vor einem Feiertag oder am Samstag sterben. Auch die anderen Leichname haben aber noch Zeit. Und die Leichenschau, die zu veranlassen ist, und zwar unverzüglich? Keine Hast. Keine Hektik. Es gibt keinen Grund zur Eile. Ist es im Augenblick Nacht? Dann reicht es in der Regel, bis zum Morgen zu warten. Nur wenn ein

Tod jählings und völlig unerwartet eintrat, bei einem Unfall beispielsweise, ist das anders. Oder ist im Augenblick Tag? Auch dann gibt es keinen Anlass, Dinge zu überstürzen. Auch dann alles mit der Ruhe. Die Leichenschau hat Zeit.

Unverzüglich ist ein Wort der Juristen. Es vereint eine Fülle von Bedeutungen. Es meint schnell, aber nicht sofort, es meint ohne Zögern, aber nicht ohne Bedenken. Die sperrige Sprache der Paragrafen definiert unverzüglich so: ohne schuldhaftes Zögern. Das bedeutet: Da ist Spiel drin. Wenn ein Jurist den anderen im Restaurant auffordert, unverzüglich mit dem Essen aufzuhören, darf dieser seinen vollen Löffel noch zum Mund führen, gewitzte Anwälte argumentieren: auch den Rest der Suppe aufessen – doch bei der Hauptspeise, da sollte er dann passen. Er muss aber nicht. Unverzüglich verlangt kein Handeln in einer festen Frist, sondern Handeln an sich. Unverzüglich erlaubt, das Handeln zu überlegen. Es ist, als sage das Gesetz: Du musst es machen, und zwar schnell – aber ich überlasse dir, wann genau du bereit dafür bist.

Das ist eine kluge Art, mit deinem Leichnam und seiner Leichenschau umzugehen. Die Stunden, die nun verstreichen, sind kostbar. Dein Leben lang warst du Teil der Welt. Dein Dasein stand außer Frage. Du zähltest für deine Freunde und deine Familie zum Grundstock ihres Lebens, nie weiter als einen Anruf entfernt. Aber nun bist du fort, für alle Zeit. Allein dein Leichnam ist ihnen geblieben. Auch er wird verschwinden, bald schon. Deswegen sind diese Stunden so besonders. Sie sind die letzten an deiner Seite. Sie sind die einzigen, die noch bleiben, bevor dein Leichnam seinen Weg durch die Welt der Toten antritt. Diese Zeit ist unwiederbringlich. Diese Zeit ist wertvoll. Diese Zeit hilft. Sie gibt den Lebenden, die du zurücklässt, eine letzte Möglichkeit, allein mit dir zu sein, ungebunden von Vorschriften, unter sich. Das ist ein Geschenk. In deiner Gegenwart werden sie nie wieder sein können. Aber in der Gegenwart deines Leichnams können sie noch sein, wenigstens eine Weile noch.

Es gibt ein paar Dinge, die dabei gut zu wissen sind. Wenn sie deinem Leichnam etwas überziehen wollen – nichts Enges wählen, noch nicht die Kleidung, die du im Sarg tragen sollst. Dann hat es der Arzt, der deinen Leichnam in der Leichenschau begutachtet, leichter.

Fenster auf. Dies gilt manchen als Geste, damit die Seele leichter davonfliegen kann. Aber es hat auch einen praktischen Wert: Ein geöffnetes Fenster macht das Zimmer kühler. Auch die Heizung im Raum ausstellen. Im Sommer einen Ventilator anmachen. Wärme verträgt dein Leichnam nicht so gut.

Die Nachricht deines Todes zu übermitteln braucht Kraft, braucht Zeit. Dennoch ist es wichtig, deinen Freunden und Verwandten schnell Bescheid zu geben. Vielleicht wollen sie kommen, sich verabschieden. Vielleicht wollen sie einfach wissen, dass du gegangen bist. Eine kleine Liste hilft, keinen zu vergessen. Am Telefon keine Ausflüchte. Sie hören schon an der Stimme, dass etwas Schlimmes passiert sein muss. So hart und schmerzlich es ist, wieder und wieder zu erzählen, wann und wie du gestorben bist – es hilft, es zu fassen: Ja, du bist gestorben. Ja, du bist tot.

Wenn möglich, einige Dokumente zusammensuchen, Ausweis, Pass, die Arztbriefe. Das erleichtert später das Ausfüllen des Totenscheins und ist eine gute Ablenkung, wenn jemanden die Unruhe packt.

Deine Hände nicht falten, sondern aufeinanderlegen. Dann sind sie lose, wenn die Totenstarre weiter fortschreitet.

Ansonsten sind diese Stunden frei. Dein Leichnam lässt sich anfassen, liebkosen, küssen. Muss aber nicht sein. Manche werden deinem Leichnam lieber ausweichen wollen. Auch das ist in Ordnung. Oft ergeben sich Nähe und Distanz von allein. Viele wollen nicht am Leichnam wachen, sondern immer und immer wieder zu ihm zurückkehren, wie im Wechsel, sie entfernen sich, sie kehren wieder, sie weichen zurück, es zieht sie erneut an deine Seite. Vielleicht wollen sie Musik spielen, über Lautsprecher, oder selbst. Vielleicht wollen sie um deinen Leichnam herum sitzen und von dir erzählen. Vielleicht wollen sie Tee trinken. Oder Bier. Alles gestattet. Erfahrene Bestatter sagen: Erlaubt ist, was guttut.

Dann ist die Zeit gekommen. Die Menschen an der Seite deines Leichnams gewinnen das Gefühl, unverzüglich, das könnte sehr gut jetzt sein. Sie sind bereit, den nächsten Schritt zu unternehmen – deine Leichenschau veranlassen. Der Einzige, der eine Leichenschau durchführen darf, ist ein Arzt. Also rufen sie einen.

Im Altenheim an der Autobahn wählen sie jetzt die Nummer der Praxisgemeinschaft, mit der sie seit Jahr und Tag zusammenarbeiten, ein kurzes Gespräch, ob der Doktor, genau, ein Sterbefall. Es ist Morgen. Der Doktor hat Sprechstunde. Aber dann.

Im Krankenhaus vor der Stadt geht nach dem Tod gewöhnlich ein Ruf raus, über die Personenrufanlage, piepsende, summende Pager in der Mittagspause, aber auf der Palliativ hat die Todesnachricht den Arzt auf die alte Art erreicht. Die Blicke der Schwestern. Die Flamme der Kerze.

Auf den Leichnam am Baugerüst blicken jetzt ein junger Kommissar und ein alter Arzt, die zwei Seiten, die solche Tode in diesem Bundesland abhandeln: der Kriminaldauerdienst und der Leichenschaudienst. Am Abend, immer am Abend so was.

An deinem Totenbett wählen sie die Telefonnummer des Arztes, der dich schon im Leben und Sterben kannte. Kurzes Klingeln. Anrufbeantworter. Keiner da. Aber dein Arzt hat für diesen Fall einen Hinweis gegeben. Er sagte, es sei nicht notwendig, für deine Leichenschau den Notarzt zu rufen. Ein Notarzt ist für Notfälle da. Wenn der Tod erwartet wurde, ist ein Toter kein Notfall. In vielen Bundesländern darf ein Notarzt den Tod auch nur feststellen, die Leichenschau ist nicht seine Aufgabe. Also rufen deine Angehörigen die andere Nummer an, unter der man überall in Deutschland einen Arzt erreicht, in Bayern, Hessen und Berlin sogar rund um die Uhr – die 116117.

Sie sitzt hinten im Taxi, als ihr Mobiltelefon summt. Eine SMS. Aus der Zentrale. Wenige Zeilen nur. Ein Name. Deiner. Eine Adresse. Deine. Und ein Code. Gibt unterschiedliche, aber in dieser Gegend sind es zunächst ein oder zwei Ziffern, und dahinter ein Buchstabe. Der Buchstabe zeigt die Dringlichkeit, in drei Stufen, A, B oder C. Die Ziffern verschlüsseln das vermutliche Krankheitsbild. Schmerzen und Koliken verbergen sich hinter der 7, Grippe und andere Infekte sind die 6, so geht es durch die gängigen Beschwerden. Zwei Chiffren sind speziell. Die 0, die besonderen Einsätze, da braucht zum Beispiel die Polizei einen Arzt, um die Haftfähigkeit einer festgenommenen Person prüfen zu lassen. Und die 10. Du bist eine 10. Eine 10C. Es ist das erste Mal auf dem Weg deines Leichnams, dass dein Tod eine Kennung erhält.

Sie überfliegt die SMS, liest deinen Namen, sieht die 10C, drückt die Nachricht weg. »Leichenschau«, sagt sie. »Muss warten.« Sie ist Ärztin, ihr Name ist Dr. B. Sie ist Ende dreißig, eine drahtige Frau mit dunklem Haar. Sie hat zwei Töchter zu Hause und einen Mann, der ihr den Rücken freihält. An Tagen ohne Dienst geht sie gern klettern, aber das ist selten geworden. Sie arbeitet in einer Praxis, die zwei älteren Kollegen gehört. An eine Praxis ist die Pflicht geknüpft, Bereitschaftsdienste zu fahren. Kassenärztlicher Notdienst heißt das offiziell.

Nennt sie nie so. Klingt ihr zu sehr nach Notarzt, und sie ist keiner. Der Bereitschaftsdienst übernimmt die Patienten mit etwas geringerer Dringlichkeit – zu krank, um zu warten, bis der Hausarzt seine nächste Sprechstunde hat, aber nicht so krank, dass sofort der Krankenwagen kommen muss. Mit der Pflicht, die Bereitschaftsdienste zu verrichten, ist es so eine Sache. Manche Ärzte fahren sie eisern selbst. Manche reichen sie weiter. Aber in der Praxis von Dr. B. sagten ihre Chefs, Bereitschaften zu fahren sei ein gutes Training für junge Ärztinnen, und B. kann das Geld brauchen. Also fährt sie.

Sie ist schon Stunden unterwegs, in der Stadt, auf dem Land, irgendwann verschwimmen die Wohnblocks, Ausfallstraßen und Vorgärten zu einem zersiedelten Einerlei, das wie ein Film vor den Fenstern des Taxis vorbeizieht. Sie versorgt die üblichen Standardfälle an diesem Tag; Hexenschuss und hohes Fieber und die paar Patienten in jeder Schicht, die eigentlich keinen Arzt, sondern einen Gesprächspartner brauchen. Sie lehnt sich erschöpft zurück. Sie hat schon ein Dutzend Patienten voll, und einer wartet noch. Ihr Mobiltelefon summt erneut. Noch ein C-Patient, Chiffre 5. Magen-Darm. Sie blickt aus dem Fenster. An ihrer Seite ruht ihre Arzttasche. Sie benötigt nicht viel. Stethoskop. Blutdruckmanschette. Ein paar Spritzen. Die Medikamente dazu. Einmalhandschuhe. In einer Seitentasche steckt ein Packen grauer Papiere. Das sind die Totenscheine.

Der Totenschein ist das wichtigste Dokument in der Welt der Toten, wichtiger als der Ausweis in der Welt der Lebenden. Ohne Totenschein kommt kein Toter in einen Sarg, aus dem Haus, in einen Leichenwagen. Er kann nicht aufgebahrt werden, er darf nicht reisen, und auf keinen Fall kann er bestattet werden. Ohne Totenschein ist ein Toter ein Nichts. Dieses Dokument kommt in Deutschland in vielen Varianten vor. In Hessen und in Berlin heißt es Leichenschauschein, in Thüringen und

Brandenburg trägt es tatsächlich den Namen Totenschein, doch im Saarland benennt dieser Begriff lediglich die vorläufige Bescheinigung des Todes durch einen Arzt im Rettungsdiensteinsatz. Alle anderen Bundesländer haben zumindest in diesem Punkt eine einheitliche Begrifflichkeit erreicht: Ob in Bremen oder Bayern, Niedersachsen oder Nordrhein-Westfalen, Sachsen oder Schleswig-Holstein – überall heißt dieses Dokument wie hier: die Todesbescheinigung. Aber so ein Brett von Begriff hält nur in der Arbeit auf, und deswegen sagen alle Spezialisten, von den Ärzten über die Bestatter und Beamten bis zu den Aufbahrern, nur kurz und knapp: die TB.

»Die TB ist Papierkrieg«, sagt B. Sie hat vier Stück dabei, gefaltete Vordrucksätze, die sie in ihrer strengen Anmutung an die Angaben aus ihrer Abiturprüfung erinnern. Vier Stück reichen ihr. Sie hatte noch nie mehr als zwei Tote in einer Schicht. In Krankenhäusern machen die Ärzte die Leichenschau so gut wie immer selbst, in Hospizen auch. Für die Fälle, die in der Zeitung stehen, nachdem Nachbarn ein komischer Geruch im Treppenhaus auffiel, gibt es in dieser Gegend den Leichenschaudienst: eigens geschulte Ärzte, die allein zur Leichenschau alarmiert werden. Bleiben die Altersheime und die Haussterbefälle. Das sind nicht sehr viele. Zu Hause stirbt kaum einer mehr. »Die meisten Patienten kommen kurz vor ihrem Tod noch zack-zack ins Krankenhaus«, sagt B. Aber heute hat sie eine 10C in Aussicht. Sie arbeitet noch ab, was an Patienten anstand. Das ist ihr Recht: Die Lebenden kommen vor den Toten. Die Art, wie eine Leichenschau im Detail abzulaufen hat, ist in den Gesetzen der Länder unterschiedlich geregelt. Aber eines ist überall gleich: Die Leichenschau ist – genau, wieder dieses Wort – unverzüglich vorzunehmen. Also lässt sich B. die Zeit, die sie braucht, um ihre Arbeit an den Lebenden abzuschließen. Dann macht sie sich zu deinem Leichnam auf.

Im Altenheim an der Autobahn tritt der Doktor ins Sterbezimmer, Frau G., 89 Jahre, Stammblatt liegt vor, Pflegebericht liegt auf, Dokumentation vollständig, alles ist perfekt vorbereitet.

Auf der Kinderpalliativstation bräuchte der Arzt keine Akten. Er kannte das kleine Kind. Er könnte seine Krankengeschichte auswendig aufsagen, L., fünf Jahre, Lymphatische Leukämie. Aber er sieht trotzdem in die Akte. Vorschrift.

Am Baugerüst ist der Arzt des Leichenschaudienstes allein auf seine Sinne angewiesen. Aufgefundene Person, männlich. Kein Name. Kein Alter. Keine Geschichte.

An deinem Totenbett schrecken die Menschen aus ihrer Trauer. Es hat geklingelt.

Sie klingelt noch einmal. Sie ist angespannt, in diesem Augenblick immer. Weil sie nicht weiß, welche Situation sie hinter dieser Tür erwartet. Eine gefasste Ehefrau. Ein geschockter Nachbar. Eine weinende Familie. Dann geht die Tür auf. Sie grüßt, nennt ihren Namen, tritt ein.

Sie hat gelernt, schon an den Hausfluren abzuschätzen, was sie erwartet. Manchmal ist alles super sauber. Manchmal hängt der Rauch von Zigaretten im Flur. Meistens aber umfängt sie die Aura, die alte, lang behauste Wohnungen besitzen: Alles ist dunkler als anderswo; die Wände, das Licht. Überall ist zu viel; Klamotten, Möbel, Krimskrams. Dazu die Wärme und der Geruch von lange anhaltender Wohnlichkeit. Dann liegt im Schlafzimmer oft ein Leichnam, der aussieht wie gemalt. Der Körper ausgemergelt. Die Glieder spröde wie Stroh. Das Gesicht abgehärmt. Ein Häufchen Mensch, gezeichnet von Alter und Krankheit. Am liebsten würde B. ihn beglückwünschen, dass er gestorben ist. Sie lässt sich das nicht anmerken. Sie lässt sich nie etwas anmerken. Sie nennt es: meine Maske der

Pietät. »Man muss seine Maske der Pietät aufrechterhalten«, sagt sie. »Egal was passiert.«

Doch im Grunde ist eine 10C, jedes Mal wieder, einzigartig. Sie sieht in die Gesichter, mein Beileid. Sie lässt sich leiten, wo ist denn der Verstorbene. Sie erfragt knapp die Eckdaten, wer, wie alt, woran erkrankt. Dann tritt sie an dein Totenbett. Der erste Blick. Der erste Blick ist wichtig. Der erste Blick gibt Aufschluss, ob etwas offensichtlich seltsam ist: Situation, Lage des Leichnams, Umfeld. Sie sagt, sie versuche viel wahrzunehmen in diesem Augenblick, aber nicht zu viel. Die Situation kann verführerisch klar aussehen: Sie kommt rein, da brennt die Kerze, da liegt der Leichnam, Hände gefaltet, wie es einem Toten gebühr … – Halt. Stopp. Ob es sich tatsächlich um einen Toten handelt, gilt es erst einmal festzustellen. Sie sagt, in solchen Situationen müsse man sich als Leichenbeschauer disziplinieren: Erste und entscheidende Aufgabe sei es, sicherzugehen, dass da wirklich ein Toter vor einem liegt.

Sie bittet die Menschen, die an der Seite deines Leichnams wachen, aus dem Raum. Das ist keine Vorschrift. Das machen auch nicht alle Ärzte so. Aber sie fühlt sich freier auf diese Art. Eine Leichenschau ist eine sehr intime Untersuchung. Wenn jemand unbedingt dabei sein will, kommt es darauf an. Sie fügt sich, wenn es Familie ist und die freundlich. Nachbarn, Mitbewohner, Schwippschwager? Nein. Sie ist da strikt. Sie sagt, im Leben habe der Patient ein Recht auf Privatheit, also auch im Tod. Ab und an macht sie eine Ausnahme. Gerne bei Kollegen vom Fach; Pflegekräften, Sanitätern, Polizisten. Und besonders gerne, wenn sie Hilfe brauchen kann, weil die Leiche so schwer ist.

Dann ist Dr. B. allein mit deinem Leichnam. Sofort knipst sie jede Lampe an, die sie auf die Schnelle sieht. Ohne gutes Licht ist eine Leichenschau schlecht zu machen. Ein Griff zur Arzttasche, sie zieht sich Handschuhe über. Selbstschutz. Sie kann nicht ausschließen, dass der Mensch vor ihr an einer ansteckenden Krankheit gestorben ist. Deshalb sieht sie sich vor. Das heißt nicht, dass Leichname giftig sind. Das Leichengift, von dem früher der Volksmund sprach, ist eine Mär. Eine Leiche an sich ist auch nicht ansteckend. Im Gegenteil, sagt sie. Wenn gerade die Grippe umgeht, sind viele Lebende ansteckender als jeder Tote. Sollte der tote Mensch vor ihr jedoch eine schwere Infektionskrankheit wie Gelbsucht oder Tuberkulose gehabt haben, stellen seine Körpersekrete – wie Blut oder Spucke – ein Risiko dar, wenn auch ein geringeres als zu Lebzeiten. Deswegen: Handschuhe.

Sie sagt, sie habe in diesen Momenten oft eine Stimme aus dem Studium im Ohr, ein Sommertag, Pflichtpraktikum Rechtsmedizin. Vielen Kommilitonen war es lästig, Tote, wer will als Arzt schon mit Toten arbeiten? Sie fand es faszinierend. Vorne stand ein alter Professor, Krawatte unterm Kittel, mit einer Stimme, die schon seit Langem nicht mehr laut werden musste, um sich Respekt zu verschaffen. Er schärfte den Studenten ein: »Die Diagnose Tod, meine Damen und Herren, stellt man nicht leichtfertig. Die Diagnose Tod ist eine der wichtigsten und folgemächtigsten, die ein Arzt treffen kann.« Sie sagt, die ganzen Details, keine Ahnung mehr – aber das vergesse sie nie.

Sie spricht dich an. Seltsam, deinen Namen zu hören. Als ob du noch am Leben wärst. Es ist ein Phänomen, das deinem Leichnam noch öfter widerfahren wird: Die Lebenden rufen ihn mit Namen, wie im Reflex, wie aus Gewohnheit, ihr Begreifen hinkt der Tatsache deines Todes hinterher. Sie fasst deinem Leichnam sanft an die Schulter, spricht dich abermals an, lauter diesmal.

Dein Leichnam gibt keine Antwort.

Sie schlägt die Decke zurück, die über die Glieder deines Leichnams gebreitet ist, mustert den toten Körper kurz. Keine dicke Kleidung. Das ist gut. Sie hätte sie später sonst ausziehen müssen, im Zweifel sogar aufschneiden. Sie kneift deinem Leichnam kräftig in die Oberarme, links, rechts. Sie setzt einen Schmerzreiz.

Dein Leichnam zeigt keine Regung.

Sie leuchtet deinem Leichnam mit dem starken Licht der Lampe in die Augen, mit der sie sonst in die Rachen der Lebenden blickt, erst rechts, dann links, jedes Auge einzeln.

Keine Reaktion.

Sie drückt deinem Leichnam ein Stethoskop auf die zerfallene Brust, um nach Herzschlag zu horchen.

Nichts.

Das alles beweist allerdings überhaupt nichts. Aus Sicht der Medizin ist diesen Zeichen nicht zu trauen, sie gelten als unsichere Todeszeichen. Auch das Symbol aus Film und Fernsehen – die unter dringlichem Piepsen versiegende Linie eines Elektrokardiogramms, die als Nulllinie auf einem Monitor ausläuft – ist kein sicheres Todeszeichen. Wenn ein Arzt dieses Werkzeug allein nutzen wollte, um den Tod zu messen, müsste die Linie des EKG mindestens dreißig Minuten flach verlaufen, ohne sich zu regen. Das ist lang. Das ist so lang, dass erfahrene Leichenbeschauer dann bereits prüfen, ob am Nacken des Leichnams erste Anzeichen von Totenflecken zu sehen sind.

Sie schiebt den Stoff deines Oberteils nach oben, aber es will nicht recht, es ist widerspenstig, und dein Leichnam auch. Ein Zerren, ein Ziehen, dann liegt der Oberkörper frei, zumindest halbwegs. Sie geht in die Knie, drückt den Rumpf des Leichnams empor, richtet den Strahl ihrer Stablampe auf seinen Rücken. Auf der Haut sind dunkle, violette Flecken zu sehen. Sie drückt mit dem Daumen in die Mitte eines Flecks. Die violette Färbung weicht vor dem Druck zurück, die Haut wird an dieser Stelle wieder hell. Kein Zweifel. Totenflecken. Im Latein der Ärzte heißt das Phänomen *Livor mortis*, die Flecken *Livores*. Sie richtet sich auf. Sie hat ein sicheres Todeszeichen festgestellt. Das ist ein großer Augenblick.

Dein Leichnam ändert seinen Status.

Bis jetzt warst du nur tot im Menschensinn.

Ab jetzt bist du auch tot aus Ärztesicht.

Im Altersheim an der Autobahn löst der Doktor die Mullbinde am Kinn der alten Frau, versucht, den Kiefer nach unten zu drücken, doch vergeblich. Totenstarre.

Auf der Kinderpalliativ entdeckt der Arzt am Nacken und auf dem Rücken des kleinen Kindes Totenflecken.

Am Baugerüst erkennt der Leichenschaudienst nicht mit dem Leben vereinbare Verletzungen, das ist der amtliche Ausdruck für: Der Tod ist unübersehbar.

Die alte Frau G., das kleine Kind L., der junge Mann ohne Namen zählen jetzt nicht mehr zu den Lebenden. Jeder Leichnam im Land erfährt diesen Wandel, es ist der erste Schritt in die Welt der Toten. Diesen Schritt tun viele an diesem Tag, sehr viele. An der Küste oder auf dem flachen Land sind es einige Dutzend neue Tote, aber in größeren Städten stößt fast eine Hundertschaft hinzu. Die Anzahl ändert sich je nach Jahreszeit leicht. Im Sommer sterben weniger, im Winter mehr Menschen als im Jahresmittel; das Sterberisiko steigt zudem in Zwischenzeiten, wenn Wetterlagen wechseln, die Witterung umschlägt. Dann haben die Toten Saison. Im Leben waren sie alt oder jung, krank oder gesund, arm oder reich, geächtet oder geachtet. Im Tod gelten andere Aspekte. Sie sind vielfältig, weil der Tod auf viele Weisen kommt. Aber jetzt wird seine Vielfalt sortiert. Jetzt wird jede Leiche begutachtet. Jetzt entscheidet sich, welcher Klasse der Toten dein Leichnam angehören wird.

Dr. B. setzt an, deinen Leichnam auszuziehen. Etwas ist anders, auch an ihr. Ihre Anspannung ist gewichen. Das liegt daran, dass du tatsächlich tot bist. Erst wenn sie den Tod sicher festgestellt hat, darf sie die eigentliche Leichenschau durchführen. Wenn sie Zweifel hat, muss sie versuchen, wiederzubeleben. Wiederbeleben ist eine Schlacht in solchen Fällen, ist brechende Rippen und zuckende Körper, ein extremer Eingriff. Ist ihr noch nie passiert in einer Leichenschau. Alle waren zweifelsfrei tot. Aber die Anspannung deswegen, die verschwindet nie völlig. Doch jetzt ist sie auf sicherem Terrain.

Sie greift einen Arm deines Leichnams, winkelt ihn vorsichtig an, spürt den Widerstand. *Rigor mortis*. So heißt die Totenstarre in der Sprache der Medizin. Sie kann große Kräfte entwickeln. Nach dem Tod haben Leichen häufig den Mund offen, doch wenn die Muskeln nach und nach steif werden, schließt sich langsam der Kiefer. Die Starre kann so stark werden, dass es wirkt, als beiße der Tote die Zähne zusammen. Die Totenstarre kann Hände zu Fäusten schließen und Füße krümmen. Sie erfasst alle Muskeln, ohne Ausnahme. Dein Zwerchfell. Deinen Magenmund. Die glatte Muskulatur deines Dickdarms. Auch der mächtigste Muskel deines Körpers, dein Herz, wird steif und starr. Das alles dauert. Die Totenstarre ist ein komplexer Vorgang, der physikalische und chemische Prozesse vereint. Wenn es kalt ist, geht es langsamer. Wenn es warm ist, schneller. Auch wenn Menschen in einem Augenblick großer Anstrengung sterben, tritt die Totenstarre rascher ein. In der Regel ist sie jedoch zwischen acht und zwölf Stunden nach dem Tod am ganzen Körper ausgeprägt. Aber sie lässt sich brechen – ein Begriff, der gewalttätig klingt. Viele Spezialisten, die an der Seite der Toten arbeiten, sagen deswegen nicht: die Totenstarre brechen. Sie sagen: die Totenstarre lösen. Gemeint ist das Gleiche: Sie überwinden die Totenstarre durch Kraft. Auch das klingt wilder, als es ist.

Dr. B. beginnt, den Arm deines Leichnams zu bewegen. Sie beugt ihn, sie streckt ihn, es sieht so aus, wie wenn Sportler sich vor einem Wettkampf dehnen. Durch dieses Dehnen löst sie die Muskelfasern deines Leichnams, die schon erstarrt sind. Es sind nicht sonderlich viele, deine Totenstarre lässt sich leicht und schnell lösen. Dann streift B. deinem Leichnam ab, was ihm die Menschen an der Seite deines Totenbetts vor wenigen Stunden übergestreift haben.

In diesem Augenblick des Ausziehens beginnt bei Leichenschauen eine Grauzone, in der viele Ärzte anfangen, von den Vorschriften abzuweichen. Sie reden nicht gern über diese Grauzone. An wenigen Stellen verläuft die Arbeit von Ärzten so nah am Arbeitsbereich von Staatsanwälten wie bei Leichenschauen. Also sind sie vorsichtig. Auch wenn es nur um das Ausziehen geht. In diesem Punkt sind die Gesetze in den meisten Bundesländern strikt: Die Leichenschau ist an der vollständig entkleideten Leiche durchzuführen. Daran hält sich aber kaum ein Arzt. Studien unter Hausärzten sagen: So gut wie gar keiner. Auch B. macht es nicht immer. Aber, darauf legt sie Wert: immer, wenn es möglich ist. In Altersheimen, wenn der Leichnam ein Flügelhemd anhat, rasch auszuziehen. An Betten, in denen der Tote leicht bekleidet liegt. Bei deinem Leichnam. Aber bei einem Toten, den die Angehörigen in seinen besten Anzug zwängten, bevor die Totenstarre einsetzte? Schwierig. Da bleibt nur, aufzuknöpfen, hochzuschlagen, herunterzuziehen, was geht. »Den Arzt möchte ich mal sehen, der da anfängt, mit der Schere zu arbeiten«, sagt B.

Nackt liegt dein Leichnam da, nackt und bloß. Ein eindringlicher Anblick, schonungslos und ehrlich zugleich. Lange hat keiner mehr diesen Körper so entblößt gesehen, so frei. Das Licht der Lampen enthüllt keine Pfunde, keine Makel, keine Konfektionsgrößen. Nur einen Menschen. Mit Menschenzügen, Menschennarben, Menschenmacken. B. fängt an, ihn abzutasten. Sie startet mit Toten genauso wie mit Lebenden, am Kopf. Sie umfasst den Schädel mit beiden Händen, lässt ihre Finger durchs Haar laufen, es sieht ein bisschen aus wie eine Kopfmassage. Nichts abnorm beweglich. Nirgendwo Blut. Schädeldach und Kopfschwarte sind unversehrt. Sie blickt erst hinter, dann in die Ohren. Keinerlei Auffälligkeiten. Sie schiebt die Augen auf, fährt mit einer Pinzette unter das Augenlid und zieht es empor, um auf den Bindehäuten nach den roten Pünktchen zu suchen, die darauf hindeuten, dass der Tod kein natürlicher war. Keine da. Sie ruckelt an der Nase, wirft einen raschen Blick in die Nasenlöcher, fährt dann mit den Fingern zwischen die Lippen; Schleimhaut, Zähne, Mundhöhle so gut es geht, weiter. Sie arbeitet schnell, aber ohne Hast. Sie ist völlig in ihrer Arbeit versunken.

Sie streicht über deinen Hals, zieht seine Falten glatt, die Haut: unauffällig. Dann schweift ihr Blick über den Rumpf, hin und her, wie ein Suchscheinwerfer. Sie drückt auf deinen Brustkorb, tastet die Rippen, fährt über die Bauchdecke. Sie hebt den einen Fuß an, prüft pressend die Knochen des Beines, hebt den anderen hoch, prüft auch dieses Bein. Sie blättert schnell durch deine Zehen; es sieht aus, als wolle sie diese zählen. Dann deine Arme. Die Finger. Schließlich drückt sie deinen Leichnam ein letztes Mal empor und lugt auf seine Rückseite. An Gesäß, Rücken und den anderen Stellen, an denen dein Körper direkt auflag, sind keine Leichenflecken zu sehen. Dort stemmt sich der Druck des Untergrunds gegen das von der Schwerkraft herabgezogene Blut. Dieser Umstand spart am oberen Rückenbereich einen Umriss aus, der so charakteristisch ist, dass Gerichtsmediziner einen eigenen Namen dafür haben: Auf den Schulterblättern von Toten scheint nach langem Liegen die Silhouette eines Schmetterlings zu sitzen. So heißt sie auch, die Schmetterlingsfigur. Dr. B.

lässt deinen Leichnam sinken. An und für sich müsste sie nun auch alle Körperöffnungen deines Leichnams untersuchen. Ja – alle. So will es das Gesetz. Aber das Gesetz will viel. B. handhabt das auf die Art gläubiger, altgedienter Katholiken. Rom ist mächtig, Rom ist unfehlbar. Aber vor allem ist Rom weit weg.

Sie tritt zurück. Sie ist durch. Schnell zieht sie deinem Leichnam über, was sie ihm vorhin abgestreift hat. Auch das machen nicht alle Ärzte. Aber sie ist der Auffassung, eine Wüste zu hinterlassen, das gehört sich nicht. Dann holt sie die Menschen herein, die an der Seite deines Totenbetts wachten. Sie stellt ein paar Fragen, und erneut entfaltet sich die Geschichte deines Sterbens: Die Nachricht deiner Krankheit, und wie alles begann. Die Kämpfe um Besserung, und was die Ärzte versuchten. Der Niedergang, und wie du verfielst. Schließlich dein Sterben selbst. B. hört aufmerksam zu. An manchen Stellen hakt sie nach. Welche Medikamente? In welchem Krankenhaus war das? Wo sind die Arztbriefe? So tastet sie sich durch deine Krankengeschichte. Sie hat manchmal Hilfe bei diesem Schritt: Andernorts – in einem Altersheim zum Beispiel – kann sie Pfleger befragen, die Krankenakte lesen. Aber bei einem Haussterbefall ist sie auf sich allein gestellt – die alte Schule: Sehen. Fragen. Urteilen. Am Ende vertieft sie sich in die Arztbriefe, die deine Angehörigen herausgesucht haben. Dann nickt sie. Sie sagt, sie schließe in deinem Fall auf einen natürlichen Tod.

Ein großer Augenblick.

Die Art deines Todes ist erkannt.

Damit hat dein Leichnam den ersten entscheidenden Knotenpunkt seines Weges erreicht – die Todesart dient wie eine Weiche: Sie teilt die Toten in Klassen, sie schickt sie auf unterschiedliche Bahnen.

Im Altersheim an der Autobahn hat der Doktor die Akten überflogen, den Leichnam in Augenschein genommen, eine Arbeit weniger Minuten. Frau G. war alt, und sie war krank. Das sagen die Akten. Das zeigt ihr Körper. Ihr Tod ist daher nicht überraschend. Er war erwartbar. Ein Merkmal eines natürlichen Todes.

Im Krankenhaus vor der Stadt hat der Arzt den kleinen Leichnam achtsam untersucht, mehr ein Abschied als eine letzte Pflicht. An der Todesart gibt es für ihn keinen Zweifel: Dem Tod von L. ging eine lebensbedrohende Krankheit voraus. Die Krankheit war erkannt und behandelt worden, doch der Krebs war zu stark. Der Tod hatte also eine innere Ursache. Auch das ist ein Merkmal eines natürlichen Todes.

Am Fuße des Baugerüsts aber sieht es anders aus. Der Ort, an dem der junge Mann aufgefunden wurde, die Lage, in der sein Leichnam liegt, der Leichnam selbst – das alles deutet darauf hin, dass dieser Tod überraschend kam, dass er eine äußere Ursache hatte. Das sind Merkmale der anderen, der zweiten Art, auf die ein Tod auftreten kann. Der junge Mann ist offenbar durch einen Sturz aus großer Höhe gestorben. Aus der Sicht des Arztes ist die Sache eindeutig: Er kann und darf nicht mehr von einem natürlichen Tod ausgehen. Vielleicht hat jemand den jungen Mann vom Gerüst gestoßen. Vielleicht ist er gesprungen. Vielleicht ist er gestürzt. Für den Leichenbeschauer ist das einerlei: Er ist kein Ermittler, er ist Arzt. Er hat nicht die Aufgabe, die Frage der Schuld oder den Hergang eines Unfalls zu klären. Er hat allein die Aufgabe, die Art des Todes festzustellen. Er erklärt, hier liege ein nicht natürlicher Tod vor.

Nicht natürlich, das ist ein wichtiger Fachbegriff in der Welt der Toten. Nicht natürlich, das bedeutet nicht automatisch ein Verbrechen. Auch ein Unfall kann äußere Ursache eines Todes sein, eine missglückte Operation oder der Sturz von der Kellertreppe. In diesem Fachbegriff kreuzen sich die Sichtweisen der Medizin und des Rechts; seine Abgrenzung von der natürlichen Art des

Todes ist Maßarbeit: Die Erläuterungen, die Rechtsmediziner dazu verfassen, sind seitenlang, sie schreiben von Prognosen zu Lebzeiten und deren Kompatibilität mit Todesumständen. In der alltäglichen Arbeit behelfen sich Leichenbeschauer mit Merksätzen wie diesem: Der nicht natürliche Tod verlangt keinen Mörder.

Außerdem kennt die Rechtsmedizin noch eine dritte Art des Todes – den ungeklärten Tod. Diese Todesart ist eine Zwischenform: Der Leichenbeschauer ist nicht vollkommen sicher, dass ein natürlicher Tod vorliegt – doch Anzeichen dafür, dass der Tod nicht natürlich war, hat er auch nicht. Das kann beispielsweise nach einem plötzlichen Herzinfarkt sein. In solchen Fällen muss der Leichenschauarzt, wie auch bei einem nicht natürlichen Tod, die Polizei verständigen.

Für die Angehörigen ist das ein Albtraum. Jäh und plötzlich ist der Tod in ihre Mitte getreten und hat einen lieben Menschen aus dem Leben gerissen – und auf diesen Schock folgt unmittelbar der zweite Schlag: Der Arzt orakelt von einem nicht natürlichen oder ungeklärten Tod; die Polizei fährt vor, inspiziert Leiche, Leichenumgebung, Örtlichkeit und erklärt, den Leichnam sicherstellen zu müssen; der Bestatter vom Dienst rückt an, um den Toten in die Rechtsmedizin zu überführen. Angehörige, die dies erlebt haben, erzählen es wie einen gespenstischen Traum: Alles gerät auf einmal in Bewegung, da sind fremde Leute und laute Stimmen und unverständliche Anweisungen, der eine fragt Details ab, Familienname-Vorname-Unter-welcher-Nummer-können-wir-Sie-erreichen?, der andere hält den Telefonhörer hin, Leider-wichtig:-Welcher-Sarg-bitte-schön?, aber das Schlimmste ist – am Ende dieses Sturms sind alle weg, genauso plötzlich, wie sie gekommen waren. Die Wohnung ist leer. Die Stille gewaltig. Der Leichnam fort. Durch den Kopf irrt ein Gedanke: Ist das gerade wirklich geschehen – oder war es ein böser Traum?

Erfahrene Polizisten bemühen sich, die Wucht dieser Abläufe zu mildern. Aber auch an unerfahrene kann man eine Bitte richten. Tote mit ungeklärter oder nicht natürlicher Todesart nehmen einen anderen Weg als Tote mit natürlicher Todesart, und auf diesem Weg sind sie nur sehr schwer zu besuchen, zumindest eine Zeit lang. Trauerbegleiter empfehlen daher, schon ein erstes Mal Abschied zu nehmen. Es wird weitere Male geben, am Sarg, bei der Bestattung, aber der Leichnam wird dann anders sein, vielleicht nicht sichtbar. Deswegen ist der erste Abschied wertvoll: Er ist noch so nah am Leben. Der Wunsch danach verunsichert Polizisten oder Sanitäter manchmal. Gut möglich, dass sie die Bitte darum abwehren wollen. Sie sagen dann, man solle den Verstorbenen besser so in Erinnerung behalten, wie er war. Auf dieses Argument ist schwer antworten. Vielleicht haben sie recht. Vielleicht nicht. Sicher ist: Es ist nicht allein ihre Entscheidung. Die Entscheidung, Abschied zu nehmen, gebührt den Angehörigen. Sie merken, sie spüren oft stark, ob sie es wollen oder nicht. Wenn ja: Es lohnt sich, standhaft zu bleiben. Viele Angehörige bereuen es später, wenn ihnen der Leichnam in Windeseile aus den Augen geschafft wurde. Also die Polizisten abermals bitten. Auch ein drittes, viertes, fünftes Mal. Wenn es geht, wenn die Kraft dafür reicht: Abschied nehmen. Wenigstens ein paar Minuten. Wenigstens eine Umarmung lang. Ein letzter Blick. Ein Kuss.

Die alte Frau G., das kleine Kind L., der junge Mann ohne Namen und dein Leichnam stehen nun davor, sich auf den Weg zu machen. Im Augenblick, in dem die Art des Todes festgestellt wurde, hat sich ein streng regulierter Prozess in Gang gesetzt: Ein Mensch ist gestorben, ein neuer Toter ist in der Welt. Auch dieser Neuzugang ist gemäß der Regeln des Gesetzes begutachtet worden, sein Leichnam hat sich in eine der drei Klassen der Toten eingereiht: die natürlichen Tode, die nicht natürlichen Tode, die ungeklärten. Was ihm für seinen Weg noch fehlt, sind Papiere.

Dr. B. setzt sich an den Küchentisch und schlägt die TB auf, die Todesbescheinigung.

Ein Deckblatt. Zwei Teile. Vier Durchschläge. Acht Seiten. Zwölf Rubriken. Über drei Dutzend auszufüllende Zeilen. Fast fünfzig Kästchen, die ankreuzbar sind. Dazu Zeitintervalle, Codierungsflächen, Felder für Zusatzangaben und zudem, wenn der Vordrucksatz vollständig ist, ein knallrosa Umschlag ohne und ein mausgrauer Umschlag mit zwei genormten Sichtfenstern sowie ein Obduktionsschein in dreifacher Ausfertigung, grün, blau, rosa gefärbt. Auf der Rückseite des Packens Papier prangt ein Flussdiagramm, um zu erklären, welche Durchschläge in welche Umschläge zu stecken sind.

Dieses Formular ist ein Monster.

Sie lässt ihren Kugelschreiber klicken, als spanne sie eine Waffe, und legt los.

Name, Vorname.

Straße, Hausnummer.

PLZ, Wohnort, Landkreis.

Da fangen die Fehler schon an. Da gehört die Wohnanschrift rein. Der Mensch hat aber nicht die Angewohnheit, ausschließlich an seiner Wohnanschrift zu versterben. Wer selten TBs ausfüllt, trägt hier schon den Sterbeort ein. Der Sterbeort aber hat in der TB eine eigene Rubrik. »In dem Ding kannst du tausend Fehler machen«, sagt B.

Geburtsdatum. Geschlecht. Sterbezeitpunkt.

Zwölf leere Stellen starren B. an. Sterbezeitpunkt, das ist genau so gemeint, ein exakter Zeitpunkt: Tag, Monat, Jahr, Uhrzeit. Und zwar nicht nur auf die Stunde, sondern auch auf die Minute genau. Ein absonderlicher Moment. An der Frage, wann genau der Tod eintritt, sind die größten Philosophen gescheitert. Aber die Ämter verlangen eine Antwort. Die zeitlich-punktuelle Fixierung der Grenze zwischen Leben und Tod sei aus sozialen und rechtlichen Bedürfnissen heraus notwendig, heißt es dazu. Wie meist bei solchen hochtrabenden Streitfällen zwischen Anspruch und Wirklichkeit wursteln sich die unteren Ebenen dann so durch.

»Wann war das denn ungefähr, der Tod?«, fragt B.

Sie erwartet nicht wirklich eine aussagekräftige Antwort. Sie sieht ja, in welcher Verfassung alle sind. Dein Tod hat die Menschen aus der Zeit gerissen. Sie haben den Sinn dafür verloren. Es gibt kein 20:15 Uhr mehr, kein Nur-zehn-Minuten-noch, kein Fünf vor. Es ist nur ein grobes Gespür geblieben. Wann du gestorben bist? Um halb. Viertel vor. Zu früh, viel zu früh. Tränenzeit.

B. zeigt keine Regung. Sie hält die Maske der Pietät aufrecht. Selbstschutz. Sie schreibt eine der Zeiten ein und kreuzt an: Nach Angaben von Angehörigen/Dritten. Schnell weiter. Die Todesart. Drei Möglichkeiten. Die drei Klassen der Toten.

☐ Natürlicher Tod

☐ Todesart ungeklärt

☐ Anhaltspunkte für einen nicht natürlichen Tod

Sie kreuzt an, dass dein Tod ein natürlicher war und – wichtig – reißt die Seite sofort runter. Ist dem Aufbau der Totenscheine im Land geschuldet. Jeder Totenschein hat zwei Teile, einen vertraulichen, einen nicht vertraulichen. In Bayern ist der nicht-vertrauliche Teil die erste Seite des Stapels der Papiere im Vordruckformular, in Sachsen-Anhalt die zweite Seite und in Rheinland-Pfalz die letzte Seite des Stapels – aber egal wo: Wer als Arzt nicht aufpasst, wann er welchen Teil abzutrennen hat, findet die Durchschrift des nicht vertraulichen Teils auf den Seiten des vertraulichen Teils wieder.

Dann kommt die Identifikation. Entscheidender

Punkt. »Das ist die Frage: Wer ist das denn überhaupt?«, sagt B. »Ich kenne ja keinen der Toten.« Sie nimmt deinen Ausweis zur Hand, der dir dein Leben lang Grenzen öffnete. Auch jetzt wird er dies tun, ein letztes Mal. Es ist seltsam, dein Gesicht auf dem Lichtbild zu sehen. Das Gesicht deines Leichnams gleicht ihm und sieht doch anders aus, fremder. Forensiker, die für die Polizei Modelle und Fotos von Leichen machen, erleben dieses Phänomen als Herausforderung: Egal wie genau sie das Gesicht eines unbekannten Toten abbilden – in dem Bild einen Vermissten zu erkennen, fällt Menschen schwer, die ihn nur im Leben kannten. Forensiker sagen, wenn die Seele fort ist, verliert das Gesicht seinen Charakter. Auf der Todesbescheinigung reihen sich Kästchen an Kästchen.

Identifikation:

☐ Auf Grund eigener Kenntnis
☐ Nach Einsicht in Personalausweis/Reisepass
☐ Nach Angaben von Angehörigen/Dritten
☐ nicht möglich

Dr. B. kreuzt an, dass Angehörige deinen Leichnam erkannten und sie deinen Ausweis gesehen hat. Deinen Sterbeort noch, dann schlägt sie die Seite um. Der vertrauliche Teil. Alles, was sie hier aufführt, unterliegt dem Arztgeheimnis. Diesen Teil wird niemand zu Gesicht bekommen, der nicht von Amts wegen dazu befugt ist.

Ihr Kugelschreiber fliegt über das Papier.

Sichere Zeichen des Todes:

☐ Totenstarre
☐ Totenflecke
☐ Fäulnis
☐ Verletzungen, die nicht mit dem Leben vereinbar sind
☐ Hirntod

Sie macht zwei Kreuze. Totenstarre, Totenflecken. Seltsam, diese Kreuzelei zu sehen. Der Tod – ein Multiple-Choice-Verfahren.

In manchen Teilen der TB ist das auf die Spitze getrieben. In Hessen enthalten Totenscheine einen eigenen Sektor, um im Falle nicht natürlicher Tode in der Rubrik Unfallkategorie bei der Untergruppe Verkehrsunfälle die Fortbewegungsart des Unfallopfers zu verzeichnen, in zehn Optionen:

☐ PkW-Fahrer/in	☐ PkW-Beifahrer/in
☐ LkW-Fahrer/in	☐ LkW-Beifahrer/in
☐ Motorradfahrer/in	☐ Motorradmitfahrer/in
☐ Fahrer/in eines sonstigen KFZ	
☐ Fahrradfahrer/in	☐ Fahrradmitfahrer/in
☐ Fußgänger/in	

Diese Fülle ist Symbol eines Dilemmas, das in Totenscheinen angelegt ist. Aus deinem Tod lassen sich viele Informationen lesen. Doch je mehr Informationen ein Totenschein abfragt, desto geringer wird gewöhnlich ihre Qualität. Daher gehen die amtlichen Vordrucke einen Mittelweg: An manchen Stellen fragen sie so wenig wie nötig ab; dort könnte sich auch ein Kind durch deinen Tod kreuzeln. An anderen aber wollen sie so viel wie möglich wissen. Dort schaffen das korrekte Ausfüllen auch Ärzte kaum.

B. legt den Kugelschreiber zur Seite.

Sie ist an der zentralen Stelle angelangt.

Totenschein, vertraulicher Teil, Blatt 1, Absatz I, Zeilen a) bis c) – die drei Stufen, in die sie dein Sterben staffeln muss: die Ursachen deines Todes.

Sie ist kein Siebengescheit. Sie denkt nicht in ICD-Code, den Kürzeln aller Krankheiten weltweit.

Sie ist aber auch kein Simpel. Sie flüchtet sich nicht in Schlagworte, die auf alle Toten zutreffen.

Sie ist an dieser Stelle eher eine Detektivin. »Das ist der spannende Teil«, sagt sie. »Warum ist dieser Mensch überhaupt gestorben?« Sie hält sich an die Indizien, die aus deinen Arztbriefen sprechen, aus der Erzählung deiner Angehörigen, dem Augenschein deines Leichnams. Dann bemüht sie sich, aus diesen Indizien die Kette der Krankheiten abzuleiten, die dir den Tod brachte. Sie macht sich keine Illusionen darüber, wie nah sie den wahren Ursachen deines Todes damit kommt. »Ich schätze, die Hälfte aller Todesursachen, die in der TB stehen, würde sich bei einer Obduktion als falsch herausstellen«, sagt sie. »Da kann ich auch würfeln.«

Sie müht sich dennoch. Sie findet, die Pflicht, deinen Tod ergründen zu müssen, diszipliniere. Sie denkt sich durch dein Sterben, nimmt ihren Kuli, schreibt. Sie schreibt schnell. Die Zeit drängt. Sie ist schon über eine halbe Stunde da. Langsam will die Welt der Lebenden sie und ihre Fähigkeiten zurückhaben.

Datum noch, Unterschrift, ein Durchschlag für sie, den vertraulichen Teil in den mausgrauen Umschlag gefummelt, den nicht vertraulichen Teil reicht sie deinen Angehörigen. Sie ist fertig. Fast.

Sie nimmt denjenigen zur Seite, der am gefasstesten aussieht, und fragt leise: »An wen darf ich denn die Rechnung schicken?«

Sie hat eine Zeit gebraucht, mit der Reaktion auf diese Frage zu leben. Manche nehmen es hin, als ein weiteres Ereignis in der Abfolge unwirklicher Ereignisse im Schatten eines Todes. Manche aber fahren aus der Haut, als hätten sie nur auf einen Anlass gewartet, um ihre Wut und ihre Verzweiflung zu entladen. Aber B. hält die Maske der Pietät aufrecht. Sie kann sowieso nichts machen.

Sterben, das ist noch drin in der gesetzlichen Krankenkasse.

Aber der Tod und seine Bescheinigung sind abrechnungstechnisch eine Privatleistung.

Dann ist Dr. B. draußen, dann sitzt sie wieder im Taxi. »Glauben Sie bloß nicht, dass das alle Ärzte so machen«, sagt sie. »Ich kenne Kollegen, da läuft die Leichenschau so ab: Guten Tag, wo isser, aha, der ist tot, wie heißt er denn, Unterschrift und Tschüss.« Sie billigt solche Blitzbeschauungen nicht. Sie kennt aber die Ausreden dafür. Rücksicht auf Angehörige. Zu wenig Zeit. Auch Geld ist ein Argument.

Später, in ihrer Praxis, wird Dr. B. deinen Tod in ihr Abrechnungssystem einspeisen, ein Computerprogramm, das auf die Gebührenordnung für Ärzte geeicht ist, genannt: die GOÄ. Die GOÄ ist ein komplexes Regelwerk, das seit über fünfzig Jahren in Gebrauch ist, dabei auf Hunderte Seiten anwuchs, an manchen Stellen aber noch in D-Mark rechnet. Sie ist so kryptisch, dass Ärzte sich schulen lassen, um die Feinheiten ihrer Gebührensätze zu verstehen.

Der Tod und seine Feststellung trägt darin eine prominente Ziffer: die Leistung 100. Der Preis einer ärztlichen Leistung berechnet sich anhand des Punktwerts, den ihr die GOÄ zuweist, ein Prinzip wie aus einem Computerspiel. Deine Leichenschau – bis Anfang des Jahres 2020 gab es dafür 250 Punkte. Das waren 150 Punkte weniger als für eine Wiederbelebung, aber 50 Punkte mehr als für die ärztliche Leistung am anderen Ende des Lebens, der Erstuntersuchung eines Neugeborenen. In Euro umgerechnet, ergaben 250 Punkte 14,57 Euro. Anfang 2020 sind die Gebühren für Leichenschauen aber von Grund auf geändert worden – und dazu die Art ihrer Abrechnung: Die Leistung 100 bezeichnet nun eine vorläufige Leichenschau, bei der ein Arzt lediglich den Tod feststellt. An ihrer Seite steht die neue Leistung 101, mit der die eingehende Untersuchung eines Toten und das Ausstellen des Totenscheins abgerechnet werden. Auch die Zeit, die ein Arzt für eine Leichenschau benötigt, wird nun berücksichtigt.

Die Hoffnung lautet: Durch diese Änderungen werden Ärzte nicht mehr versuchen, sich das Honorar einer Leichenschau schön zu rechnen. Viele Ärzte drehten früher daran, was sie konnten. Sie legten für eine Leichenschau nicht den einfachen Satz zugrunde, sondern – die GOÄ liebt verzwickte Zahlen – den 2,3-fachen Satz. Diesen Satz darf ein Arzt anlegen, ohne ihn eigens begründen zu müssen. Damit waren aus den 14,57 Euro schon 33,51 Euro geworden. Das war nicht verboten, sondern ein zulässiger Schleichpfad im Dschungel der GOÄ. Dazu rechneten Ärzte auch weitere Leistungen ab, wie die Ziffer 50 GOÄ – einen Hausbesuch. Das war heikel. Ein Hausbesuch, bei einem Toten? Abgebrühte Ärzte argumentierten, den Tod gelte es ja erst festzustellen, also sei der Patient am Anfang der Leichenschau strenggenommen noch am Leben. Solche Spitzfindigkeiten haben Gerichte beschäftigt. Sie entschieden, gebührenrechtlich müsse ein Mensch schon noch im Sterben liegen, um einen Hausbesuch zu rechtfertigen. Ärztekammern diskutierten, Anwälte erörterten Ausnahmen. Wie leicht sich in der Theorie über den Tod urteilen lässt.

Im Alltag ist für Gedankenspiele dieser Art keine Zeit, auch nach den Änderungen der GOÄ nicht. Dr. B. will für ihre Leistung bezahlt werden. Sie hat deinen Tod festgestellt, deinen Leichnam ausgezogen, untersucht, angekleidet, die Todesart bestimmt, die TB ausgefüllt. Sie hat eine gute Dreiviertelstunde gebraucht. Das ist in Ordnung, findet sie. Bei schwierigen Fällen braucht sie eine Stunde, manchmal auch eineinhalb. Unter dreißig Minuten sei eine Leichenschau schwer zu schaffen, wenn man sie sorgfältig mache, sagt sie. Eine Studie aus Berlin erbrachte eine durchschnittliche Dauer von neunzehn Minuten. Da lacht Dr. B. Neunzehn Minuten? Für eine Leichenschau? So schnell sind Ärzte, die ihre Leichen in Krankenhäusern untersuchen, die komplette Krankengeschichten zur Hand haben. Aber keine Ärzte, die in einem Haussterbefall einen ihnen unbekannten Toten untersuchen. Außer sie sparen sich einige Schritte. Das Ausziehen des Leichnams. Das genaue Durchdenken der Todesursachen. Die Sorgfalt an sich. Aber B. scheut sich, irgendjemandem Schuld zuzuweisen. Dafür ist Rom zuständig.

»Ich bemühe mich, so gut es eben geht«, sagt sie. »Wie der Prof gesagt hat: Die Diagnose Tod, die stellt man nicht leichtfertig.« Sie findet, wenn sie sorgfältig arbeitet, hat sie das Recht, dafür auch ordentlich bezahlt zu werden. Für die neue Leistung 100 – die reine Feststellung des Todes – legt die GOÄ jetzt einen Grundbetrag von 110,51 Euro an. Die Leistung 101 – eine eingehende Leichenschau und das Ausstellen der Todesbescheinigung – kostet 165,77 Euro. Dabei spielt die Dauer der Leichenschau eine entscheidende Rolle: Die GOÄ geht davon aus, dass das blanke Feststellen des Todes 20 Minuten in Anspruch nimmt. Für die eingehende Leichenschau veranschlagt sie 40 Minuten. Wenn ein Arzt weniger Zeit braucht – zum Beispiel weil er den Toten und seine Krankengeschichte gut kannte – darf er nur 60 Prozent des Grundbetrags abrechnen. Dazu kommen Zuschläge, je nach Wegstrecke und Tageszeit. Insgesamt werden für eine Leichenschau auf diese Art zwischen 100 und 265 Euro fällig. Dr. B. erlebt selten, dass sich jemand wegen der Höhe einer Rechnung beschwert. In der Ausnahmesituation nach einem Tod achtet keiner auf solche Details.

Sie ist fertig mit ihrer Schicht. Endlich raus aus dem Taxi, endlich nach Hause, eine Dusche, eine Tasse Tee. Welche Vorsorge hat sie für ihren Tod getroffen? Die Frage verblüfft sie. Sie stellt den Tod fest, sie untersucht seine Ursachen und bescheinigt ihn. An ihren eigenen aber denkt sie nicht. »Ich könnte noch nicht mal sagen, wie ich bestattet werden will«, sagt sie. »Verbrannt werden vielleicht?«

Sobald die Schicht vorbei ist, vergehen auch die Schicksale aus ihr. B. sagt, sie denke kaum an Patienten zurück, auch an die Toten nicht. Gelegentlich, wenn es eindrücklich war, fragt sie sich, wie es dem Leichnam wohl weiter ergeht. Doch gewöhnlich ist der Sog des Lebens so stark, dass er die Toten schnell aus ihrer Erinnerung spült, schon ein paar Tage später sind sie nur noch Schemen, bald darauf eine Chiffre, bei der Bereitschaft neulich, eine 10C.

Im Altenheim an der Autobahn tritt der Doktor aus dem Zimmer im achten Stock, schnelle Sache, die unmittelbare Todesursache eindeutig, Blatt 1, Absatz I, die Zeile a): Frau G. war eine J18er-Lungenentzündung, wie Guido Westerwelle.

Im Krankenhaus vor der Stadt liegt die TB des kleinen Kindes bereit zur Abholung, der Klinische Befund ist klar, das Grundleiden, das am Anfang seines Todes stand, bekannt, Blatt 1, Absatz I, die Zeile c): lympathische Leukämie. Den ICD-Code dafür hat der Leichenbeschauer ausgelassen. Sollen sich doch die Amtsärzte aus den Datenbanken suchen, das Kürzel.

Am Baugerüst ist der Kriminaldauerdienst an der Arbeit, nicht natürlicher Tod, das erfordert eine kriminalistische Leichenuntersuchung, das verpflichtet zur Anzeige des Todesfalls bei der Staatsanwaltschaft, das bedeutet eine Obduktion in der Rechtsmedizin.

Auf dem Küchentisch liegen deine Papiere. Ein mausgrauer Umschlag, darin der vertrauliche Teil, ein mausgraues Blatt, der nicht vertrauliche Teil der TB. Dein Tod ist bescheinigt. Dein Leichnam ist bereit.

Bis jetzt warst du nur tot aus Ärztesicht.

Ab jetzt bist du auch tot vor dem Gesetz.

Dieser Augenblick ändert alles. Was immer du besessen hast, jetzt gehört es dir nicht mehr. Welche Beziehungen du auch eingegangen bist, sie gelten als gelöst. Was für Rechte dir gebührten, welchen Pflichten du unterlagst, sie sind erloschen und aufgehoben. Ab diesem Augenblick betrachten dich die Gesetze als Gewesener. Dein Leichnam ist als Leichnam anerkannt.

Dieser Wandel erschafft ein Wesen von eigenartiger Natur. Dein Leichnam ist keine Person mehr. Dein Leichnam ist aber auch keine Sache. Er hat einen besonderen Status. Das Recht und die Philosophie ringen seit alters her um seine präzise Deutung – sie sprechen vom Seinstatus des Leichnams, von seiner Sachqualität, auf die aber primär persönlichkeitsrechtliche Regelungen anwendbar sind, sie sprechen von sterblichen Hüllen und entseelten Körpern und von einen Rückstand der Persönlichkeit darstellenden Menschenresten. So war es im Sterben, so ist es im Tod: Darüber zu sinnieren ist leichter, als damit umzugehen.

Aus der außergewöhnlichen Stellung deines Leichnams ergeben sich einige Folgen, die für deinen weiteren Weg durch die Welt der Toten wichtig sind: Er besitzt eine eigene Würde, er genießt einen besonderen Schutz. Und, eine entscheidende Eigenschaft: Dein Leichnam gehört niemandem. An Leichen gibt es kein Eigentum, sie sind herrenlos.

Aus diesen Umständen gewinnt die gewaltige Maschinerie, die sich im Augenblick deines Todes in Gang gesetzt hat, solche Kraft: Deine Angehörigen haben zwar das Recht, über deinen Leichnam zu verfügen – aber nur in einem gewissen Rahmen, nur unter Einschränkungen. In manchen Bundesländern muss jeder Leichnam in einem Sarg bestattet werden, in anderen nicht. Einige Bestattungsgesetze erlauben, Leichen einzubalsamieren, andere nur mit Ausnahmegenehmigung. In allen Bundesländern außer Bremen herrscht Friedhofszwang: Der einzige Ort, an dem Asche oder Leichnam bestattet werden darf, ist ein ausgewiesener Friedhof. Manche Spezialisten, die an der Seite der Toten arbeiten, sehen darin Gängelei: Auch im Tod noch Fristen, Vorschriften, Formulare. Andere sehen die Regeln als Gewinn – sie stellen sicher, dass alle Toten nach den gleichen Grundsätzen behandelt werden, ganz egal, wer sie im Leben waren.

So oder so: Startschuss ist die TB. Die genauen Fristen, die ein Toter einzuhalten hat, stehen gesondert im Gesetz, sie sind von Bundesland zu Bundesland, von Kommune zu Kommune verschieden – aber ihre Folge ist allerorts gleich: Sobald dein Tod bescheinigt ist, beginnt ein Wettlauf gegen die Zeit.

24 Stunden, dann muss dein Leichnam in dieser Stadt in einem Sarg liegen.

36 Stunden, so lange darf dein Leichnam in diesem Landstrich zu Hause bleiben.

96 Stunden, dann muss dein Leichnam in diesem Bundesland unter der Erde sein, wenn du nicht eingeäschert wirst.

Zehn Tage, länger hat dein Leichnam nirgendwo im Land, bis die Bestattung beginnen muss.

Im Altenheim an der Autobahn ziehen sie dem Leichnam von Frau G. ihr schönstes Nachthemd über, kämmen ihr das Haar, stecken eine Rose zwischen die starren Hände. Sie versorgen ihren Leichnam, als bekomme sie Besuch. Das ist nicht der Fall. Ihre Kinder werden nicht kommen. Das Heim hat angerufen, um über den Sterbefall zu informieren, und es war, als störten sie. Der Tod kam den Angehörigen ungelegen. Dann muss das Heim darauf dringen, dass sie wenigstens einen Bestatter bestimmen, um den Toten auf den Weg zu bringen.

Auch im Krankenhaus vor der Stadt drängt die Zeit.

Betten gehören belegt, Zimmer sind auszulasten. Zwei Stunden, so lange bleibt ein Leichnam in der Regel auf Station. Manche Ärzte machen Ausnahmen. Manche Kliniken haben Abschiedsräume eingerichtet. Auf der Palliativ aber gelten andere Regeln. Die Eltern von L. dürfen an der Seite ihres toten Kindes wachen und sich in Ruhe verabschieden. Wenn sie wollen, stundenlang.

Am Baugerüst sind die Bestatter vom Dienst eingetroffen, um den Leichnam des jungen Mannes zu bergen. Sie wuchten ihn in einen schwarzen Leichensack, schnallen den Sack auf die Überführungstrage, laden sie in den Leichenwagen. Dann fahren sie in die Rechtsmedizin.

Die Menschen, die an deiner Seite wachten, treten das erste Mal hinaus aus dem Haus, in dem du gestorben bist. Sie spüren sich entrückt; es ist, wie aus Dunkelheit ans Licht zu treten – die Welt draußen blendet: Die Ampel da, sie springt auf Grün. Der Bus um 17 nach ist pünktlich. Die Straßen sind voll. Alles geht seinen Gang, vollkommen unbeeindruckt von dem Menschenleben, das vergangen ist. Es ist wahr, was sie sagen. Das Leben geht weiter. Es geht einfach weiter.

24 Stunden noch.

36 Stunden.

96.

Angehörige überrollt das oft, dieser Zeitdruck der Gesetze. Aber die Gesetze lassen Ausnahmen zu. Daher ist es hilfreich, jemanden an der Hand zu haben, der sich damit auskennt – einen Bestatter. Das muss aber nicht sein. Aufrichtige Bestatter sagen, das Einzige, wozu man in Deutschland zwingend einen Bestatter braucht, ist das Fahren des Verstorbenen. Alles andere können Angehörige auch selbst machen. Können. Nicht müssen. Einen Leichnam zu umsorgen, alle notwendigen Papiere aufzutreiben, ein Leben abzuwickeln – das ist aufwendig. Auch ohne Trauer. Auch ohne Tränen. Daher suchen so gut wie alle Angehörigen Hilfe. Im Schmerz um deinen Tod nach Hilfe suchen ist schwer. Die Leere, der Verlust, das Gefühl des Zeitdrucks sind dabei, deine Angehörigen zu überwältigen. Es gibt Bestatter, die setzen darauf, Kunden auf derart schwankendem Boden zu begegnen, um sie zu übervorteilen. Deine Freunde und Familie müssen versuchen, die anderen zu finden.

Ratschläge dafür existieren viele. Ein zertifizierter Betrieb! Nur ein Mitglied des Bestatterverbandes! Unbedingt ein Betrieb mit einem alten Namen! Besser eine große Kette! Auf alle Fälle ein Vergleichsportal im Internet bemühen! Alles gut gemeint. Ändert aber nichts am grundsätzlichen Problem: Deine Angehörigen suchen in einem Augenblick der Schwäche einen Spezialisten, der um seine Position der Stärke weiß. Das bietet einen Anhaltspunkt bei der Suche: Spielt der Bestatter seine Überlegenheit aus? Alle Versuche, Druck aufzubauen – »Das müsste Ihnen Ihr Vater doch wert sein« oder »Sie sollten sich schnell entscheiden, damit Ihre Mutter nicht so lange im Keller der Klinik liegen muss« –, sind ein Warnsignal. Auch herrische Ansagen der Art, dies sei aber ganz und gar nicht üblich oder jenes absolut unmöglich, sind schlechte Zeichen. Wichtig ist die Weise, wie der Bestatter mit dem Zeitdruck nach dem Tod umgeht. Ein guter und erfahrener Bestatter weiß um die Fristen – aber er jagt die Angehörigen nicht damit.

Ansonsten ist nach dem Tod dieselbe Vorsicht angebracht wie im Leben. Nichts blind unterschreiben. Immer einen Kostenvoranschlag verlangen. Keine Scheu, mehrere Bestatter um ein Angebot zu bitten. Nicht davor zurückschrecken, einem unangenehmen Bestatter den Auftrag wieder zu entziehen und die Herausgabe des Verstorbenen zu verlangen. Und auf keinen Fall auf den Bluff hereinfallen, ein Altersheim oder eine Klinik arbeite nur mit einem einzigen Bestatter zusammen. Stimmt nicht. Die Wahl des Bestatters ist immer frei.

Im besten Fall hast du diese Wahl bereits getroffen. Dann greifen die Zeiten jetzt ineinander, Vergangenheit, Gegenwart, und du bist im Tod dabei, wenn eintritt, was du einst im Leben entschieden hast. Deine Freunde wählen die Nummer, die auch du damals gewählt hast, rund um die Uhr erreichbar. Deine Familie tritt in die Räume, in denen auch du dich umgesehen hast, gleich beim Friedhof gegenüber, sie schütteln die Hand, die du geschüttelt hast, ein fester Händedruck. Die Menschen, die um dich weinen, blicken in die Augen, in denen auch du nach etwas gesucht hast. Wenn deine Wahl weise war, gewinnen sie das gleiche Gefühl: Das ist ein Bestatter, der sein Geschäft versteht – aber es nicht allein als Geschäft auffasst.

Sein Name ist A., wie in der Bibel. Er ist ein besonnener Mann mit Bart, Anfang vierzig, seit über zehn Jahren arbeitet er bei diesem Bestatter. Er mustert die Menschen, die um dich trauern. Manchmal sitzt da eine halbe Mannschaft vor ihm, Ehefrau, Kinder, Freunde. Manchmal ein Mensch allein. Manche treten wie im Traum vor ihn, die Augen tief hinter Tränentälern. Manche sind wie versteinert. Manche außer sich. Manche gefasst. Trauer trägt viele Gesichter. Er mustert sie.

Ein heller Raum, ein runder Tisch. Eine Kerze brennt. Er reicht ihnen zierliche Gestecke aus Blumen, die er zuvor rasch gebunden hat. Eine Geste. Und eine kleine List. So haben ihre Hände was zu tun. Das hilft. Er sagt nicht viel am Anfang. Er fragt sie, wie es war, dein Sterben. Ob sie dabei waren. Was sie empfanden. Dann sitzt er da, sieht sie an, schweigt. Er kann das gut. Er schweigt auf offene Art, es hat etwas von einer Erwartung, aber ohne Ungeduld, ohne Drang. Er weiß, wie schwer es vielen fällt, es auszusprechen, es wirklich zu sagen, es mit eigener Stimme anzuerkennen: Du bist tot. Du bist tatsächlich tot.

Das sind dichte Momente. Der Schmerz schwemmt Bilder an; die frischen, ein paar Stunden her, die von früher, aus Zornestagen, von Liebesnächten, aus vergessenen Abenteuern, vom Alltag mit dir. Dann kommt es darauf an. Jeder Mensch reagiert eigen. Manche wüten, sie schreien, meine Frau, ich will sofort meine Frau sehen. Manche lächeln immerfort, wie unter Zwang. Manche sitzen da und fragen nichts und sagen nichts und tun nichts, sie sind allein auf See, sprachlos vor Schmerz. A. achtet sie alle auf dieselbe Art. Er ist anwesend, ganz und gar. Er hört zu, offenen Herzens.

Das machen nicht viele Bestatter so bedingungslos. Aber mehr und mehr. Das Bestattungswesen war lange eine verschlossene Branche, deren Versprechen darin lag, Angehörigen in schweren Zeiten alles abzunehmen: Sarg und Stein und Sterbespruch, alles aus einer Hand, alles reibungslos abgewickelt. Im Bestreben, Angehörigen die beste Dienstleistung im Sterbefall zu bieten, verloren viele Bestatter aus den Augen, was es eigentlich bedeutet, nach einem Tod zu Diensten zu sein. Sie waren keine Helfer in der Trauer. Sie waren Teil einer effizienten Kette, die Tote von Krankenhäusern ins Krematorium transportierte. Seit einigen Jahren wandelt sich die Branche jedoch. Die Manager der großen Bestattungsketten sagen: Der Markt ist in Bewegung geraten. Sie meinen: die Preise. In ihren Analysen schreiben sie von der Auflösung des mittleren Marktsegments, von Wachstumspotentialen im Discountbereich. Seit die Krankenkassen kein Sterbegeld mehr zahlen, einst der Zuschuss zum Tod, achten viele Angehörige stärker auf die Kosten einer Bestattung. Aber es ist nicht der Markt allein, der in Bewegung ist, es ist auch die Kultur des Bestattens: Viele Angehörige achten stärker auf die Art, wie Bestatter mit ihnen und ihren Toten umgehen, wie sehr sie tatsächlich in der Trauer dienen. In diesem Bereich arbeiten Bestatter neuer Art wie jener, für den

A. tätig ist. Er selber nennt sich nicht so, Bestatter. Er sagt, er ist Trauerbegleiter.

Er betrachtet die Menschen, die du zurückgelassen hast. Ihr Schmerz ist spürbar, er steht im Raum, ganz gleich, welche Gestalt er angenommen hat. Es ist eindrücklich, wie A. damit umgeht. Er wettert sie nicht ab, diese Stürme der Gefühle. Er stemmt sich ihnen nicht entgegen, er redet sie nicht schön. Er macht etwas sehr Einfaches, das sehr schwer ist: Er verkraftet sie. Er wäre ein guter Priester geworden. Er hat Theologie studiert, er hat für einen kirchlichen Verband gearbeitet, aber dann suchte er etwas, wo er sein kann, wie er ist. Jetzt ist er der richtige Mann am richtigen Ort. Er sitzt da, er hört zu, und irgendwann – binnen Minuten, nach Stunden – bricht sich etwas Bahn, mit Tränen meist: Die Menschen, die um dich trauern, beginnen zu erzählen.

Wie du damals …
und als ihr …
was dir immer wichtig …
wo ihr mal, na, dings, sag schon …

In diesen Augenblicken steigt aus ihren Tränen der Mensch, der du warst. Das gefällt A. an seiner Arbeit: Es geht eigentlich um den Tod. Aber alles dreht sich um das Leben, und wie sie deines würdigen wollen.

Wenn A. das Gefühl hat, deine Angehörigen sind so weit, schlägt er die Ordnungsmappe auf, die vor ihm liegt. Sie hat zwölf Einschübe, in jedem stecken andere Formulare, andere Vordrucke. Sterbefallanzeige. Anordnung zur Feuerbestattung. Beisetzungsbewilligung. Es braucht viel Papier, um deinen Leichnam durch die Bürokratie zu steuern. A. zieht jedoch zuerst eine Liste hervor, wenig Text, viele leere Linien. Die meisten Bestatter besitzen ein solches Dokument, in dem ihr Wissen über die Gesetze und Gepflogenheiten ihrer Gegend gesammelt ist: die Checkliste deiner Bestattung. Darin bündelt A. die Informationen, die er braucht. Er beginnt zu fragen. Ab und an notiert er etwas. Dann und wann reicht er ein Formular, das deine Angehörigen prüfen sollen. Wieder und wieder erklärt er. So führt er Schritt für Schritt durch die Prozedur, deinen Leichnam bestattet zu bekommen.

Manches geht schneller. Dein Name, dein Geburtsdatum, dein Beruf, die dürren Daten deines Lebens. Allein die Angaben deiner Angehörigen reichen dafür nicht. A. braucht deinen Ausweis. Und die letzte Urkunde, die dein Leben behördlich beglaubigt. Warst du geschieden? Dann das Scheidungsurteil. Verheiratet? Die Heiratsurkunde. Ansonsten deine Geburtsurkunde.

Manches dauert länger. Wer ist derjenige, der sich um deine Bestattung kümmert, wer trifft die Entscheidungen? Oft ist das klar, weil sich deine Freunde und Familie einig sind, wer diese Aufgabe – die Totenfürsorge – übernimmt. Aber oft ist es auch unklar, weil Streit herrscht in der Familie oder zwischen den Freunden. Wenn du deinen Willen dann nicht vorab verfügt hast, setzt das Gesetz fest, wer über deinen Leichnam entscheiden darf: dein Ehepartner, deine Kinder, deine Eltern, in dieser Reihenfolge.

Manches ist einfacher. Auf welche Art wolltest du bestattet werden? War es dein Wunsch, verbrannt zu werden? Wolltest du begraben werden? Feuer oder Erde, diese zwei. Andere Arten lässt das Gesetz nicht zu. Bei Erde ist deine Bestattung ein einzelnes Ereignis. Bei Feuer ist sie zweigeteilt: erst das Einäschern, später die Beisetzung. Das ist der eine Grund, warum viele Angehörige Feuer wählen: Der Wettlauf gegen die Zeit lässt sich damit leicht gewinnen – dein Einäschern ist schnell zu schaffen, doch für die Beisetzung deiner Urne gelten längere Fristen. Sie kann Wochen später stattfinden. Der andere Grund für Feuer ist das Geld: In der Regel ist Einäschern billiger.

Manches ist schwerer. An welchem Ort wolltest du bestattet werden? In einer Urnenhalle, auf hoher See, unter einem Baum? An der Seite deiner Eltern, deiner Kinder? Auf dem Friedhof deines Viertels, in dem du immer spazieren gegangen bist? Am Ort deiner Geburt? Oder deines Todes? In deiner alten Heimat? In der neuen, wo deine Kinder wohnen? Vielleicht weiß es keiner, weil du nie im Leben über deinen Tod sprechen wolltest. Dann machen deine Angehörigen, was sie wollen. Vielleicht hast du Sonderwünsche verfügt, die deutsche Gesetze nicht gestatten. Dann schaffen sie deine Asche ins Ausland, um sie ins All zu schießen, auf eine Almwiese zu streuen oder wieder ins Land zu schmuggeln, damit sie im Wohnzimmer in der Vitrine steht.

Manches wirft sie aus der Bahn. Wollen die Menschen, die um dich trauern, dies in einer Trauerfeier auf dem Friedhof tun – oder auch direkt von dir Abschied nehmen, von Angesicht zu Angesicht? Wollen sie deinen Leichnam zu Hause aufbahren? Wollen sie deinen Sarg selbst bauen, selbst bemalen? Wollen sie, dass du deine eigenen Kleider trägst, den Lieblingsrock, das Lieblingshemd? Deinen Ring? Deine Brille? Dein Lieblingsparfüm? Wollen sie deinen Kopf auf ein Kissen deiner Kinder betten, deinen Körper mit der Decke zudecken, unter der du bis zuletzt eingeschlafen bist? Wollen sie deinen Leichnam selbst anziehen? Dich in den Sarg legen? Dir Briefe oder Fotos mit auf die Reise geben? Den Sargdeckel über dir schließen?

Manches holt sie auf den Boden. Der Wettlauf gegen die Zeit? Gewöhnlich kein Ding, den Druck der Gesetze zu mildern: Die Genehmigung, deinen Leichnam später zu bestatten, kostet in dieser Gegend 56 Euro, aber Achtung, dazu kommen die Kosten für die Kühlzelle, in der dein Leichnam vorgehalten wird, 32 Euro pro Tag, im Falle langen Aufschubs braucht es eine Gefrierzelle, 45 Euro pro Tag. Deine Trauerfeier? Die Zeit dafür ist auf vielen Friedhöfen streng getaktet, zusätzliche Trauerzeit aber problemlos buchbar, jede angefangene halbe Stunde kostet hier 52 Euro bei Feuer, 84 Euro bei Erde. Was kostet es insgesamt, deinen Leichnam mit Würden zu bestatten? Schwer zu sagen, weil die kommunalen Gebühren für Einäscherung und Beisetzung immer gesondert in Rechnung gestellt werden, dazu kommen die Grabnutzungsgebühren, gegebenenfalls der Urnenversand Inland oder die Überführung, Beisetzungsbewilligung, Grabumschreibung, unter Umständen Kirchengebühren, wenn gewünscht Trauerredner, Grabdekoration, Sarg- und Urnenschmuck, gegebenenfalls Trauerkarten, Sterbebildchen, Traueranzeigen, Leichenschmaus, weiterhin der Grabstein sowie die Daueranpflanzung auf der Grabstätte – aber das alles sind nur die Kosten, die zusätzlich zum Preis der Leistung fällig werden, die dein Bestatter berechnet.

Besonnen führt A. deine Angehörigen durch das Dickicht der Kosten. Sein Betrieb setzt dem Wirrwarr der gesonderten Gebühren eine einfache Lösung für eigene Leistungen entgegen: Sie nehmen eine Pauschale. Sie umfasst die Beratung, das Abholen, Herrichten, Ankleiden, Einbetten deines Leichnams, das Koordinieren der Bestattung, die behördliche Abwicklung deines Lebens, deine Fahrt zum Friedhof, deine Trauerfeier und deinen Sarg. Bestattungsbetriebe bieten gerne Pauschalpreise an, weil sich sehr viel darunter verstecken lässt. Aber die meisten Bestatter der neuen Art legen sie auch offen. Es ist eine einfache Methode, sich von Bestattern alter Art abzusetzen, deren Angebote selbst die »Stiftung Warentest« nicht vollständig durchdrang. Die Höhe der Pauschale ist unterschiedlich. Ein alternativer Bestatter in München nimmt 3150 Euro brutto für das Paket, das A. anbietet. Ein Bestatter in Berlin 2375 Euro Pauschale bei einer Feuer-, 2625 Euro bei einer Erdbestattung. Ein anderer Bestatter 2550 Euro, egal welche Bestattungsart.

Verbraucherinitiativen rechnen im Schnitt mit 4500 Euro, die Grabstelle inbegriffen. A.s Pauschale liegt deutlich darunter. Er erklärt ihre Positionen genau. Er sagt mehrmals, dass dies nicht der Endpreis ist, sondern die Gebühren des Friedhofs und der Ämter dazukommen. Er will sicher sein, dass die Menschen, die ihm deinen Leichnam anvertrauen wollen, die Kosten dafür kennen.

Dann ist er durch. Die Eckdaten deiner Bestattung stehen auf seiner Checkliste. Du wirst feuerbestattet, wie die meisten Leichname im Land. Deine Angehörigen sind noch nicht sicher, wie sie von dir Abschied nehmen wollen, im kleinen Kreis, im großen Rahmen einer Trauerfeier, bei deiner Beisetzung auf dem Friedhof. Aber deine Urne soll auf einem Friedhof ruhen, in einem eigenen Grab. Eine Frage bleibt. Bei Haussterbefällen bleibt sie häufig bis zum Schluss. Wann sollen sie kommen, dich zu holen? Die Menschen, die um dich trauern, zögern. Heute noch? Erst morgen? Nach den vollen 36 Stunden? Sie vereinbaren, sich zu melden, wenn sie dich loslassen wollen. Sie stehen auf, ein fester Händedruck, die blendende Welt da draußen, und wenig später sind sie wieder an deiner Seite, am Totenbett.

Der Leichnam der alten Frau G. ist leicht, ganz leicht. Sie sind zu zweit, die Bestatter. Der eine hebt an den Schultern, der andere an den Beinen, schon liegt sie im Sarg. Die Rose dazu. Deckel drauf. Die TB, wo ist die TB? Sie nehmen die Todesbescheinigung an sich, heben den Sarg auf ihren Scherenwagen, schieben ihn hinaus – zwei schwarz gekleidete Gestalten, der Schummer endloser Gänge, hinter deren Türen dumpf die Fernsehapparate lärmen. Abend im Altenheim an der Autobahn. Alle Bewohner sind auf ihren Zimmern. Beste Abholzeit. Sie sollen keinen Sarg sehen.

Auch im Krankenhaus vor der Stadt achtet das Verstorbenenmanagement darauf, Tote außer Sicht zu transportieren. Sie rollen die Fahrtrage mit dem kleinen Körper in Aufzüge und über Gänge abseits der Patientenströme, bis in den Keller, bis in die Prosektur, bis in die Kühlung. Sie liegt in vielen Krankenhäusern im Keller, unter der Erde, in Tiefgeschossen oder ausgelagert in Außengebäuden, fern der Wahrnehmung der Lebenden. Ein weiß gekachelter Raum. An der Wand glänzen die stählernen Luken der Leichenkühlzellen. Sie heben das kleine Kind auf eine Leichenmulde, und weil der Leichnam so leicht ist, darf er auf dem Hubwagen hoch hinauf, oberste Reihe, gleich in der Mitte, über den anderen Toten des Tages. Leise gleitet die Leichenmulde hinein, Luke zu, Leichnam abholbereit.

An der Rechtsmedizin rollt der Leichenwagen zur Anlieferung, Rampe runter, gleich rechts. Auch hier liegt der Zugang in die Welt der Toten wie verborgen. Eine Schranke. Ein unscheinbares Tor. Keinerlei Kennzeichnung, wohin es führt. Wer hier als Lebender hinein will, muss von den Wegen der Toten wissen. Ein Keller, weiß gekachelt. Eine Kühlung. Raumhohe Schränke, die römische Ziffern tragen, vier Körper pro Schrank. Fast alle voll. Sie tragen den Neuzugang ins Leichenjournal ein, ein schweres Buch, das jeden Toten verzeichnet, auf die Art altertümlicher Bestandskonten: linke Seite Soll, rechte Seite Haben. Leicht auszufüllen diesmal. Leicheneinlieferung, Position 5, Name unbekannt, Vorname unbekannt, Geb.-Datum unbekannt, schnell noch Auffinde-Anschrift und unterschreiben, der diensthabende Präparator quittiert, Feierabend.

Die Leichname deiner Gefährten liegen in der Kälte, die alte Frau bereits im Keller deines Bestatters, das kleine Kind in der Klinik, der junge Mann in Leichenfach VII, 4. Die Temperatur ist überall konstant. Knapp über null Grad. Nie mehr als fünf. Bei tiefen Temperaturen laufen viele biochemische Prozesse verlangsamt ab.

Dein Leichnam hat sich verändert. Nicht sehr, nicht

erschreckend, aber unverkennbar. Deine Arme, deine Beine sind sperrig wie Eisen. Deine Haut, der Spannung der Muskeln entkommen, ist der Schwerkraft erlegen: Sie spannt sich über deine Glieder, lässt deine Knochen deutlich hervortreten. Deine Augen sind in ihre Höhlen gesunken. Dein Körper fühlt sich kalt an, so unfassbar kalt. Das ist natürlich. Dein Leben lang hatte dein Organismus alles gegeben, um deinen Körper auf einer Temperatur von 37° Celsius zu halten, in Hitze, bei Frost, im Fieber. Aber mit deinem Tod hat die Wärme angefangen, aus dir zu weichen. Langsam, ganz langsam erst, weil die Wärme im Inneren deines Leichnams von außen kommende Kälte ausglich. Dann sank deine Temperatur schneller, in deutlichen Schritten, grob ein Grad pro Stunde. Am Ende, als der Unterschied zwischen der Temperatur deines Leichnams und der Umgebung gering war, wich deine letzte Wärme wieder langsamer. Dein Leichnam ist abgekühlt, dein Leichnam ist steif. Weil die Lebenden gewohnt sind, dass sich ein Mensch immer warm anfühlt, kommt ihnen dein Körper nun kälter vor, als er tatsächlich ist.

Sie finden diese Nacht schwer Schlaf in deinem Sterbehaus. Der erste Tag ohne dich ging so schnell vorbei. Sie sind erschöpft, sie sind überreizt, aber ohne jede Kraft, und so viel ist noch zu tun. Vielleicht hören sie Musik, stundenlang, auf der Suche nach dem Lied, das alles sagt auf deinem Abschied. Vielleicht telefonieren sie deine Verwandten durch. Vielleicht betäuben sie sich damit, die Familienstammbücher zu finden. Wieder und wieder treten sie an dein Totenbett, um sich zu vergewissern, dass dein Leichnam dort noch immer liegt, dass du unter ihnen bist, dein Antlitz im Dämmer der Lampen. Dann ist deine letzte Nacht daheim vergangen.

Auf dem Tisch steht der Tod, ein Stundenglas in der Hand, er fängt schon Staub. Draußen ist gerade die

Sonne aufgegangen, drinnen sammeln sie sich um den Chef. Dienstbesprechung. Immer im Stehen. Immer neben dem Tisch, auf dem die große Puppe eines Skeletts steht, ein lachender Schädel, zwei knochige Finger zum Zeichen des Sieges in die Höhe gestreckt. Ihr Maskottchen.

Sie sind acht Männer diesen Morgen. Bestatten teilt sich in zwei Bereiche. Die einen arbeiten auf der Bühne: Sie führen Trauergespräche, beraten und berechnen, stehen Angehörigen beim Abschied am Sarg zur Seite, begleiten Trauerfeiern und Beisetzungen. Die anderen arbeiten hinter der Bühne: Sie holen die Toten ab, fahren und waschen und kleiden sie, betten sie ein, melden sie ab, bahren sie auf. Die Aufgaben überschneiden sich manchmal, aber ansonsten bleibt jeder auf seiner Seite. Diese Männer arbeiten hinter den Kulissen. In der Sprache der Gesetze heißen sie Leichenbesorger, ihr Berufsstand nennt sie Bestattungsfachkräfte, aber viele Betriebe haben eigene Spitznamen für diese Arbeiter. In diesem Haus heißen sie »die Herren«.

Der Chef gibt Zettel voll bunter Balken aus, gespickt mit Zeiten und Kürzeln:

UB FH Ost

TF Haupt FH

Nord FH – EB

UTF Krema

BS Abschied

Der Dienstplan mit den Bestattungen, Trauerfeiern und Beratungsgesprächen der nächsten Tage. Dein Tod hat sich eine stressige Zeit ausgesucht. In den Ablagefächern stauen sich die Vorgangsmappen, die Kühlung im Keller ist fast voll belegt, in wenigen Minuten werden alle Leichenwagen auf der Straße sein. In rascher Folge ruft der Chef die anstehenden Aufgaben auf. Der Wechsel aus Ansagen und Antworten hat eine ausgeprägte Melodie: Sie verfallen in den Singsang eines

Gewerbes, dessen Arbeit so speziell ist, dass sie eine eigene Art des Sprechens nach sich zieht – ein Kreol des Bestattens:

»Hausabholung, der Herr M., Kiefer.«

»Kiefer-O?«

»Kiefer mit. Dann Diakonie, Frau S., Erle ohne.«

»Geht klar.«

»Rechtsmedizin, A., Radunfall.«

»Freigabe?«

»Freigabe ist da.« Der Chef blättert in einem Bündel Papiere. »Und ihr zwei fahrt mir Süd an.«

»Danach Rotkreuz?«

»Barmherzige.«

»Sterbebüro?«

»Später.«

»Okay.«

»Dann haben wir noch eine Abholung aus dem Altenheim, die Frau G.«

»Haben wir gestern Abend geholt.«

»Melder?«

»Geht heute raus.«

»Und dann holt ihr mir noch den Herrn J. aus der Uniklinik.«

Die Herren nicken. Dauert nicht lang, dann rollen die Leichenwagen aus der Garage. Ihr Anblick ruft unter Lebenden in der Regel zwei Arten von Reaktionen hervor: Sie sehen sofort weg oder dem Wagen noch lange nach. Aber in dieser Straße ist der Anblick Alltag. Die Straße hinunter hat ein Steinmetz seine Werkstatt, drei Gebäude weiter ist ein großer Blumenhändler, ein Stück dahinter kommt ein Ladenlokal der Konkurrenz und schräg gegenüber ein kleines Blumengeschäft. Um die Ecke liegt der Grund für diese Infrastruktur – einer der großen Friedhöfe der Gegend.

Es gibt Hunderte solcher Bestatter in Deutschland, doch dieser Betrieb ist in mancher Hinsicht besonders:

Er gehört zu keiner Kette, sondern ist eigenständig. Er arbeitet nicht mit Subunternehmern, sondern macht alles selbst. Und er leistet sich eigens Spezialisten wie A., den Mann, der deine Angehörigen in ihrer Trauer begleitet.

A. sitzt vor seinem Computer und zerlegt deinen Tod in Formulare. Sie teilen sich das Büro, eine Handvoll Trauerbegleiter und er. Es hat viele Fenster, die Sonne scheint herein. Auf einem halbhohen Aktenschrank stapeln sich ein Dutzend Ordnungsmappen. Alle die Toten, die er gerade in Arbeit hat. An den Wänden hängen Notizzettel mit Nummern, Aufstellungen der Öffnungszeiten von Ämtern, verwirrende Schaubilder voller Pfeile, die aussehen wie Aufmarschpläne. Anders sind die Abläufe im Tod schwer zu überblicken. Als Lichtblick haben sie mittendrin eine Zeichnung aufgehängt, aus einem Comicstrip: Charlie Brown sitzt neben Snoopy auf einem Steg und blickt auf einen See.

Charlie Brown sagt: »Eines Tages werden wir alle sterben, Snoopy!«

Snoopy antwortet: »Stimmt. Aber an allen anderen Tagen nicht.«

A.s Finger jagen über die Tastatur. Deine Angehörigen haben etliche Details deiner Bestattung noch nicht bestimmt, A. hat auch noch nicht alle Dokumente erhalten, die er benötigt. Aber wie jeder gute Bestatter bereitet er so viel an Formularen vor, wie er nur kann. Die Gesetze dulden keinen Aufschub. Ab diesem Augenblick zerfällst du zu Papier.

Dein Leichnam liegt im Totenbett, auch er schickt sich an, in Auflösung überzugehen. Wie schnell, das ist schwer sagen. Viele Faktoren spielen eine Rolle, die Temperatur des Zimmers, die Jahreszeit, der Zustand deines Körpers. Bei manchen Menschen, die zu Lebzeiten viele Medikamente nehmen mussten, setzen diese Prozesse schneller ein, bei anderen langsamer. Manche Leichname zeigen ein oder zwei Tage keine Zeichen der Veränderung, andere schon nach Stunden. Vielleicht fällt den Menschen an deinem Totenbett auf, dass deine Fingernägel ein wenig länger wirken. Vielleicht bemerken sie, dass du den Schatten eines Barts trägst. Vielleicht stellen sie fest, dass an deinem Lippenrot oder an deinen Augen einzelne Hautstellen vertrocknet sind. Alles natürlich. Nicht nur deine Wärme weicht. Auch die Feuchte deiner Haut verfliegt. Das lässt Nägel länger erscheinen, Bartstoppeln hervortreten. Früher dachten die Lebenden deshalb, diese wüchsen im Tod weiter. Das tun sie nicht.

Zuerst erledigt dein Trauerbegleiter §§ 28 ff. PStG, Personenstandsgesetz: Der Tod eines Menschen muss dem zuständigen Standesamt angezeigt werden. Die Sterbefallanzeige. Sie kann jeder abgeben, der von einem Tod Kenntnis hat. So gut wie immer erledigt das aber das Krankenhaus oder der Bestatter. A. tippt in die Tastatur.

Name, Staatsangehörigkeit, letzter Wohnsitz.

Standesamt der Geburtseintragung.

Urkundliche Nachweise.

Familienstand.

Sterbeort.

Dein ganzes Leben, auf eine DIN A4-Seite gestutzt.

Vielleicht entdecken die Menschen an deinem Totenbett, dass sich die Totenflecken auf deinem Rücken nur mehr mit Mühe wegdrücken lassen. Das ist normal. Dein Blut dickt ein. Die Wände deiner Blutbahnen werden durchlässig. Deine roten Blutkörperchen zerfallen, Blutfarbstoff dringt in das Gewebe ein.

Nach der Sterbefallanzeige bereitet A. deine Sterbefallmeldungen vor. Sie gehen je nach Sterbeort und Todesfall an Friedhofsverwaltungen, Sterbegeldversicherungen, Friedhofsbewirtschafter, Krematorien, den Rentenservice der Post und die kommunale Bestattungsgenehmigungsstelle; in diesem Bundesland braucht der Bestatter für dich eine Freigabe der Ortspolizeibehörde, die deine Einäscherung nach Einsicht in deine Todesbescheinigung genehmigt, wobei zusätzlich eine Willenserklärung deinerseits vorliegen muss. Die Beamten, die diese Prozesse beaufsichtigen, sagen: Jeder Verstorbene ist auch ein Amtsvorgang.

Vielleicht fällt deinen Angehörigen auf, dass dein Leichnam leicht aus dem Mund riecht. Ein erstes Zeichen, dass es in deinem Leichnam arbeitet. Zu Lebzeiten waren die Zellen deines Körpers auf die Hilfe von Enzymen angewiesen, um die Moleküle des Stoffwechsels zu zerlegen. Diese Enzyme, durch deinen Tod aus dem Dienst entlassen, fangen an, das Innere deiner Zellen und dann die Zellwände zu zersetzen. Sind diese Barrieren zerstört, strömen die Enzyme aus den Ruinen deiner Zellen, in der Regel zuerst in der Leber, die reich an Enzymen ist, im Gehirn, das einen hohen Anteil an Flüssigkeit aufweist. Sie greifen umliegendes Gewebe an, spalten seine Strukturen, die Bausteine des Lebens brechen auf. Dein Körper beginnt, sich selbst zu verdauen. Dieser Prozess – die Autolyse – bereitet weiterem Verfall den Boden. Mund und Magen beherbergen eine Vielzahl von Bakterien, die dem Menschen dabei helfen, seine Nahrung zu verdauen. Frei von den Fesseln des Immunsystems, fangen auch sie an, sich gegen den Körper zu wenden, der so lange ihre Heimat war. Alles natürlich. Nur deine biologische Uhr ist abgelaufen. Nicht aber die der Lebewesen in deinem Inneren. Die Wissenschaftler, die diese Prozesse erforschen, sagen: Jeder Leichnam ist auch ein Lebensraum.

Der Leichnam der alten Frau G. liegt in ihrem Sarg in einer Kälte, die genau genormt ist, gemäß DIN EN 15 017, Punkt 3.6.1., Bestattungseinrichtungen, Unterpunkt 3.6.1.1., Versorgungsbereich, Unterunterpunkt 3.6.1.1.4., Kühleinrichtungen: Eine Temperatur unter 5° C ist sicherzustellen. So bleibt selbst die Rose in ihren starren Händen frisch. Ihre Angehörigen haben telefonisch erste Anweisungen erteilt. Friedhof (der größte der Gegend), Beerdigung (billig, aber nicht zu billig), Pfarrer (irgendeiner, war Mutters Wunsch). Alle nötigen Unterschriften vorab per Fax, Unterlagen kommen unsortiert per Post aus dem Altenheim, zur Beerdigung reisen sie zeitnah an, auf Wiederhören.

Der Leichnam des kleinen Kindes liegt noch im Keller des Krankenhauses, als seine Eltern zum Trauergespräch kommen. Sie sind gefasst. Sie hatten lange Zeit, sich auf den Abschied vorzubereiten. Sie haben sogar mit L. darüber gesprochen. Sie wissen, was sie wollen. Ihr Kind noch einmal sehen. Seinen Sarg bemalen. Eine Beerdigung, die ihr Kind und seine Fröhlichkeit feiert – bunt soll sie werden, und Musik soll es geben, und Luftballons sollen fliegen, und alle Freunde aus dem Kindergarten sollen kommen.

Der Leichnam des jungen Mannes reiht sich in der Rechtsmedizin in die tägliche Schlange der Sektionen ein. Die Staatsanwaltschaft hat eine gerichtliche Leichenöffnung veranlasst, um sicherzugehen, dass sein Tod ein Unfall war. Also haben sie den Leichnam gewogen, gemessen, seine Maße mit Filzstift auf seinen Oberschenkel geschrieben und ihn auf Seziertisch Zwei gehoben, der dritte Tote des Tages, 2018-SEK-019-C-71. Sie beginnen, ihn zu besichtigen. Erst außen. Blauviolette Totenflecke, lageabhängig. Totenstarre stark. Schädeldach abnorm beweglich, Augen auf, Pupillen weit, sie inspizieren jeden Fleck, protokollieren jede Schramme. Dann innen. Ein Schnitt um den Schädel, ein Schnitt vom Schlüsselbein bis zur Scham. So öffnen sie Kopf, Brust, Bauch, begutachten die drei Körperhöhlen, vermessen Größe, Gewicht, Gestalt der Organe, suchen nach Seltsamkeiten. Sie finden keine. Die Polizei hat aber Hinweise gefunden, sie konnte ermitteln, was geschah. Sie haben auf der Baustelle einen Rucksack gefunden, mit Geldbeutel und Ausweis darin. Oben, am Gerüst. Und ein Mobiltelefon des jungen Mannes. Unten, in der Baugrube. Die letzten Bilder darauf zeigen ihn selbst. Er turnt am Ende des Baugerüsts, ein übermütiger Bursche, der sich und den Sonnenuntergang über der Stadt optimal in Szene zu setzen versucht.

Dein Leichnam liegt auf dem Totenbett, und langsam gewinnt der Lauf der Enzyme durch deinen Körper an Kraft. In Gewebe, Organen und Muskeln sind sie dabei, Eiweiß zu zersetzen – auch das besondere Paar an Proteinen, das sich nach deinem Tod in allen Muskelzellen ineinanderschob, die Muskeln steif werden ließ, die Totenstarre hervorrief. Nun wandelt sich dein Leichnam ein weiteres Mal. Die starren Muskeln fangen an, sich Faser für Faser zu lösen. Nach und nach weicht der Widerstand in deinen Gliedern. Dein Körper fühlt sich so kalt an wie zuvor, aber alles an ihm ist wieder so schlaff wie in den ersten Stunden nach deinem Tod. Wie lange das schon her ist. Wie sehr du dich verändert hast. Die Menschen, die um dich trauern, spüren den Zwiespalt stärker, dich zu halten, dich loszulassen. Manche wünschen, ihren Verstorbenen weiterhin daheim zu lassen, nur eine Weile noch. Das ist möglich. Es braucht einen Sarg und, je nach Dauer, ein Kühlgerät sowie eine Genehmigung der Gesundheitsbehörde; beides kann ein Bestatter besorgen. Die Mehrzahl der Menschen, die einen Verstorben daheim aufbahren, entscheidet sich aber nach einem oder zwei Tagen, ihn überführen zu lassen. Auch deine Angehörigen treffen diese Entscheidung. Das passt gut. Die 36 Stunden, die dir das Gesetz in deinem alten Heim zugesteht, sind so gut wie um.

Sie steuern deine Adresse in Schleichfahrt an, zwei der Herren, zwei Leichenwagen. Einer zu viel eigentlich.

Erfordert das Leichenaufkommen des Tages aber: Manchmal müssen sie mehrere Leichname auf einen Rutsch abholen. Die meisten Leichenwagen bieten daher mindestens zwei Särgen Platz. Praktisch, wenn sie aus einer Klinik abholen. Knifflig, wenn sie zu Hause abholen. Sie können deinen Leichnam schlecht vor aller Augen zu einem zweiten laden. Also staffeln sie die Abholungen. Das ist eine Kunst. Altenheime, Krankenhäuser, die Rechtsmedizin, überall andere Zeiten, andere Regeln. Aus manchen Kühlkellern können sie ihre Leichen rund um die Uhr abholen. Aus anderen nur zu bestimmten Stunden. Innerhalb dieses Rahmens müssen sie alle Toten des Tages anhand der Ladekapazitäten ihrer Leichenwagen, den günstigsten Fahrtwegen und der erforderten Pietät auf eine Reihe bringen. Sie sind erst ein Krankenhaus angefahren, der Herr J., dann das zweite, Frau M., erster Wagen voll. Der dritte Leichnam läge auf dem Weg, aber Logistik ist nicht alles. Sie stoppen eine Straße vor deiner Adresse, stellen den vollen Wagen außer Sicht ab, steigen in den leeren, fahren vor.

Sie sind ein auffälliges Duo, deine Herren. Voran geht N., ein schlanker Mann, kurzes Haar, jungenhaftes Gesicht, ein gewinnendes Lächeln. Er sieht jünger aus als seine 31 Jahre. Er ist einer der erfahrensten Kräfte im Betrieb. Er hat mit siebzehn angefangen, an der Seite der Toten auszuhelfen. Schon sein Vater arbeitete als Bestatter. Hinter ihm geht D., ein Hüne von Mann, breite Schultern, ein Händedruck wie eine Hydraulikpresse, der Brustkorb eines Bären. Auf der Brust, von seinem schwarzen Hemd verborgen, trägt er bunte Tätowierungen. Er arbeitete auf dem Bau, bevor er Bestatter wurde. Auch er ist Anfang dreißig.

Sie bauen sich vor deiner Haustür auf, N. vorne, Gesicht und Zunge des Teams, D. dahinter, Arm und Kraft. Sie klingeln. Alte Bestatter sagen, dieser Augenblick ist einer der schwierigsten ihrer Arbeit – wenn sie dich deinen Menschen wegnehmen müssen. Schwer zu sagen, wie es wird. »Alle Hausabholungen sind anders«, sagt N. Manchmal blicken sie in starre Gesichter, aus denen alle Tränen schon geflossen sind. Manchmal schlagen ihnen so viele Gefühle entgegen, dass sie die Liebe dahinter spüren können wie eine Glut. Manche Angehörige sind so still, sie haben ihre Sprache verloren. Manche brüllen, die Augen, warum macht er die Augen nicht mehr auf, erklären Sie mir das! Alle diese Reaktionen sind besser als gar keine. Es gibt Menschen, die glauben, der Tod lasse sich mit Kälte kontern. Dann kommen deine Herren herein, jemand deutet irgendwo in die Wohnung, da hinten, da liegt er, doch keiner geht mit, keinen interessiert, was sie tun. Wenn es krass ist, kriegen sie noch die Laken des Totenbetts in den Sarg gestopft, als sei er ein Entsorgungscontainer.

Als die Tür aufgeht, stellt sich N. vor und bittet, eintreten zu dürfen. Er bewegt sich mit Bedacht. Er blickt deinen Angehörigen in die Augen. Sein Händedruck ist kurz und fest. Er entscheidet in den ersten Minuten viel aus dem Bauch. Wer ist die Person, die er in erster Linie anspricht? Wen wühlt seine Anwesenheit auf? Wer ist das Zentrum der Trauer?

Auch sein Reden strahlt Ruhe aus. Er erklärt, warum sie hier sind, was sie tun werden, und wie. Er erklärt viel. Er findet, es gehört sich nicht, Angehörige zu überrumpeln. Seine Worte sind handverlesen: Niemals kommt ihm das Wort Leichnam über die Lippen, auch Toter ist kein Ausdruck, den er in den Mund nimmt. Er spricht stets vom Verstorbenen, oder besser noch – er nennt deinen Leichnam mit Namen. Die Menschen, die um dich trauern, zeigen ihn zögerlich. Das ist selten Scheu. Es ist meist das jähe Begreifen, dass dein Abschied nun ganz nahe ist. N. tritt zurück und lässt den Tränen ihre Zeit.

Dann erst holen sie den Sarg ins Haus. Deine Herren haben ein Auge für die Ausmaße der gängigen Modelle, schon im ersten Eintreten hat D., der Hüne, die Räume nach einem guten Laufweg gescannt. Steile Treppen sind schwierig, enge Gänge, Ecken. In der Not heben sie Verstorbene in einem Leichensack oder einem Laken in die Nähe des Sarges. Doch D. hat während der Tränen den Blick von N. gesucht, kurzes Nicken, Leichnam liegt gut, Sarg geht klar. Sie stellen ihn sanft an die Seite deines Totenbetts. Es ist ein heller, aus sandfarbenem Holz gezimmerter Sarg von schlichter Schönheit; Bestatter sagen: ein 1-N Kiefer-O mit Vierfach-Schraubensatz – ein einfaches Modell ohne Griffe, der Standard vieler Feuerbestattungen, 150 Euro ab Werk. Sie verharren einige Sekunden. Am Sarg keine Hektik. Am Sarg keine Hast. Der Anblick hat so schon Wucht genug. Da dein Leichnam. Da dein Sarg. Die Tatsache deines Todes trifft auf eines seiner stärksten Symbole.

Sie nehmen den Sargdeckel ab. D. stellt ihn zur Seite, ein kleiner Ruck, hat keiner bemerkt. Die Sargschrauben sind in einem Plastikbeutel innen an den Sargdeckel getackert. Den reißen sie stets vor Ort runter. Sonst verlegen sie die Dinger nur. Runter müssen sie aber rasch. Sieht so industriell aus. Aber in der Regel achtet niemand auf den Deckel. Alle blicken auf deinen leeren Sarg. Wie klein sein Raum wirkt. Wie eng die Wände.

Sie legen deinem Leichnam ein Kissen in den Sarg, dein altes, an das du dich gesund und krank so gerne geschmiegt hast. Deine Herren ziehen sich Handschuhe über; Vorschrift. Dann erklärt N., sein Kollege und er, sie werden dich jetzt einbetten. Er sagt nie einsargen. Einsargen, so reden Stümper. Einbetten, das ist vom Fach. Vorsichtig heben sie dich in den Sarg. Dein Tod, sein Symbol, sie decken sich.

Schluchzen.

Du liegst im Sarg.

Du bist tot und liegst im Sarg.

Du bist tot und du liegst im Sarg und du wirst nie wieder zurückkehren.

Sie weinen sich wund. Wieder tritt N. zurück, wartet ab, sagt: »Sie möchten sicher einen Moment allein Abschied nehmen. Sagen Sie uns Bescheid, wenn Sie so weit sind.«

Deine Herren warten draußen. Sie warten so lange, wie es braucht. Wenige Bestatter halten das so radikal. Zeit ist Geld, auch in diesem Geschäft. Aber ihr Chef ist der Auffassung, dass diese Augenblicke des Abschieds wichtig sind, dass sie der Trauer später helfen. Die Tür geht auf. Die Menschen, die du in diesem Haus zurücklässt, haben nicht viel Zeit gebraucht. Das ist normal. Dein Leichnam war nach deinem Tod daheim, sie haben an seiner Seite gewacht und geweint, sie haben ihn gewaschen, dich geküsst. Sie sind bereit. Sie lassen dich los, sie lassen dich gehen.

Deine Herren schließen den Sarg, setzen die Sargschrauben an, drehen sie aber nur einen Hauch ins Holz. Sie müssen dich später noch mal aus dem Sarg holen, deswegen. Dann nehmen sie deine Papiere an sich, den mausgrauen Umschlag mit dem vertraulichen, das mausgraue Blatt mit dem nicht vertraulichen Teil deiner Todesbescheinigung. Ohne dürfen sie dich nicht fahren. Ab dem Zeitpunkt der Abholung muss sich ein Leichnam jederzeit ausweisen können.

Dann tritt D. an das Kopfende deines Sarges, N. an das Fußende. Sie heben an, Kopf zuerst, Fuß danach. Sie tragen dich hinaus, Fuß voran, Kopf hinterdrein. Sie laden den Sarg in den Leichenwagen, Kopf voraus, Fuß hinterher. Sie bewegen sich wie zu einer stillen Choreografie. An Särgen tanzen alle Bestatter so. Ein Leichnam gleicht einem Gefäß. Sein Kopf sollte tunlichst nicht tiefer sein als der Körper. Sonst besteht die Gefahr, dass das Gefäß leer läuft. Deshalb sind alle Schritte am Sarg an diesen zwei Polen ausgerichtet, wo ist das Kopfende, wo das Fußende. Deine Herren schließen den Laderaum des Leichenwagens, der Motor startet mit einem Grollen, und dann ist dein Leichnam unterwegs.

Du bist nicht der einzige Tote auf den Straßen. Aus dem ersten Krankenhaus, aus dem deine Herren Tote abholten, haben sich heute sechs Leichname auf den Weg zum Bestatter gemacht, aus der zweiten Klinik fünf. Das Leichenjournal im Keller der Rechtsmedizin verzeichnet drei angelieferte Leichen als Soll, vier abgeholte Leichen als Haben. Am neuen Friedhof im Westen liefert ein Leichenwagen zwei Särge an der Aufbahrung an, Auftakt zur Erdbestattung. Am alten Friedhof im Osten melden Bestatter drei Leichname an der Aufbahrung ab, Auftakt zur Überführung ins Krema, das ist Bestatterkreol für Krematorium. Auf dem größten Friedhof der Gegend reiten sechs Särge auf dem Anhänger eines Traktors aus der Aufbahrung Richtung Trauerhalle und Einäscherung, eine von mehreren Fuhren des Tages. Auf der Autobahn rollen Transporter mit acht und mehr Särgen zu billigen Kremas ins Ausland, an der Grenze prüfen Zöllner die Internationalen Leichenpässe der zwei Toten, die im Urlaub verunglückten. Am Flughafen wartet eine Reihe von Verstorbenen in verlöteten Zinksärgen auf ihre Flüge in alle Welt, andere sind im Anflug, weil dies hier die Heimaterde ist, in der sie ruhen wollen. Dein Leichnam und die zwei im Leichenwagen vor dir sind Teil einer großen Bewegung. Die Ethnologen, die den Wandel im Umgang mit dem Tod in der westlichen Welt erforschen, sagen: Die Mobilität der Toten steigt parallel zur Mobilität der Lebenden an.

An der Seite der alten Frau G. holen die Herren drei Särge aus der Kälte, die heute abgehen. Dann heben sie ihren Sarg in eine der Lücken, die im Sargregal freigeworden sind, eine Prämisse der Lagerhaltung: Sie versuchen, ihre Leichname im Kommen und Gehen in der Kühlung bestmöglich zu lagern, ein ständiges Abwägen zwischen Turnus, Platzbedarf, Termindruck der Toten. Wenn so viel Betrieb ist wie gerade, warten die abgehenden Särge des Tages schon vor der Kühlkammer auf ihre Fahrer.

Den Leichnam des kleinen Kindes lösen sie in der Gebührenstelle der Klinik aus, zahlen seine Kühlzeit und Leichenschau, bekommen seine Papiere ausgehändigt. Sie holen den Schlüssel zur Prosektur an der Pforte ab, rollen in ihren Leichenwagen an die Rampe der Abholung, suchen die richtige Luke im Spalier der Leichenkühlzellen. Ganz oben. Gleich in der Mitte. Sie ziehen die Leichenwanne mit dem kleinen Körper aus der Kälte. An seinen Fuß ist ein gelber Zettel geknüpft, auf dem die Stammdaten aus der Patientenakte stehen. Das dient der Kontrolle, um den korrekten Leichnam abzuholen. Alter, Name, alles passt. Sie tragen das Kind aus dem Leichenbuch aus und quittieren damit seine Übernahme. Dann betten sie den kleinen Leichnam in einen 160er-KS Kiefer weiß und laden ihn in ihren Leichenwagen, in den zweiten, in dem noch Platz ist, neben einem sandhellen 1-N Kiefer-O. Ein großer Sarg. Ein kleiner Sarg. Ab jetzt ist dein Leichnam nicht mehr allein.

Nur der Körper des jungen Mannes ist noch nicht frei. Er hat nun einen Namen, ein Alter. Er hieß M. Er war achtzehn Jahre alt. Die Nachricht seines Todes hat seinen Eltern ein Team überbracht, zwei Polizisten, eine Psychologin des KIT, des Kriseninterventionsteams. Das KIT ist eine Einrichtung des Rettungsdienstes, seine Spezialisten kümmern sich um Menschen, die erschütternde Ereignisse erlebt haben. Sie sagten: »Es geht um Ihren Sohn M. Er ist tot. Er ist auf ein Baugerüst geklettert und verunglückt.« Das muss so hart sein. Auch die

Tatsache des Todes drücken sie mit Absicht so direkt aus. Sonst dringt die Nachricht nicht durch. Die Eltern des jungen Mannes verstanden sofort. Sie hatten sich gesorgt, sie hatten sich gefürchtet. Nun hatten sie Gewissheit. Das Team blieb bei ihnen, bis Freunde kamen, Verwandte. In solchen Stunden ist es wichtig, dass jemand da ist, einfach nur da. Irgendwann fragten die Eltern, wo ihr Sohn ist, wann sie ihn sehen können, wie es weitergeht. Kurz darauf klingelte neben dem Skelett, das deinem Bestatter als Maskottchen dient, das Telefon, und dein Trauerbegleiter A. hatte einen neuen Auftrag. Er sagte, er kümmert sich sofort, er sagte, es kann etwas dauern. Der Staatsanwalt muss den Leichnam ihres Sohnes erst freigeben.

Dein Leichnam ist angekommen, Ladezone im Keller, direkt neben Sarglager, Kühlkammern und Pathologie, so nennen sie den Raum, in dem sie ihre Toten waschen, versorgen, ankleiden. Sie laden zuerst deine Gefährten aus, den Sarg mit Herrn J., mit Frau M. Den kleinen Kindersarg von L. tragen sie eigenhändig zur Kühlung. Eine Ausnahme. Auf Händen getragen werden Särge so wenig wie möglich. Viel zu schwer auf Dauer. Deine Herren handhaben ihre Toten daher mit einem gewaltigen Aufgebot an Gerätschaften. Sie wuchten deinen Sarg auf einen SHW HS 160, ein Spitzenmodell unter den hydraulischen Sarghubwagen mit stufenloser Höhenverstellung. Sie rollen deinen Leichnam die Rampen aus trittsicheren Tränenblechen hinauf, die schwellenlose Einfahrt erlauben. Sie schieben dich in die Kälte einer ihrer beiden SKZ HS 8 D, auf acht Särge ausgelegte Sargkühlzellen mit automatisch abtauendem Decken-Kühlaggregat, und heben dich hydraulisch auf die Höhe der dritten Etage eines LMR HS 125/3, ein fahrbares Leichenmuldenregal mit Rollbahnen aus Edelstahl, die mit Sargschlitten armiert sind. Ein Ruck, und dein Leichnam ist unter seinesgleichen. Ihr seid zu zehnt gerade. Alle Buchten der Sargregale sind belegt, auch dein fahrbares – eine Zwischenlösung, um überzählige Tote zu lagern – ist fast voll. Der Leichnam der alten Frau G. liegt mit seiner Rose im Sarg links unten, und ganz oben, auf seinem eigenen Schlitten, ruht der Sarg des kleinen Kindes. Sie heften einen Laufzettel auf deinen Sargdeckel, damit sie wissen, in welchem du liegst, und ziehen die schwere Tür ins Schloss.

Ein extremer Einschnitt.

Drinnen liegt dein Leichnam in einer genau genormten Kälte, die dem einzigen Zweck dient, die Abläufe in deinem Körper zu drosseln.

Draußen verwenden sie ab jetzt alle Energie darauf, deinen Tod und das Leben davor zügig abzuwickeln.

Drinnen laufen die Dinge so langsam wie möglich.

Draußen so schnell, wie es nur geht.

Drinnen bummelt die Zeit dahin.

Draußen rast sie.

Dein Leichnam war kaum aus dem Haus, als die ersten Aufgaben anbrandeten, die deine Angehörigen bewältigen müssen. Alle die Möglichkeiten, die der Trauerbegleiter A. ihnen erläutert hat, wollen bedacht, alle Erfordernisse erfüllt werden. Welcher Friedhof. Welches Grab. Wo steckt dieses verdammte Familienstammbuch. Wer schafft eine Trauerrede, ohne zu weinen. Wann ruft endlich die Friedhofsverwaltung zurück. Wie sollen wir das alles nur aushalten.

Die Menschen, die um dich trauern, erleben diese Tage wie in Trance. Die Gegenwart deines Leichnams verwurzelte deinen Tod in der Wirklichkeit, aber jetzt zieht sich ein Riss durch die Realität. Manchen Trauernden kommt es vor, als stünden sie tatsächlich neben sich, als blickten sie wie ein Beobachter von außen auf ihr Tun. Manche spüren ihre Pein innen, wie eine Stimme, die zu ihnen spricht. Die Gefühle sind widersprüchlich, auf Traurigkeit folgt Tatendrang, auf Angst ungezügelte Wut, auf einen Funken frohen Mutes Finsternis und die Scham darüber, schon wieder lächeln zu können. Die Erschöpfung befeuert die Intensität dieser Emotionen. Alles fühlt sich falsch an. Dauernd klingelt das Telefon – hat man denn nie seine Ruhe. Seit Stunden schweigt das Telefon – denkt denn niemand an dich. Menschen in diesem Zustand sind so zerbrechlich, ein Wort reicht, und sie zerfallen in Tränen. In diesem Zustand arbeiten sie sich an deinem Abschied auf.

Sie sind viel unterwegs, um ihn zu organisieren. Sie bringen deine fehlenden Dokumente zum Bestatter, sehen sich Trauerhallen an, laufen über Friedhöfe. Sie starren auf Gräber, während die Informationen an ihnen abtropfen: Wahlgräber, lassen sich aussuchen und die Ruhezeiten verlängern, Reihengräber, werden vom Friedhof zugewiesen und sind nicht verlängerbar. Jedes Detail deiner Bestattung gewinnt größte Bedeutung und ist zugleich vollkommen bedeutungslos vor deinem Verlust. Zu diesem Zwiespalt kommt, dass auch im Tod der Teufel im Detail steckt: So entscheidet die Lage deines Grabes in vielen Gemeinden über die Art deines Grabdenkmals – und plötzlich drängelt sich die Frage des Steins, der frühestens in einigen Monaten gesetzt werden kann, an den Anfang aller Überlegungen über deine Grabstätte. Solche Sprünge passieren ständig, das macht die Zeit vor deiner Bestattung so zermürbend.

Sie sind viel daheim, um sich durch deinen Abschied zu denken. Sie wühlen sich durch Unterlagen. Sie wählen die Kleider aus, die du im Sarg tragen sollst. Sie sitzen wie betäubt vor dem Rechner und sichten die Bilder deines Lebens, auf der Suche nach dem einen Foto, das trifft, wie du warst. Das tut weh, und das ist gut so. Trauerbegleiter sagen: Bestattungen drehen sich um die Toten, dienen aber den Lebenden. Vielleicht schreibt dein Sohn eine Rede, mit der er dich auf der Bestattung ehren will. Vielleicht bereiten deine Freunde eine Bildershow vor, in der sie dein Leben feiern, auch seine verrückten Seiten. Vielleicht wählt deine Liebe das eine Lied, das immer eures war, weil ihr euch dazu damals das erste Mal geküsst habt. Es kann aber auch anders laufen. Manche Familien eint der Druck dieser Tage. Manche spaltet er. Solltest du zu Lebzeiten Geheimnisse gepflegt haben – die Chancen stehen gut, dass sie nun ans Licht kommen. Die Familie, deren Mutter so engagiert war in Kirchenkreisen, stellt im Planen mit dem Pfarrer fest: Mutter ist aus der Kirche ausgetreten, still und leise, vor Jahren schon. Die Kinder, die darauf bauten, von Vater ein Mietshaus zu erben, erkennen bei der Durchsicht seiner Bankunterlagen: Vater hat kein Haus mehr, Vater hat Schulden. Abgebrühte Bestatter raten deswegen, die ganzen Termine nach dem Tod könne man getrost vergessen, nur zwei Fristen sollten Angehörige auf gar keinen Fall außer Acht lassen: Die 36 Stunden, die sie einen Verstorbenen daheim aufbahren dürfen – und die sechs Wochen, binnen der sie in der Not das Erbe ausschlagen müssen.

So verschwimmen Stunden zu Tagen. Immer ist da noch ein Termin, der abgestimmt, ein Dokument, das überbracht, eine Entscheidung, die gefällt werden muss. Manche Menschen empfinden diese unaufhörliche Dringlichkeit im Rückblick als hilfreich: So viel zu entscheiden, so viel zu tun – das hält davon ab, zu viel zu denken, zu sehr zu fragen, wie das überhaupt möglich ist, ein Leben ohne dich. Sie sagen, das ist wie ein guter Trick, damit man in diesen Tagen nicht in der Trauer ertrinkt. Anderen lässt es später keine Ruhe, dass sich die atemlose Organisation deines Abschieds nicht anders anfühlte als die eines Hausbaus, eines Autokaufs, einer Firmenfeier. Sie sagen, wenn sie das gewusst hätten, sie hätten sich von der Hektik nicht so sehr überrennen lassen.

Außen, an der schweren Tür eurer Sargkühlzelle, haben deine Herren eine Schiefertafel angebracht. Sie ist mannshoch und nimmt die ganze Türfront ein. Sie verzeichnet die Anwesenheit aller Toten und die Fortschritte, die sie auf ihrem Weg zum Friedhof machen. Auf den Plätzen an der Spitze stehen die Leichname, die schon vier, fünf, sechs Tage hier sind. Ihren Namen folgt ein einzelner Buchstabe, F, und der nahe Wochentag, an dem sie aufbrechen werden. Am Fuß der Liste finden sich die Neuankömmlinge.

Herr J. NF
Frau M. NF
L. (Kind) NF

An letzter Stelle steht dein Name. Auch du bist noch NF. Nicht fertig. Das kennzeichnet, dass noch niemand Hand an deinen Leichnam gelegt hat. Aber es spiegelt auch den Status deines Todes auf dem Papier.

Noch kann dein Leichnam nicht bestattet werden. Du bist tot im Menschensinn, aus Ärztesicht und vor dem Gesetz, und dein Leichnam verfügt auch über die Papiere, deinen Tod zu beweisen.

Amtlich aber bist du noch am Leben.

Fünf Minuten noch, dann hat das Sterbebüro Parteiverkehr. Die Amtsstube liegt im Licht von Leuchtstoffröhren, am Boden Laminat, am Fenster steht ein Aktenhund zur Ablage von Altfällen. An der Wand ein Jahreskalender, auf dem ein alarmroter Schieberahmen den aktuellen Tag ausweist. An den zwei Schreibtischen in der Mitte des Zimmers sind Besprechungsnasen angebracht; schmale Vorsprünge, die dazu dienen, Abstand zwischen der Bürokratie und denen zu schaffen, die ihre Dienste benötigen.

Sie sitzen zu zweit in der Amtsstube, links für alle Toten A–K, rechts für alle Toten L–Z. Dein Tod fällt unter die Zuständigkeit von Frau O. Sie ist eine anmutige Beamtin Anfang fünfzig, mit kurzem, leicht ergrautem Haar und einer Stimme, aus der sanft der Dialekt ihrer Heimat klingt. Sie ist mit achtzehn Jahren aus einem kleinen Dorf auf in die große Stadt. Sie wollte Erzieherin werden, aber dann ging sie in die Verwaltung und erzog von Vorzimmern aus. Egal, wer unter ihr gerade Vorgesetzter war: Sie sorgte dafür, dass die Dinge am Laufen blieben. So diente sie sich empor. Seit vierzehn Jahren arbeitet sie im Sterbebüro. Bei den Bestattern im Umkreis ist sie beliebt, weil sie den Tod mit leisem Witz und einem verschmitzten Lächeln verwaltet.

In vielen Kommunen in Deutschland kommt im Standesamt alles aus einer Hand: Geburt, Heirat, Tod, eine Anlaufstelle. Aber in den Städten gibt es für die Belange der Toten eigene Büros. Sie sind gewöhnlich gut zu finden. Vorne kommen die Geburten und ihr Wartebereich, dann die Hochzeiten und ihr Wartebereich, und ganz am Ende des Ganges, wo auf anderen Stockwerken die Heimaufsicht oder das Waffenwesen untergebracht sind, da liegt das Sterbebüro, leicht am fehlenden Wartebereich auszumachen. Bei Frau O. braucht niemand eine Nummer ziehen. Der Bürger tritt nur tot vor sie, das aber bündelweise. Sie blickt auf die Uhr. »So«, sagt sie. »Showtime.«

Kurzes Klopfen, die Tür schwingt auf, ein stämmiger Kerl tritt ein, der auf dem Kragen seines Hemds, wie ein Fußballtrainer, das Logo eines Bestattungsbetriebs trägt. Ein knappes Nicken genügt als Gruß. In der Welt der Toten kennt man sich.

»Was habt ihr heute?«, fragt O.

»Eine Überführung, fünf Durchgänge und drei Nachreicher«, sagt der Bestatter.

»Her damit«, sagt O.

Der Bestatter lässt ein Bündel Papier auf die Besprechungsnase plumpsen. Mausgraue Umschläge. Mausgraue Dokumente. Meist eingeschlagen in ein einzelnes

Formular. Die Sterbefallanzeige. Sofort hat O. etwas erspäht. Aus dem Packen sticht ein Papier heraus, das anders aussieht, einen Tick nur. Das ist keine Standard-Sterbefallanzeige, wie sie Krankenhäuser oder Bestatter verwenden. Dieser Dokumentenkopf kommt von der Polizei. Das bedeutet, der Tote starb ziemlich sicher einen nicht natürlichen Tod. Das bedeutet ein Unglück, ein Verbrechen, ein Unfall. Das bedeutet: Der Sterbeort ist keiner der üblichen. O. greift sich die Sterbefallanzeige.

»Oberster Grundsatz der Verwaltung«, sagt sie, während sie die Zeilen überfliegt. »Zuerst Zuständigkeit prüfen.«

Sie reicht dem Bestatter das Papier und tippt auf den Sterbeort. Es ist S., eine kleine Ortschaft vor den Toren der Stadt.

»Wo wird beurkundet?«, fragt sie und antwortet gleich selbst: »Am Sterbeort wird beurkundet.«

»Oh nein, bitte nicht«, sagt der Bestatter.

»Doch«, sagt sie. »Da musst du nach S. fahren.«

»Ach du Scheiße«, sagt er.

Die Strecke kostet ihn eine Stunde einfach. Viel Zeit, wenn er noch Friedhöfe anzufahren hat. Aber so sind die Regeln. Amtlich hat sich im Tod alles am Sterbeort auszurichten. Bestatter fachsimpeln mit einer Mischung aus Spott und Bewunderung über die Feinheiten dieser Bürokratie der Toten. Stirbt ein Bergmann in der Teufe eines Bergwerks, spielt keine Rolle, wo die Stollen verlaufen: Standesamtlich starb er am Ort, an dem die Schachteinfahrt liegt. Kommt ein Mensch im Flug oder in Fahrt ums Leben – an Bord eines Flugzeugs, Binnenschiffs oder Krankenwagens –, fällt sein Tod in die Zuständigkeit der Ämter am Ort, an dem sein Leichnam ausgeladen wird. Wenn eine schwangere Frau im achten Monat bei einem Unfall auf der Autobahn stirbt, ihr totes Baby aber erst in der Rechtsmedizin aus dem

Bauch geschnitten wird, ist für den Tod der Schwangeren das Standesamt des Unfallorts zuständig, für die Totgeburt jenes am Ort der Rechtsmedizin, weil das Kind dort aus dem Mutterleib austrat. Es ist irre. Es ist einschüchternd. Egal welches Sterben, welches Schicksal – die Gesetze haben an alles gedacht, um den Tod in den Griff zu kriegen, zumindest amtlicherseits.

»Gut. Gut. Auch gut«, sagt Frau O. Sie sichtet die restlichen Sterbefälle des Bestatters. Einmal stutzt sie. »Oh. Noch ein junger«, sagt sie. »79er Baujahr.« Solch ein Los hält sie keine Sekunde auf. Das ist keine Kaltherzigkeit. Das ist eine Notwendigkeit. Sie kommen in diesem Sterbebüro auf Dutzende Tode am Tag; wenn es hoch hergeht, laufen an die hundert Sterbefälle auf. In diesem steten Strom taucht der einzelne Tote einen Herzschlag lang auf, und schon im nächsten ist er vorbei, vergangen, vergessen. »Alles gut«, sagt O. »Also nicht für die Personen hier. Aber aus behördlicher Sicht.«

Manchmal, wenn es die Toten zulassen, schiebt O. sich zwischen ihre Sterbefälle eine einzelne Hochzeit. Einmal, Jahre her, hatte sie ein Brautpaar, das ganz allein da war, nur Braut und Bräutigam, niemand sonst. Sie waren alt. Sie waren so alt, dass O. ihre Jahrgänge gut kannte. In einem Alter, in dem andere starben, hatten sich die zwei verliebt. Als die Trauung abgeschlossen war, sagte der Mann, er habe Musik mit, ob sie vielleicht? Sie tanzten im leeren Trausaal, zwei Eheleute in hohem Alter, zu den leisen Klängen des Donauwalzers. Da hätte O. fast geweint.

Als die Standesbeamtin die Sterbefälle des Bestatters an ihrem Computer abgearbeitet hat, steht bereits der nächste in der Tür. Es ist ein schlanker Mann mit jungenhaftem Gesicht und gewinnendem Lächeln – einer deiner Herren, N. Behördengänge sind seine Aufgabe im Betrieb. Er trägt eine Dokumententasche bei sich, wie ein Kurier. Er zieht drei Packen Papier hervor. In jedem Packen haben die Trauerbegleiter und er die Dokumente eines Lebens gebündelt.

O. breitet das erste Leben vor sich aus. Sterbefallanzeige? Liegt vor. Todesbescheinigung? Ist da. Beurkundungsgrundlage damit gegeben, O. drückt den Dokumenten ihre Stempel auf, Datum, Eingang, Standesamt. Dann betrachtet sie die Urkunden, die dieses Leben beglaubigen. Ein Familienbuch in rotem Kunstleder. Eine Sterbeurkunde des Ehepartners aus der Zeit, als die Ämter die ersten Computer bekamen. Aber die anderen Urkunden. Ihr Papier ist abgegriffen und alt, die Seiten verblichen. Viele Falze. Flecken. Diese Urkunden sind nicht nur verwahrt worden. Sie wurden gefaltet, am Leib getragen, vielleicht verborgen. Kein seltener Anblick. Gerade sterben die Generationen, die vor oder in der Zeit des Zweiten Weltkriegs geboren wurden. Manchmal hat die Standesbeamtin dann einen Wust von unsortierten Urkunden vor sich: Ahnenpässe, Ariernachweise, Stammbücher mit Reichsadler – beglaubigt von Beamten, die lange tot sind, in Städten, die längst anders heißen, von einem Staat, der nicht mehr existiert. O. tippt die Daten der TB in ihren Computer ein, um sie zu registrieren. Frau G., Vorname Maria, 89 Jahre alt. Geboren in einem Dorf irgendwo hinter Glogau, heute Głogów. Gestorben im Altenheim an der Autobahn. Was für ein Leben die alte Frau G. gehabt haben muss. Wenn Papier nur sprechen könnte.

Dann bearbeitet die Standesbeamtin das zweite Leben. Sie sieht es sofort. Das Sterbedatum. Das Geburtsdatum. Sie schüttelt den Kopf. Fünf Jahre. Dieses Leben dauerte nur fünf Jahre. So hartgesotten viele der Spezialisten sind, die an der Seite der Toten arbeiten – manche Tode dringen durch jede Hornhaut. Auch diese Sterbefallanzeige bekommt ihre Stempel, auch die TB des kleinen Kindes L. wird registriert. Automatisch teilt das System auf den Computern des Sterbebüros seinem Tod eine Nummer zu – damit ist der Sterbefall zur Eintragung in die Sterberegister vorgemerkt.

Dann das dritte Leben. Deine Geburtsurkunde. Dein Ausweis, anhand dessen Bild die Leichenbeschauerin deine Identität überprüfte. Die Formulare, in die der Trauerbegleiter deinen Tod zerlegte. Die anderen Urkunden deines Lebens, die deine Angehörigen so lange suchten. Stempeln. TB registrieren. Das System spuckt deine Vormerk-Nummer aus.

Ein bedeutender Augenblick.

Der Staat hat deinen Tod zur Kenntnis genommen. Damit geben die Gesetze den Weg zu deiner Bestattung frei.

Amtlich bist du allerdings immer noch nicht tot. In das Verzeichnis aller Toten nehmen sie dich im Sterbebüro außerhalb der Parteiverkehrszeiten auf.

Deine Vormerk-Nummer dient wie ein Schlüssel, sie öffnet deinem Leichnam das letzte Stück seines Weges, das bislang verschlossen war. Sie notieren sie auf dem Original deiner TB im Sterbebüro, sie steht auf den Kopien, die dein Bestatter bekommt, sie findet Aufnahme in die vorbereiteten Formulare, die nun an alle Stellen verschickt werden, die mit deiner Bestattung befasst sind. Sie sind viele, und sie sind von Gegend zu Gegend verschieden: In manchen Orten sind die Friedhöfe als hoheitliche Aufgabe der Kommunalverwaltung unterstellt, in anderen als Anstalt des öffentlichen Rechts organisiert, in wieder anderen verwalten Bestatter den Friedhof im Auftrag der Gemeinde, als Erfüllungsgehilfen. Ein fieberhaftes Trommelfeuer aus Faxen, Telefonaten und E-Mails fädelt deinen Leichnam in den Lauf der behördlich vorgemerkten Toten ein, deren Bestattung bevorsteht – sie kündigen dich im Krema und in der Aufbahrungshalle an, sie melden dich der Bestattungsgenehmigungsstelle und der Gräberverwaltung, sie stimmen mit deinen Angehörigen und dem Friedhof den Termin deiner Trauerfeier ab. Auf einen Blick fassbar ist dein Fortschritt allein auf der Schiefertafel an der Kühlung, wo dein Name Schritt für Schritt nach oben rückt. Dann ist der Zeitpunkt gekommen, dich fertig zu machen.

Die schwere Tür schwingt auf, und leise weht ein Liedfetzen über euch Leichname.

War's der Mondenschein / na-na / war's der Wein / na-na

Der Mann, der in eure Mitte tritt, ist rank. Er trägt einen Vollbart, weißes Hemd, eine schwarze Weste. Seine Arme sind tätowiert wie die eines Seemanns. Seine Hände stecken in purpurnen Handschuhen.

Schuld war nur der Bossa Nova / der war schuld daran

Das ist H., dein Thanatopraktiker. Er ist Anfang 30 und ein Ass der Totenpflege. Er säubert, wäscht, föhnt die Leichname, er näht ihre Wunden, kämmt ihr Haar, verschließt Augen und Münder. Er schneidet ihnen Blasenkatheter und Magensonden vom Leib, zieht Zugänge aus Venen, und wenn es erwünscht ist, lässt er Leichen auch zur Ader, um sie einzubalsamieren. Sein Blick schweift über eure Särge.

Schuld war nur der Bossa Nova / was kann ich dafür

Unter Lebenden hört H. andere Musik, elektronische vor allem, bassbetonte Tanzmusik, aber unter seinen Toten hört er ausnahmslos Schlagerradio. Nicht laut, das fände er respektlos. Nur so, dass allzeit Musik in der Luft liegt. Diese Schrulle ist ein Schutz. Vor Augen hat er den Tod, aber im Ohr immer Sehnsucht, Liebe, Sonnenschein. Er zieht deinen Sarg auf einen Hubwagen und rollt deinen Leichnam hinüber in den Teil des Kellers, der sein Reich ist.

Schuld war nur der Bossa Nova / bitte glaube mir

Er arbeitet in einem Raum voller Licht. Alles ist hell oder weiß oder glänzt; die Wände sind mit hellem Stein verblendet, die Schränke schneeweiß lackiert, der Boden blitzblank. In der Mitte des Raumes ragt eine Säule empor, auf der, wie ein Spiegel aus Stahl, ein Seziertisch ruht. H. rangiert deinen Sarg an dessen Seite, dreht die Sargschrauben auf, hebt den Deckel, und Licht flutet über deinen Leichnam. Dein Körper hat sich verändert. Dein Mund steht offen, deine Lippen sind welk. An deinen Wangen ist die Haut ebenfalls verdorrt. Das macht die trockene Luft, die in der Kühlung herrscht. Auch deine Augen sind auf. Das kann passieren, wenn Leichen nach dem Schwinden der Totenstarre bewegt werden. Deine Pupillen sind pechschwarz, ihre Hornhaut ist eingesunken. Das ist natürlich. Auch Augen trocknen aus und trüben ein. H. pumpt deinen Sarg mithilfe der Hydraulik in die Höhe, kippt ihn leicht, lässt deinen Leichnam auf den glänzenden Stahltisch gleiten. Dann streift er dir ab, was dich bedeckt. Deine Haut ist kalt wie Glas.

Seinen ersten Toten sah H. im Zivildienst. Er hatte von einer Stelle gehört, die sich genial anhörte, eine Woche Dienst, eine Woche Bereitschaft, eine Woche frei. »Ich habe gedacht: chilliger Job«, sagt er. Er meldete sich freiwillig, Zivi in den Katakomben, so nannten sie die Kühlkeller der Pathologie in jenem Krankenhaus. Er machte alles. Er holte ab, er lagerte ein, er bahrte auf. Er wog und maß die Leichen, erledigte ihren Papierkram, und wenn Bestatter aus der Ferne kamen, die Verstorbene meist allein abholten, half er ihnen, den Leichnam anzukleiden und einzusargen. Er stellte fest, dass er eine Hand dafür hatte. Er ging auf eine Art mit Toten um, die ausgeglichen war. Ohne Scheu. Aber mit Achtung. Als er seinen Dienst abgeleistet hatte, rief ihn sein Präparator zu sich. Ob H. einmal daran gedacht habe, die Toten zum Beruf zu machen? Es gebe da einen neuen Bestatter, der jemanden wie ihn gut brauchen könnte. H. sah sich den Laden an, in dem ein kleines Skelett als Maskottchen diente. Er mochte, wie sie dort arbeiteten.

Dein Leichnam liegt nackt im Licht der Lampen. H. begutachtet deinen Körper sorgfältig. Deine Glieder. Deinen Leib. Dein Gesicht. Wenn er deine Hände wendet oder die Füße hebt, wirkt sein Tun wie ein stilles Abwägen: Konnten diese Finger ein Instrument spielen? Haben diese Hände jemandem wehgetan? Welche Wege schlugen diese Füße ein? Aber H. denkt an nichts dergleichen. »Alle Verstorbenen ähneln einander mit der Zeit«, sagt er. Er sieht keine Einzelpersonen mehr, er sieht allein Menschen. Große. Kleine. Alte. Junge. Dicke. Dünne. Alle gleichermaßen tot. Du bist der vierte an diesem Tag, der über seinen Tisch geht, er unterzieht dich derselben Musterung wie alle anderen. Ausgeprägte Totenflecken. Trockene Haut. Auf deiner Bauchdecke, ganz unten, an der rechten Seite, zeichnet sich ein kleiner Flecken fahlen Grüns ab. An dieser Stelle liegt dein Dickdarm dicht an der Bauchwand an; deshalb breiten sich Darmbakterien dort rasch aus, dringen in die Blutbahnen vor, bauen den roten Blutfarbstoff ab, verfärben das Gewebe. Alles natürlich. Aber ein Zeichen, dass du bereit für die Bestattung bist.

H. greift zu einem großen Zerstäuber und sprüht deinen Körper mit Desinfektionsmittel ein. Das ist Vorschrift. Aber es hat auch etwas von einem Ritual. »Das ist für mich wie Feenstaub«, sagt H. Am Anfang über Tote gestäubt, und seine Arbeit am Leichnam beginnt, am Ende über den Stahltisch gesprüht, und alles ist abgeschlossen. Auch andere Stoffe, um Tote zu versorgen, tragen unter Bestattern solche Spitznamen. Zauberwatte. Engelshaar. Feenstaub. H. mag diese kleinen Gedanken-Kniffe. Sie helfen, das Gleichgewicht zu wahren. Manche Menschen, die so hautnah an Toten arbeiten wie er, schotten sich ab: Sie stehen in Schürzen vor ihren Leichen, Spritzschutz an den Ärmeln, Schutzbrille, Handschuhe, Atemmaske. Aber H. will sich nicht fühlen wie am Fließband. Andere lassen alles schrankenlos an sich heran: Sie sorgen ohne Handschuhe oder andere Schutzschichten um ihre Verstorbenen, als wären es Verwandte. Aber in jedem Antlitz einen Bruder erkennen, das findet H. ebenso falsch. Also hat er sich einen Weg in der Mitte gesucht. Atemmasken und schweres Gerät gebraucht er nur, wenn es gar nicht anders geht. Ansonsten trägt er unter Toten, was ihm gefällt. Auf zwei Dinge achtet er. Allzeit Handschuhe. Allzeit Schlagerradio.

Die Sonne / Die Sonne und du / Gehör'n dazu

Er schiebt deinem Kopf eine Stütze unter und beginnt, deinen Leichnam zu säubern. Bei manchen Leichen dauert das lange, weil sie so aus dem Krankenhaus kamen, wie sie starben, mit Pflastern, Kanülen, Verbänden am Leib, »voll verkabelt«, sagt H. Dann muss er sie erst von diesen Fremdkörpern befreien. Das machen nicht alle Leichenbesorger so. Manche Bestatter teilen ihre Toten in zwei Klassen: jene, die noch jemand sehen will im Sarg, und den Rest. An diesen Toten richten sie gerade so viel her, dass sie damit später, wenn am Friedhof die Aufbahrer kontrollieren, durchkommen. Das spart Zeit. Das spart Mühe. Und es ist unwahrscheinlich, dass es auffällt: Keiner, der den Toten zu Lebzeiten kannte, wird seinen Leichnam zu Gesicht bekommen. Doch H. sorgt um alle seine Toten, ohne Ausnahme. Er macht den alten Mann, der anonym beigesetzt wird, mit derselben Sorgfalt zurecht wie die junge Mutter, die von allen ihren Freunden verabschiedet wird. An deinem Leichnam hat H. wenig ausgemacht, was ihn störte. Er reinigt deine Fingernägel, säubert deine Ohren mit Watte, seift deinen Leichnam sorgsam ein. Dann spült er ihn mit dem schwachen Strahl einer Handbrause ab und tupft dich vorsichtig trocken. Die Haut von Toten ist spröde und brüchig, sie schält sich leicht ab. »Nennt sich skin-slip«, sagt H. und deutet auf eine kleine Stelle an deinem linken Arm. Dort hat sich die oberste Hautschicht gelöst. H. setzt ein Tröpfchen aus einer Tube darunter. Cyanacrylat. Ein Sekundenkleber, der sich im Kontakt mit Feuchtigkeit verfestigt. H. drückt den Fetzen Haut fest.

Das Wunder aller Wunder ist die Liebe / Sie kam zu mir und nie soll sie vergehen

Er schäumt dein Haar mit Shampoo ein, wäscht es aus, föhnt dich. Er trägt an den ausgetrockneten Stellen deines Gesichts eine Feuchtigkeitscreme auf und massiert sie behutsam ein. Dann zieht er einen Instrumentierwagen an deine Seite, auf dem in einer Nierenschale seine wichtigsten Werkzeuge liegen: Pinzetten, Spreizer, Klemmen, Scheren, Wundhaken, Skalpelle, Kauter und Separatoren. Er legt deinen Kopf in den Nacken, greift eine gebogene Pinzette und beginnt, Watteschnur in deinen Rachen zu geben. Das dient dazu, deinen Hals zu verschließen. Dann kann aus deinem Magen nichts mehr auslaufen. Zu diesem Zweck gibt es auch Pulver und Puder, die Nässe aufsaugen, aber H. zweifelt an solchem Zauber. Einmal, lange her, öffnete er einen Sarg zur letzten Kontrolle vor dem Abschied, und dem Verstorbenen stand das Pulver als Schaum vor dem Mund. Seitdem seilt er Wundwatte in die Münder seiner Toten.

Heute fängt ein neues Leben an / und deine Liebe, die ist schuld daran

Er wählt eine halbrunde, wie eine Sichel geformte Nadel aus seiner Nierenschale und fädelt einen gewachsten Faden ein. Dann stößt er die Nadel kurz hinter deinem Kinnknochen in den Unterkiefer, greift in deine Mundhöhle, führt Nadel und Faden hinter den Zähnen vorbei und zur Oberlippe. Dort sticht er sie vor den Zähnen durch zur Nase, führt sie durch die Nasenscheidewand, dann wieder in die Mundhöhle. Seine Hände arbeiten rasch, mit schlichten Bewegungen, schon tausendfach getan. Sie haben die hohe Stufe der Kunstfertigkeit erreicht, bei der die Finger von alleine wissen, was zu tun ist. Er fädelt das Ende des Fadens aus und den Anfang ein, sticht abermals in deinen Unterkiefer, führt den Faden vor den Zähnen zur Mundhöhle. Dann zieht er ihn straff, knüpft beide Enden mit einem Knoten zusammen und legt ihn hinter deine Lippen. Unterkiefer und Oberkiefer sitzen nun fest aufeinander. Dein Mund ist so verschlossen, dass er nicht mehr aufklappen kann. Bestatter sagen dazu: Große Ligatur. Aber in der Regel nur unter sich. Angehörigen gegenüber heißt diese Technik: fachgerechtes Verschließen des Mundes. Aber H. ist der Auffassung, dass man daraus kein Geheimnis machen muss. Es ist eine gute Methode, den Mund von Toten zu verschließen. Andere Bestatter schießen mit einem Nadelinjektor eine Nadel, die mit Stahldraht versehen ist, ober- und unterhalb der Schneidezähne in den Kiefer, verzwirnen die Drähte, verschließen den Mund auf diese Art. Das ist H. zu rabiat. Er bevorzugt die Methode der Ligatur, für die es Fingerfertigkeit braucht. Er tut deinem Leichnam damit nicht weh. Du spürst seit Tagen keine Schmerzen mehr.

Immer, immer wieder geht die Sonne auf / und wieder bringt ein Tag für uns ein Licht

Deine Augen noch. H. klaubt aus einer Schale zwei kleine Kappen aus Plastik, die aussehen wie Kontaktlinsen, aber Noppen aufweisen. Er benetzt sie mit einem Hauch Fettcreme der Firma Kalip, ein Klassiker unter Bestattern, setzt sie vorsichtig auf deine Augäpfel und schließt deine Lider. Die Noppen der Kappen halten sie geschlossen. H. tritt zurück, betrachtet dein Gesicht. Manche Bestatter legen ihren Verstorbenen noch spezielles Make-up für Tote auf, damit Wangen und Lippen

Farbe gewinnen. Er macht das nicht. »Es sollte schön und würdevoll sein – aber man sollte schon sehen, dass es ein Verstorbener ist, dass das Leben weg ist«, sagt er. Nun fehlen nur noch deine Kleider. Die Menschen, die um dich trauern, haben schöne Sachen ausgesucht. Das Oberteil, das du so sehr mochtest. Die bequeme Hose. Auch das Kissen, das sie dir mitgaben, soll in deinen Sarg. H. greift einen Arm deines Leichnams, hilft ihm ins Oberteil, zieht es über dein totes Haupt, winkelt deinen anderen Arm an, lotst auch ihn durch seinen Ärmel. Dann lenkt er deine Füße durch die Hose, hebt deine Beine steil in die Höhe und zieht die Hose an ihnen herab. Jede Bewegung, die deine Glieder machen, muss H. ausführen, wie ein Marionettenspieler, der immer nur einen Faden an seiner Figur zur Verfügung hat. Es geht leichter, wenn er nicht allein ist. Manchmal haben Angehörige den Wunsch, ihren Verstorbenen selbst zu waschen und anzukleiden. Er bestärkt sie darin. Er findet, es ist eine gute Art, Abschied zu nehmen. Aber deine Angehörigen hatten dich lange daheim. Sie haben sich entschieden, dich nicht mehr zu sehen. Sie wollen dich auf einer Trauerfeier verabschieden, in der Trauerhalle eines alten Friedhofs, gleich neben dem Krematorium, in dem du eingeäschert wirst.

Nur nicht aus Liebe weinen / es gibt auf Erden nicht nur den einen

Als H. mit dir fertig ist, klingelt das Wandtelefon, das ihn mit der Welt an der Oberfläche verbindet. Der Chef ist dran. Die Staatsanwaltschaft hat den Leichnam des jungen Mannes freigegeben, deine Herren haben ihn gerade aus der Rechtsmedizin geholt. Nun ist die Frage: Können Vater und Mutter ihren Sohn sehen, sich verabschieden, vielleicht morgen schon?

Dauert nicht lang, dann hört H. das leise Rattern aus der Ladezone, das die Ankunft eines neuen Verstorbenen ankündigt. Deine Herren rollen eine Überführungstrage herein, auf die ein Leichensack geschnallt ist. Der Chef ist dabei, der Trauerbegleiter A. ist dabei, zwei weitere Kollegen von oben. Sie versammeln sich in solchen Fällen, wie im Reflex: Sie haben bis zu diesem Zeitpunkt nur gehört oder gelesen oder geschildert bekommen, was geschah. Aber mit eigenen Augen gesehen haben sie noch nichts. Diese Kluft zwischen Wissen und Wahrnehmung übt eine ungeheure Kraft aus. Junger Mann. Ist gestürzt. Aus großer Höhe. Die Bilder, die diese Worte in der Vorstellung der Menschen heraufbeschwören, die sie hören – diese Bilder wachsen, diese Bilder wuchern, die Gedanken schmücken sie aus, ein Menschenkörper, die Fantasie füllt den Rest, nach so einem Sturz. Diese Bilder befallen jeden, selbst Spezialisten wie H. können sich ihrer nicht erwehren. Er hat aber Erfahrung mit ihnen. Er weiß, dass ihnen nicht zu trauen ist. Er kniet sich an den Leichensack und zieht den Reißverschluss auf.

Als H. nach dem Zivildienst als Bestatter anfing, machte er drei Jahre eine Ausbildung zur Bestattungsfachkraft, in Münnerstadt in Bayern. Der Bundesverband Deutscher Bestatter unterhält dort ein Ausbildungszentrum mit Lehrfriedhof. Er lernte, Tote zu versorgen, Trauerreden zu halten, Gräber auszuschachten. Danach wollte er wissen, wie man mit Leichnamen umgeht, die anders aussehen als gewöhnliche Tote. Kann sein, dass die Menschen an schweren Krankheiten litten, die sie entstellten. Kann sein, dass sie im Meer ertranken oder in den Bergen abstürzten. Er bat seinen Bestatter, ihm die Ausbildung zum Thanatopraktiker zu bezahlen. Heute genießt er einen guten Ruf unter den Spezialisten, die schwierige Sterbefälle begleiten, Psychologen, Notfallseelsorger, Polizisten. Er kümmert sich auch um Leichname, vor denen andere scheuen. Nach Unfällen. Nach Unglücken. Wasserleichen. Menschen, die durch Gewalt zu Tode gekommen sind.

Der Kopf des jungen Mannes zeigt sich zuerst. Die Haut auf seiner Stirn ist rot vom Sturz, an der Seite seines Schädels ist die Naht zu sehen, die seine Obduktion zurückließ. Seine Lippen sind leicht geöffnet, die Augen geschlossen. Aus seinem Gesicht ist aller Ausdruck gewichen. Auf der Brust zieht sich die zweite Naht der Obduktion zur Scham. Am Bein ist durch den Sturz ein Stück Knochen durch die Haut gedrungen. Auch an Leib und Gliedern zeichnen sich die Stellen rot ab, auf denen der Körper aufkam. Es ist kein schöner Anblick. Es ist auch kein schrecklicher Anblick. Es ist der Anblick eines Menschen, der nicht im Bett gestorben, sondern gewaltsam zu Tode gekommen ist. Es ist eine eindrückliche Erfahrung, wie sich die Kluft zwischen Wissen und Wahrnehmung schließt, wie dieser Anblick den wuchernden Bildern im Kopf die Kraft entzieht. Erfahrene Bestatter sagen: Die Wirklichkeit des Todes ist selten so schlimm wie die Vorstellung darüber.

H. richtet sich auf. Aller Augen sind noch auf den Leichnam gerichtet. »Sie können ihn sehen, seine Eltern«, sagt er. »Könnt ihr ihnen sagen. Ich mach ihn gleich fertig.« Die Herren heben ihm den jungen Mann auf den Stahltisch, und H. bestäubt ihn mit Feenstaub. Er arbeitet nicht allein. Der Chef ist gleich dageblieben. Der Chef hat selbst einen Sohn verloren, früher. Es gibt einige Bestatter wie ihn. Sie verbindet eine Geschichte mit Sterben und Tod, die dazu führte, dass sie diese Arbeit wählten. Es ist kein Gesetz, aber oft sind das die guten. Sie kennen den Tod von beiden Seiten, als Trauernde und als Bestatter. Gemeinsam versorgen der Chef und H. den jungen Mann. Sie nähen seine Wunden. Sie verbinden seine Narben. Sie decken die lange Naht auf seiner Brust mit Pflastern ab. Sie machen nicht viele Worte. Sie arbeiten in einer stillen Eintracht daran, den Eltern des jungen Mannes den Abschied von ihrem Sohn zu ermöglichen. Am Ende, es ist schon spät, betten sie ihn in einen Sarg und schieben ihn gemeinsam hinüber in die Kühlung. Auf der Schiefertafel vermerkt H. den Namen des jungen Mannes und notiert ein FF dahinter, fast fertig. Hinter deinen Namen schreibt er nur einen Buchstaben. Ein großes F.

Am nächsten Morgen steht dein Thanatopraktiker früh in seinem Keller. Heute kommt die Familie des kleinen Kindes ins Haus, um sich am offenen Sarg zu verabschieden. Heute kommen Vater und Mutter des jungen Mannes, um ihren Sohn zu sehen. Heute ist ein Tag, da ist es hart, da muss es. Ein weißer Kindersarg steht auf der Ablage an der Seite des Radios. Es ist aus. Der kleine Körper des Kindes liegt auf einem Handtuch auf dem Stahltisch. H. wäscht es nicht mit der Brause, er wäscht es mit einem weichen Schwamm. Er hat extra eines dieser bunten Kindershampoos gekauft, die nicht in den Augen beißen. Behutsam fährt er die Arme entlang, die kleinen Beine, wie ein Vater, der am Abend, nach dem Büro, sein Kind wäscht. Er hat keine Kinder. Seine Freundin und er, sie denken aber darüber nach, an manchen trägen Morgen am Wochenende. Er fragt sich, wie ein Kind seine Arbeit wandeln würde. Wäre es schwerer, so einen kleinen Leichnam vor sich zu sehen? Er ist sich nicht sicher. Schwer ist es in solchen Fällen immer.

Als er den kleinen Körper versorgt hat, hilft er ihm in die Kleider, die seine Eltern für den Sarg ausgesucht haben. Dinosaurier sind darauf. Das Anziehen geht leichter als bei erwachsenen Toten. Kleine Kinder haben noch keine sehr ausgeprägten Muskeln, ihre Totenstarre ist schwächer. Dann nimmt er das kleine Kind in die Arme, bettet es in seinen Sarg, trägt ihn hinüber in die Kühlung. Zurück am Stahltisch greift er nach seinem Zerstäuber und sprüht alles ein. Feenstaub. Jetzt muss es viel Feenstaub sein.

Dann holt er sich den Sarg des jungen Mannes. Er

will sichergehen, dass der Leichnam ansehnlich geblieben ist. Der junge Mann liegt in Jeans und einem blauen T-Shirt, auf dem der Name seiner Lieblingsband steht, im Sarg. Sein Kopf liegt auf einem abgegriffenen Kissen in Form einer Katze, sein altes, aus der Kindheit. Er sieht friedlich aus, friedlich und unverkennbar tot. So soll es sein. Manche Bestatter raten Angehörigen ab, am offenen Sarg Abschied zu nehmen, erst recht nach Unfällen oder Unglücken. Aber in diesem Haus sind sie der Auffassung, dass ein Abschied von Angesicht zu Angesicht das wichtigste Ritual in den Tagen zwischen Tod und Bestattung ist, auch und gerade bei Unfällen oder Unglücken. Darin liegt die Kunst eines Leichenbesorgers wie H.: Er richtet einen Leichnam so her, dass er ihn würdevoll aufbahren kann. Dann sehen Angehörige mit eigenen Augen, dass in diesem Antlitz kein Glanz mehr ist. Dann begreifen sie, dass sie nur noch eine Hand ohne Leben halten, dass nichts als eine Hülle geblieben ist. Vielen fällt es danach leichter, diese Hülle loszulassen. Es ist, als ob das letzte Bild des aufgebahrten Toten sein Leben beschließt. Die Erinnerungen an den Menschen aber bleiben. H. kämmt dem jungen Mann noch einmal das Haar, breitet eine Decke über seine Beine, legt seine Hände aufeinander. Dann schiebt er den Sarg in einen Lastenaufzug und fährt nach oben.

Sein Chef hat dort eigene Räume eingerichtet, um Verstorbene aufzubahren. Sie sind zweigeteilt, ein Vorraum, dann der Hauptraum für den Sarg. Sie haben Böden aus Holz, helle Wände und große Fenster, die einen Blick auf das warme Grün eines Gartens gewähren. H. rollt den Sarg in den größten. Die Eltern des jungen Mannes haben darum gebeten, dass sich nach ihnen auch seine Freunde verabschieden dürfen, der Rest der Familie, Klassenkameraden. Solche Bitten sind in diesem Haus keine Bürde. Sie freuen sich, wenn Abschiede größer werden als gedacht. H. schmückt den Katafalk, auf dem der Sarg aufgebahrt ist, mit Tüchern in warmen Farben und streut Blütenblätter aus. Den Deckel des Sarges setzt er auf zwei Böcke, damit die Familie ihn bemalen kann, stellt Farben und Pinsel dazu. Schließlich gibt er im Sarg noch eine Handvoll Blütenblätter über die Decke und macht sie unordentlich. Er zupft sie ein wenig verquer, knickt eine schiefe Falte hinein, lässt einen Zipfel so über den Sargrand lappen, dass es das Auge stört. Es ist ein Trick, den auch die Herren bei Abholungen zu Hause anwenden: Auf einmal kann eine erfahrene Kraft wie N., der in den Katakomben der Krankenhäuser einen Toten binnen Minuten bekleidet, kein Hemd mehr knöpfen. Er kämpft mit Socken, nestelt an Ärmeln, verstrickt sich in Krawatten. Absicht. Oft lassen sich Angehörige so verleiten, selbst Hand an den Leichnam zu legen – und die Scheu, ihren Verstorbenen zu berühren, verfliegt. Deswegen auch die störrische Decke. Eine Mutter, die ihr Kind im Sarg nur schnell ordentlich zudecken will, hat es zu seiner Hand, seiner Wange, seinem Haar nicht mehr weit.

Als er fertig ist, holt H. den Sarg des kleinen Kindes aus der Kühlkammer und bahrt auch seinen Leichnam auf, in einem Raum gegenüber. Am Ende stellt er vor beiden Türen eine Staffelei mit dem Namen des Verstorbenen auf und entzündet ein Windlicht, das anzeigt, dass in diesem Raum ein Toter aufgebahrt ist. Dann kehrt er wieder in seinen Keller zurück. Auf ihn warten vier weitere Verstorbene, die versorgt werden wollen, auch die alte Frau G. ist unter ihnen. Sie soll morgen Nachmittag beerdigt werden, auf dem größten Friedhof der Gegend, und die Leichenordnung dort schreibt vor, dass eine erdzubestattende Leiche spätestens 24 Stunden vor ihrem Beisetzungstermin in das Leichenhaus des Friedhofs zu verbringen ist. Die alte Frau G. muss heute noch abgehen.

Abschiede am offenen Sarg sind heilig in diesem Haus. Allein die Angehörigen und ihr Trauerbegleiter sind dabei. Sie sammeln sich im Vorraum, um zu reden, zu trösten, sich zu umarmen. Alle sollen in Ruhe ankommen, mit ihrem Schmerz, auch mit ihrer Angst, nun vor einen Sarg zu treten, in dem ein Mensch liegt, den sie lieben. Manchmal dauert das lang. Manchmal kurz. Sobald der Trauerbegleiter das Gefühl hat, sie sind so weit, beschreibt er ihnen, wie der Verstorbene aussieht. Das Pflaster, das oben aus dem Lieblings-T-Shirt des jungen Mannes lugt – darunter liegt die Narbe seiner Obduktion. Das gerötete Gesicht, das war die Prellung des Sturzes. Der Verband am Arm, da war eine Wunde. Erst wenn alles erklärt ist, öffnet der Trauerbegleiter die Tür, und sie sehen den offenen Sarg. Manche stürmen hin. Manche brauchen eine Minute. Aber dann weicht die Anspannung einer Stimmung, die von Abschied zu Abschied verschieden, aber in ihrem Kern ähnlich ist: ein Gleichklang der Gefühle. Weinen. Schreien. Wüten. Schluchzen. Lachen. Weinen. Da ist so viel Schmerz. Da ist so viel Liebe. Am Ende nehmen sie den Deckel und schließen gemeinsam den Sarg.

Als H. Stunden später in seinem Keller hört, dass alle Angehörigen gegangen sind, holt er die Särge zu sich. Der Sarg des kleinen Kindes ist nicht mehr weiß, sondern bunt. Sie haben ihm Schmetterlinge darauf gemalt, eine große Sonne, einen See mit einem Segelschiff, drei Regenbogen, zwei Engel, eine Fee mit Zauberstab, Wünsche für die Reise, viele Herzen, eine geheime Nachricht und eine Scherzfrage, wie Kinder sie lieben:

Möcht mal wissen, wer das ist, der immer mit zwei Löffeln isst.

»Der Hase«, sagt H. »Das ist der Hase.«

Auch der Sarg des jungen Mannes ist bunt, anders aber. Nur Abdrücke sind darauf, Abdrücke von vielen, vielen Händen. H. öffnet den Sarg und blickt auf ein Meer von Sonnenblumen. Sie haben ihm Briefe in den Sarg geschoben, Fotos, Stofftiere, Talismane, Spielfiguren, ein Taschenmesser, Freundschaftsbänder, Backstage-Pässe eines Musikfestivals, zwei Plakate und Konzertkarten. Der Sarg ist voll bis zum Rand. Nur das Gesicht des Leichnams lugt noch hervor. »Da bin ich mal gespannt, wie der Aufbahrer reagiert«, sagt H. Er fragt sich, was der Spezialist auf dem Friedhof sagen wird, der jeden Sarg kontrolliert. Er schließt den Sarg wieder.

Welche Vorkehrungen hat er für seinen Tod getroffen? Er stutzt. Er richtet die Toten her, er bahrt die Toten auf. Sein eigener? »Ich habe mal überlegt, mir *Do Not Resuscitate* auf die Brust tätowieren zu lassen«, sagt er. Nicht wiederbeleben bedeutet das, im Englischen so etwas wie die verdichtete Form einer Patientenverfügung. Doch darüber hinaus? Nichts. »Aber einen Organspendeausweis habe ich«, sagt er. Selbst ein Spezialist der Toten wie er glaubt, ihn selbst betreffe er nicht.

An diesem Abend geht H. aus. Es waren harte Tage. Er hat keine Bereitschaft. Er will tanzen. Rasch streicht er die abgegangenen Namen von der Schiefertafel, Frau M., Herr J., die alte Frau G. Nun steht der Name des kleinen Kindes an der Spitze, und darunter deiner. H. wirft noch einen Blick in den Kühlraum. Da sind die Särge deiner Gefährten, da ist der Sarg mit deinem Leichnam, ihr seid vollzählig. Mit einem Schmatzen fällt die schwere Tür ins Schloss. Dann löscht er das Licht, und wenig später steht er in einem anderen Keller, einem dunklen, der voll dröhnender Musik ist. In deiner letzten Nacht beim Bestatter tanzt dein Leichenbesorger. Blitzende Lichter. Pumpende Bässe. Leben. Überall Leben.

Im Morgennebel rollt ein Laster mit Anhänger durch die Gräberreihen, auf dem Weg zu Gräberfeld 60, Reihe 2, Nummer 3. Der Aufseher vom Dienst hat diese Grabstätte aufgesteckt, so nennen sie es hier, wenn er ein Grab zum Aushub markiert. Dann sehen sie es. Eine Lücke, zwischen zwei Grabsteinen.

Sie sind zu zweit. In manchen Landstrichen heißen sie noch Totengräber, in anderen Grüfte-Team, aber auf dem größten Friedhof dieser Gegend sagen sie: die Grabmacher. Sie arbeiten seit Jahren gemeinsam, zwei stämmige Männer, C. und P., die im Akkord Gräber ausheben. Sie fahren die Spinnenbeine ihres Baggers aus, dann beißt die Schaufel in den Boden. »Da sind vier Lagen drin«, sagt C. Die Grabstätte, in der die alte Frau G. ihre letzte Ruhe finden soll, ist alte Erde: ein Reihengrab, im Lauf der Jahrzehnte mehrfach wiederbelegt, das letzte Nutzungsrecht ist vor zwei Jahren abgelaufen. Aber die Grabmacher täuschen sich. In diesem Grab liegen nicht vier Generationen von Toten. Sondern sechs. Friedhöfe führen Grabbücher, in denen alle Toten eines Grabes aufgereiht sind, wie eine Ahnenreihe. Das moderne Friedhofsmanagement erfolgt digital; die Grabbücher sind Teil von Softwareprogrammen, die »myHADES« heißen oder »Tombejo«. Auf den Computern der Verwaltung sieht die Grabstätte 60-2-3 nicht wie eine Lücke aus, sondern wie ein Haus mit sechs Kellern. Ganz unten liegt ein Mann namens Adolf L., der vor über siebzig Jahren beigesetzt wurde.

Die Grabmacher baggern in die Tiefe, einen halben Meter, einen Meter, eineinhalb. Dann stoßen sie auf die ersten Überreste jener Toten, die früher in dieser Grabstätte beigesetzt wurden. Eine alte Urne aus der Zeit, als sie noch nicht aus verrottbarem Material bestehen mussten. Wenig später der verwitterte Knochen eines Oberschenkels. Ein zweiter, geborsten. Dann ein Totenschädel. Die Grabmacher sammeln die Knochen auf einer Persenning neben dem Laster. Strenggenommen genießen diese Reste nicht mehr den Schutz, der einem Leichnam gebührt, aber die Bestattungsgesetze verpflichten die Friedhöfe dennoch zu einem pietätvollen Umgang. Als die Grabmacher auf einer Tiefe von 1,80 Metern angekommen sind, steigt C., eine Zigarette im Mundwinkel, in die Grube hinab und gräbt ein kleines Loch auf ihrem Grund. Er bettet Urne und Knochen hinein, schaufelt Erde darüber, zieht den Grund glatt. Sie sichern die Grube mit Schalungsbrettern, legen Grablaufroste darauf, dann ist Grabstätte 60-2-3 bereit, einen neuen Sarg aufzunehmen.

Dein Sarg trifft zur Stoßzeit an der Anlieferung des Friedhofs ein, zwei Leichenwagen der Konkurrenz stehen schon Schlange. Die Anlieferung liegt auf der Rückseite einer alten Aussegnungshalle, erbaut vor über 150 Jahren. An ihren Seiten erstrecken sich, den Seitenschiffen einer Kirche ähnlich, zwei lang gezogene Gebäude – die Aufbahrungshallen. Rechte Seite Erde. Linke Seite Feuer. Deine Herren lenken den Leichenwagen nach links und warten, bis die Kollegen von der Konkurrenz fertig sind. Dann rollen sie rückwärts an die Anlieferung, laden aus, schieben zwei Särge ins Innere. Erst deinen. Dann einen bunt bemalten. Auch der junge Mann geht ins Feuer.

Ein langer Gang liegt hinter der Tür, mit hoher Decke, gefliestem Boden. An seiner Seite ist eine Reihe von Toren eingelassen, die sich zu den Nischen öffnen, in denen die Särge aufgebahrt werden. In einer Ecke ein schwarzes Dienstfahrrad, um sich schnell auf dem Friedhof bewegen zu können, daneben Dutzende von Scherenwagen zum Transport der Särge, einige Kerzenleuchter. An seinem Ende macht der Gang einen Knick. Dort stauen sich die Särge des Tages.

Aufbahrungshallen sind ein bedeutender Knotenpunkt auf dem Weg der Toten. Alle Leichname der Umgebung laufen hier auf. Auch die gesammelten Dokumente der Toten – all die Formulare und Faxe, die dein Trauerbegleiter an Bestattungsgenehmigungsstelle, Krematorium oder Gräberverwaltung geschickt hatte –

münden an diesem Ort, in einem seitenlangen Rapport, der Tag für Tag aufführt, welche Toten ankommen, abgehen, aufgebahrt, eingeäschert oder beerdigt werden. Manche Leichname verweilen nur Minuten, bevor sie in andere Städte, auf andere Friedhöfe überführt werden. Andere warten – in den Nischen aufgebahrt – einen Tag oder zwei auf ihre Bestattung. Aber alle werden sie von den Aufbahrern begutachtet.

Dein Aufbahrer ist ein dürrer Mann mit grauen Haaren, gekleidet in einen grauen Arbeitskittel, unter dem er Hosenträger und Krawatte trägt. Auf seiner Stirn sitzt, wie eine Krone, eine Lesebrille. Sein Name ist W. Herr W. ist alte Schule. Er hat sich über dreißig Jahre hochgedient, er war Handlanger, er war Sargträger, zweiter Mann und dann Fahrer auf einem Leichenwagen, bis er es schließlich an die Spitze schaffte und Aufbahrer wurde. Herr W. duldet keinen Makel, nicht an Särgen, nicht an Leichen.

Er tritt an deinen Sarg, Sichtkontrolle außen. Keine Schramme. Keine Kratzer. Am Kopfende klebt, wie es die Vorschriften verlangen, ein kleines Formular, dein Kopfzettel: dein Name, deine Daten, dein Bestatter, der Hinweis, dass vor deiner Einäscherung eine Trauerfeier stattfindet.

Er lässt deine Herren den Sargdeckel abnehmen. Er mustert dein Gesicht, deine Hände, deine Glieder. Mund ist verschlossen, Augen sind zu, keine Verschmutzungen; Verstorbener in schicklichem Zustand.

Er kontrolliert den Fußzettel, der deine Leiche im Sarginnern kennzeichnet, dann deine Kleidung. Keine Kunstfaser. Gut, wäre nicht gestattet. Keine Schuhe. Sehr gut, wären auch nicht gestattet. Kein Schmuck. Bestens. Schmuckstücke sind zwar gestattet, aber aus Haftungsgründen exakt aufzulisten und zu quittieren. Er nickt. Verstorbener ist ordnungsgemäß angezogen und eingesargt.

Er inspiziert deine Sargausstattung. Sitzleiste des Deckels, Sargausschlag, Lotband, Saugmatte. Sauber und einwandfrei.

Er gibt einen Wink, und deine Herren schließen den Sarg wieder.

Dann tritt Herr W. an den kunterbunten Sarg voller Handabdrücke neben deinem. Keine Sichtkontrolle außen. In so etwas schaut er sofort hinein.

»Aufmachen«, sagt er.

Deine Herren lüften den Sargdeckel, und der Dschungel der Sonnenblumen scheint auf. W. blickt in den Sarg, blickt deine Bestatter an, blickt wieder in den Sarg. Plastik. Kunststoffprodukte. Nicht rückstandslos verbrennbare Sargbeigaben. Wenn er will, stellt er sich jetzt quer. Sein Blick ruht auf dem toten Antlitz des jungen Mannes. Er hat über dreißig Jahre Erfahrung. Er kennt solche Anblicke.

»Wo ist der Fußzettel?«, sagt er. »Der Fußzettel ist nicht sichtbar.«

Schnell zupfen die Herren den Fußzettel aus den Sonnenblumen.

W. löst seinen Blick vom Leichnam des jungen Mannes, schüttelt den Kopf.

»Macht's zu«, sagt er.

Schweigend füllen deine Herren und er die Eingangsprotokolle eurer Leichname aus, zwei makellose Anlieferungen, wie sie Leichenordnung und Bestattungsgesetz vorsehen. Er unterschreibt, sie unterschreiben, Übergabe abgeschlossen. Damit haben Friedhof und Krematorium deinen Leichnam in Verwahrung genommen.

Als deine Herren gegangen sind, trägt W. dich in ein armdickes Buch ein. Das Aufbahrungsbuch. Name, Beruf, Anlieferung, dazu friedhofshoheitliche Rubriken wie die Kennzeichnung, ob dein Name und die Termine deiner Bestattung öffentlich ausgehängt werden dürfen. Wenige Friedhöfe führen diese Logbücher der Toten noch auf Papier. Das moderne Friedhofsmanagement erledigt auch diese Buchführung digital. W. schiebt deinen Sarg den Gang hinunter, wo die anderen warten. An guten Tagen treffen fast fünfzig Tote hier ein, nur für Feuer. Aber heute sind erst drei Handvoll angekommen. »Viele stille Einäscherungen«, sagt W.: Leichname, die direkt ins Feuer gehen, ohne Trauerfeier, ohne Verabschiedung. Manchmal sparen sich Angehörige später sogar die Trauerfeier für die Urne. Dann meldet W. deine Ankunft weiter, und die Verwaltung registriert in ihrem Rapport, dass dein Leichnam in ihrer Obhut ist. Umgehend bearbeitet sie deinen Status. Liegen deine Feuerpapiere – die Sammlung der notwendigen Dokumente, bestehend aus der Genehmigung zur Feuerbestattung der Bestattungsgenehmigungsstelle, einer Kopie deiner TB, die durch deine Vormerknummer als amtlich anerkannt geadelt ist, der ortspolizeilichen Freigabe zur Feuerbestattung sowie der Willenserklärung Feuer deinerseits – vollständig vor?

Das ist der Moment, in dem sich zeigt, wie gut dein Bestatter gearbeitet hat. Das ist der Moment, auf den deine Herren in den Ämtern und dein Trauerbegleiter A. am Computer hingearbeitet haben.

Alles da.

Ein erleichternder Augenblick.

Die Verwaltung teilt deinem Leichnam eine Kennziffer zu, die ihn bis ins Feuer und darüber hinaus begleiten wird – deine EÄ-Nr., die Einäscherungsnummer, im Kreol des Gewerbes knapp: deine Aschenummer. Es ist das letzte Mal auf dem Weg deines Leichnams, dass dein Tod eine Kennung erhält.

Du bekommst Nummer 4663.

Die Totenglocke setzt ein, und unter ihrem Läuten schieben die Schaffner – so werden Sargträger genannt – den Sarg der alten Frau G. aus der Aussegnungshalle.

Die Trauergemeinde ist klein. Ihre Kinder, doch ohne Enkel. Ein ehemaliger Nachbar. Zwei Handvoll Bekannte aus dem Altenheim. Die Seelsorgerin dort hat einen Pfarrer organisiert. Er ist keiner von denen, die kurzerhand mit Salbe in der Stimme sprechen. Er hat sich Mühe gemacht, dieses Leben zu würdigen, ohne viel darüber zu wissen. Er hat keine der Standardstellen gewählt, die auf Beerdigungen aus der Bibel gelesen werden, er spricht über die Offenbarung des Johannes, Offb. 14, 13:

»Und ich hörte eine Stimme vom Himmel her rufen: Selig die Toten, die im Herrn sterben; ja, spricht der Geist, sie sollen ausruhen von ihren Mühen, denn ihre Werke begleiten sie.«

Nun stehen sie am Grab, eine kleine Gruppe, die sich widerwillig um den Tod und seine Symbole sammelt, Sarg, Gruft, der Kessel mit Wasser, die Schale mit Erde. Doch dann können sie sich der Kraft der alten Zeremonie nicht entziehen.

»Wir übergeben den Leib der Erde«, spricht der Pfarrer, und die Schaffner lassen den Sarg ins Grab sinken.

»Der Herr vollende an dir, was er in der Taufe begonnen hat«, der Pfarrer besprengt den Sarg mit Weihwasser.

»Der Herr nehme dich auf in das himmlische Jerusalem«, er beräuchert den Sarg mit Weihrauch.

»Staub bist du, und zum Staub kehrst du zurück«, dumpf fällt die erste Erde auf den Sarg.

»Der Herr schenke dir seinen Frieden«, er schlägt das Kreuz über Sarg und Grab.

Ihr Schock ist stark, als in diesem ruhigen Strom eines unergründlichen Rituals die alten Worte der Mahnung auftauchen.

»Und besonders beten wir für den Menschen in unserer Mitte, der als Erster der Verstorbenen vor das Angesicht Gottes nachfolgen wird.«

Stumm und steinern hören sie zu, wie der Priester betet und dann einen Schritt zur Seite tritt.

»Herr, gib ihr und allen Verstorbenen die ewige Ruhe«, sagt er.

»Und das ewige Licht leuchte ihnen«, antworten die drei Menschen am Grab, die noch wissen, wie eine Beerdigung endet.

Sobald im Sterbebüro die Zeit des Parteiverkehrs vorbei ist, pflegen die Standesbeamten um Frau O. eine Eigenart. Sie waschen sich die Hände. An manchen Tagen desinfizieren sie auch ihre Besprechungsnasen. Sie reinigen sich vom Kontakt mit dem Tod, auch wenn sie allein seine Bescheinigungen angefasst haben. Dann setzt O. sich an ihren Computer und arbeitet – Nummer für Nummer – die Toten ab, die auf der Vormerkliste stehen.

Auf ihrem Bildschirm baut sich eine mausgraue Benutzeroberfläche auf, schlicht und schnörkellos: eine Leiste mit Befehlzeichen, darüber die Kennung der Nutzerin, am rechten Rand ein paar Reiter. Sie staffeln die Register, in denen der Staat seine Bewohner verzeichnet. Früher, bis 2008, führten die Beamten tatsächlich Buch über die Bürger: Jede Geburt, jede Ehe, jeder Sterbefall eines Jahres wurde chronologisch aufgezeichnet, nach Nummern sortiert, in Bücher gebunden – dicke Folianten, die in den Urkundenstellen die Regale füllten, Aktenschränke überwucherten und sich in speziellen Vorrichtungen stauten, die großen Schaufelrädern glichen und Sterbebücher wie aus tiefen Brunnen zu schöpfen schienen. Diese verwunschenen Bibliotheken der Bürokratie gibt es immer noch. Die Bürger darin leben ja größtenteils noch. Nur neu bestückt werden diese Bibliotheken nicht mehr. Heutzutage haben elektronische Register die Bücher ersetzt. In diesen Registern sind die Lebenden und Toten in Maschinensprache gespeichert, aber die Eingabe und Ausgabe ihrer Daten erfolgt über eine eigene Ebene.

Das System heißt »AutiSta«. Das steht für »Automation im Standesamt«, aber spöttische Standesbeamte fragen sich, ob die Abkürzung ein Scherz über die Natur ihrer Arbeit sein soll. Auf ihrem Bildschirm hat deine Standesbeamtin vier Reiter zur Auswahl: E, G, L und S. Ehe-, Geburten-, Lebenspartnerschafts- und Sterberegister. Ein Klick, und sie betritt die Datenbank der Toten.

Alles ist karg in diesem System, karg, aber schön. Nur blanke, nackte Nutzbarkeit. Das Sterberegister kennt keine Farben außer Schwarz, die Angaben, Weiß, die Leerstellen, und zwei Tupfen Rot. Sie kennzeichnen die Kürzel des aktuellen Vorgangs. Dein Tod ist eine SE. Steht für Erstbeurkundung im Sterberegister.

»Dann wollen wir mal«, sagt Frau O.

Sie ruft deine Vormerknummer auf, und auf dem Bildschirm erscheint eine Eingabemaske.

Anlass der Verfügung:
  Tod.

Verstorbene Person:
  Dein Name. Dein Geschlecht.
  Geburtstag. Familienstand.
  Letzte Wohnanschrift.
  Deine Todeszeit.
  Dein Todesort.

O. speist ein, was an Daten fehlt. Sie haben sich das System mit Kurzbefehlen hochgerüstet; bestimmte Tastenkombinationen, die häufiger vorkommende Sterbeorte verschlüsseln: M77, das Krankenhaus vor der Stadt, F15, das Altenheim an der Autobahn. Deinen Sterbeort daheim muss sie jedoch händisch eintippen. Bei so vielen Toten jeden Tag – welche Vorkehrungen hat Frau O. für ihren eigenen Tod getroffen? Sie lacht. »Wir sterben doch nicht«, sagt sie.

Sie gleicht die Daten im System mit denen auf deinen Urkunden ab, einmal, zweimal. Der Rest geht rasend schnell: die Anzahl der Sterbeurkunden, die deine Angehörigen ausgestellt haben wollen, dazu Behördennummer, Urkundsperson, Beurkundungsort, fertig. Auf dem Bildschirm öffnet sich ein Fenster – die gebündelten Daten deines Todes.

Darunter stehen Befehle.

Ändern. Abbrechen. Verfügen.

»Jetzt muss alles stimmen«, sagt O. »Wenn ich diesen Befehl gebe, dann ist es vorbei.« Ihre Augen springen noch ein letztes Mal über deine Daten, dann befiehlt sie dem System, deinen Tod zu verfügen. Auf dem Bildschirm springt ein Fenster auf. Das System will wissen, wer diesen Tod festschreiben will.

O. steckt eine auf sie geeichte Signaturkarte in ein Lesegerät, die Signaturerstellungseinheit erkennt sie als berechtigte Urkundsperson, auf dem Bildschirm blinken eine Leerstelle und ein Befehl auf:

Signieren.

Jetzt fehlt nur noch ein Code, um dich vollends sterben zu lassen. O. tippt die sechs Stellen der Geheimzahl ein, die sie als Urkundsperson authentifiziert. Wie bei vielen Standesbeamten ist ihr Geburtsdatum der Code, der ihre Toten sterben lässt. Dann ist es so weit.

Auf ihrem Bildschirm glimmt eine Zahl aus mehreren Ziffern, einem Schrägstrich, der Jahreszahl.

Deine S-Nummer.

Ein großer Augenblick.

Sie verzeichnet dein Sterben von nun an im Sterberegister. Du bist tot im Menschensinn, aus Ärztesicht, vor dem Gesetz und jetzt – im Augenblick, in dem die Standesbeamtin O. die Verfügung deines Todes signierte – endlich auch amtlich.

Ein Fenster springt auf.

Das ist natürlich nicht das Ende.

Du bist zwar amtlich tot – aber es weiß noch keiner, behördlicherseits.

In einer langen Liste reiht das System alle amtlichen Stellen auf, die es automatisiert darüber in Kenntnis setzt, dass du ab sofort als tot zu betrachten bist.

Mitteilung an die Meldebehörde.

Mitteilung an das Finanzamt.

Mitteilung an das Nachlassgericht.

Mitteilung an das Geburtsregister.

Mitteilung an das Zentrale Testamentsregister.

Mitteilung an die Bevölkerungsstatistik.

O. geht nach nebenan, dort steht der Drucker des Sterbebüros, ein auf Dokumentensicherheit geeichtes Modell für den Notariatsgebrauch. Als sie zurückkommt, hat sie ein Blatt Papier in der Hand.

Oben deine S-Nummer.

Unten ihre Unterschrift.

Kein Schriftstück könnte karger sein. Doch in diesem schmucklosen Dokument ist dein gesamtes Leben geronnen – der traurigste deiner Abschlüsse, dein letztes Zeugnis: die Sterbeurkunde. Unter allen Urkunden des Menschen besitzt dieses dürre Schriftstück die größte Macht. Dieses Blatt Papier löscht dein Leben aus.

Am Tag der Trauerfeier stehen sie eine Stunde vor deinem Termin in der Aussegnungshalle, sicher ist sicher. Sie sind zu dritt; deine Herren, N. und D., dein Trauerbegleiter A. Dein Leichnam ist schon da. Dein Sarg steht geschlossen in einer großen Nische, die wie die Apsis einer Kirche an die Aussegnungshalle gebaut ist. Außer einem Spalier von immergrünen Büschen aus Plastik, aus denen fünfflammige Leuchter mit elektrischen Kerzen ragen, ist kein Schmuck an deiner Seite. Am Ende deines Sarges klebt jetzt, außer Sicht für Angehörige, ein zweiter Zettel neben dem Kopfzettel: Er verzeichnet das Zeitfenster, das Friedhof und Krematorium für die

Trauer um dich vorsehen. 45 Minuten sind als Standard eingepreist. Dein Bestatter bucht deswegen immer doppelte Zeit, damit niemand durch Tränen hetzen muss.

Sie fächern sich auf und fangen an, den Raum dieser hohen Halle zu deinem zu machen. Das Material dafür rollt A. auf Handkarren herbei; Kisten und Kästen voller Lichter, Ständer und Säulen, Kabeltrommeln, Becken aus Bronze, Körbe, Eimer mit Blüten, Eimer mit Wurfgrün, Eimer mit Blumen.

Sie rücken deinen Sarg zunächst leicht schräg ins Licht, um der Sicht auf ihn die Strenge zu nehmen. Dann säumen sie ihn mit schweren Steinen, in die sie Stangen aus Stahl stecken, an deren Spitze sie gläserne Phiolen befestigen, in die sie Sträuße von Feldblumen füllen. Sie neigen sich über deinen Sarg wie eine Wiese, die in der Luft schwebt.

Sie stellen Ständer für die Kränze an deine Flanken und eine große Staffelei in die Front, für das Foto, das deine Freunde so lange suchten, weil es dich so zeigen soll, wie du wirklich warst. Auf diesen Fotos lächeln alle; die lange Kranken, die jäh aus dem Leben Gerissenen, die Kinder, die Erwachsenen, alle Toten lächeln. Wie die Welt wohl wäre, wenn alle Lebenden so viel lächelten.

Sie verhängen den Katafalk, auf dem dein Sarg ruht, mit Tüchern; manche wünschen blaue, weil ihr Toter ein Segler war, manche rote, wegen der Liebe, manche bunte, gegen den Schmerz.

Sie legen Spiegelplatten aus, setzen große Kerzen darauf, stellen Schalen auf, setzen kleine Kerzen hinein, verteilen Windlichter im Raum und matt gefärbte Gläser, aus denen Dochte ragen.

Sie streuen Blütenblätter um den Sarg, geben ein wenig Grün an deine Seite, betten ein Bukett auf den Sargdeckel.

Dann lassen sie es Licht werden. So viele Kerzen sind

mit Streichhölzern oder Feuerzeugen schwer zu entzünden. Bestatter benutzen Bunsenbrenner für Köche, mit denen in Restaurants karamellisiert und flambiert wird. Aber selbst mit diesen Flammenlanzen dauert es. Doch dann steht dein Sarg im Schein der Kerzen, sie spiegeln und doppeln sich, überall funkelt und flammt es, viel Licht, es muss immer viel Licht sein.

Die Türen schwingen auf, und für einen Augenblick oder zwei ist es, als ob nur der Blick auf deinen Sarg frei wäre, der Eintritt in die Aussegnungshalle aber verboten: Die Menschen, die dich vermissen, rühren sich nicht. Sie zögern. Sie scheuen vor dieser Schwelle. Sie wollen da nicht hinein, sie wollen diesen Schritt nicht gehen. Es braucht einen, der sich ein Herz fasst, der zeigt, dass die Tür zur Trauer offen steht. Dann treten sie ein. Wenn es das Leben gut mit dir meinte und du mit ihm, sind sie so viele, sie füllen jeden Raum. Kann auch sein, es kommt keiner, der nicht muss. Kann sein, kein Freund sah dich als seinen. Aber die Menschen, die dich kannten – gut, schlecht, nur ein wenig, wie einen Bruder, um zwei Ecken, eigentlich gar nicht –, sind einer wichtigen Regel des Lebens gefolgt, vielleicht einer der wichtigsten:

Geh auf die Beerdigung.

Geh immer auf die Beerdigung.

Es mag lästig sein, Umstände machen, Zeit kosten. Aber diese kleine Geste hat große Kraft. Sie zeigt allen, die auf deinen Sarg, auf den Tod blicken, dass sie nicht allein sind mit dieser Aussicht. Sie beweist, dass es eine Gemeinschaft vor dem Tod gibt.

Die Menschen, die um dich trauern, suchen Platz, manche unsicher, andere betont forsch. Es dauert oft, bis sie aus dem Griff und den Gedanken des Alltags freikommen, aber dann sind alle wahrhaft angekommen, und Stille breitet sich aus.

Dein Trauerbegleiter A. nickt dem Aufseher zu, der von Seiten des Friedhofs die Trauerfeier begleitet. Er drückt eine Taste, und Musik füllt die Trauerhalle. Das erste Lied. Das erste Lied setzt den Ton. Die fixen Regularien, die früher Bestattungen bestimmten – Beginn wie immer: Psalm 27, »Der Herr ist mein Licht und mein Heil« – sind längst außer Kraft gesetzt, nicht nur bei der Musik. Die Priester, die diesen Wandel betrauern, sagen: Die alten Rituale sind am Vergehen, aber an ihre Stelle sind keine anderen Arten getreten, mit dem Tod umzugehen. Alles ist offen. Das macht es leichter, deinen Abschied auf eine Art zu gestalten, die deinem Leben und Wesen entspricht. Das macht es schwerer, dich auf eine Art zu verabschieden, die alle anspricht, die um dich trauern. Im besten Fall findet das erste Lied eine Balance. Manche Angehörige wollen sichergehen und wählen Klassiker; Matthäus-Passion, »Ave Maria«, Mozarts Requiem. Andere machen nach deinem Tod keine Kompromisse mehr und spielen schon am Anfang, was sie wollen, und wenn es die dröhnenden Glocken der »Hells Bells« von AC/DC sind.

Worte sind schwerer zu wägen. Der Priester steht auf, die Trauerrednerin schreitet gemessenen Schrittes nach vorn, dein bester Freund räuspert sich an der Seite deines Sarges – ganz gleich, wer über dich spricht: Ein Leben im Tod zu ehren, ist nicht einfach. Deine Herren sitzen hinten und hängen ihren Gedanken nach. Sie hören sie nicht mehr, die Worte über die Verstorbenen. Sie gleichen sich schnell. Lebenslinien, die im Rückblick geradewegs auf ein Ziel zuliefen. Lieben, die sich wie selbstverständlich fanden. Großes kleines Glück. Leben. Leben. Leben. Aber deine Herren spüren, wenn sich die Atmosphäre wandelt. Manchmal reicht ein einziger Satz. Manchmal braucht es eine verzwickte Erinnerung. Aber dann flackert plötzlich hell und klar auf, was für ein Mensch du warst. Dann ist an der Regung der Menschen zu spüren, wie wichtig du warst und warum. Der Sohn, den sein Vater allein und ohne große Worte aufzog, steht an dessen Sarg und erzählt, wie der Vater auf dem Sterbebett zum Abschied zu ihm sagt: Pass auf dich auf. Die Frau, die mit ihrem Mann ein einfaches Leben führte, erzählt an seiner Urne von seiner Überzeugung, die wichtigste Aufgabe im Leben liege darin, anzuerkennen, Mittelmaß zu sein. Der Mann, der seinen alten Freund mit einer allumfassenden Rede ehren will, steht am Mikrofon und weint und weint. Oft sind die schönsten Trauerfeiern jene, bei denen nicht ein einzelner Mensch eine Grabrede hält, sondern mehrere. Wenn nicht einer von dir spricht, sondern alle miteinander über dich.

Worte bringen weniger zum Weinen als Musik. Sie spielen Lieder, die du mochtest. Sie spielen Lieder, mit denen sie eine Botschaft senden. Sie spielen Lieder, deren Bedeutung nur sie allein kennen.

Männer spielen ihren Frauen »Candle in the Wind« von Elton John und »Der Weg« von Herbert Grönemeyer, sie spielen ihnen vergessene Schlager und das Rauschen des Meeres, am selben Strand wie damals aufgenommen.

Frauen spielen ihren Männern »Time to say Goodbye« von Andrea Bocelli und »My Way« von Frank Sinatra, sie spielen ihnen raue Shantys und den Fahrtwind auf dem Weg an den Ort, der nie wieder so sein wird wie früher.

Kinder spielen ihren Eltern »Oft gefragt« von AnnenMayKantereit und »Funeral« von Band of Horses, sie spielen ihnen Wiegenlieder, und oft singen und spielen sie selbst.

Eltern spielen ihren Kindern »Tears in Heaven« von Eric Clapton und »Euch zum Geleit« von Schandmaul, sie spielen ihnen die Musik, die immer zu laut war und das Lied von Pippi, die macht sich ihre Welt, wie sie ihr gefällt.

Musik hat so eine Macht in diesen Momenten, sie ist in der Lage, diese Halle bis hinauf zur Kuppel zu füllen, mit Trauer und etwas anderem, mit Funken von Freude darüber, dich gekannt zu haben, mit Angst und Hoffnung, was nach deinem Abschied kommt.

Am Ende reihen sich die Menschen, die um dich trauern, vor deinem Sarg auf. Vielleicht zünden sie, einer nach dem anderen, eine Kerze an und stellen sie um deinen Sarg. Vielleicht pflücken sie eine Blume aus deinem Bukett, um sie mit heimzunehmen. Und dann, einfach so, ist deine Trauerfeier vorbei. Die Menschen gehen, die Halle leert sich, und da ist nur noch dein Sarg, umgeben von Licht. Hinter dem Guckloch in der Seitentüre sieht der diensthabende Schaffner, dass du durch bist. Sie treten heraus, um deinen Sarg zu holen, der nächste steht schon bereit, Trauerfeier in einer Stunde. Deine Herren eilen, alles Material aufzunehmen, rasch-rasch die Kerzen aus und alle Blumenblätter auffegen, fertig. »Also dann«, sagt der Aufseher, »bis zum nächsten Mal.«

Kälte schlägt deinem Leichnam entgegen, als er sich in die Schlange für das Feuer einreiht. Sie rollen deinen Sarg durch eine schwere Tür aus Edelstahl in einen weiß gekachelten Raum, in dem zwei Dutzend weitere Verstorbene auf den Arzt warten. Jeden Tag fährt ein Amtsarzt am Krema vor, bestallt von den örtlichen Gesundheitsämtern, § 15 Abs. 1 BestG, § 9 BestVO, § 20 Abs 1 FBG, die Gesetze gleichen sich im ganzen Land: Eine Feuerbestattung ist nur zulässig, wenn durch eine zusätzliche amtliche Leichenschau festgestellt worden ist, dass der Verstorbene eines natürlichen Todes gestorben ist. Der Grund: Eine in der Erde begrabene Leiche lässt sich exhumieren, wenn Zweifel an der Todesart oder der Todesursache auftauchen – ein im Feuer bestatteter Leichnam ist unwiderruflich zerstört. Die Juristen sagen: Die Einäscherung schafft einen irreparablen Zustand, der nachträgliche Feststellungen nicht mehr zulässt.

Die Arbeiter rücken die Särge in Reihe, dann tritt der

Amtsarzt ein, ein schweigsamer Mann in grünem Kittel, der einen dicken Stoß mausgrauer Umschläge in der Hand hat. Die Todesbescheinigungen. Er nickt, und die Arbeiter setzen an, Sarg für Sarg zu öffnen. Wie zu einem letzten Treffen liegen die Toten da, manche frisiert und in ihren schönsten Kleidern, andere im Flügelhemd eines Krankenhauses, noch eine Kanüle in der Armbeuge. Der Amtsarzt zieht sich Plastikhandschuhe über und beginnt, die Toten zu untersuchen. Er arbeitet sehr schnell und sehr konzentriert. Er tastet Arme und Beine der Toten ab, um Knochenbrüche zu entdecken. Er hebt die Glieder hoch, um Geschwüre oder andere Wunden zu entdecken, er begutachtet Brustkorb und Bauch. Er fährt mit den Fingern über Genick und Hals, er hebt mit einer Pinzette die Augenlider an. Schließlich ein Blick auf den vertraulichen Teil der TB, Blatt 1, Absatz I, Zeilen a) bis c): Welche Kausalkette des Todes hatte der erste Leichenbeschauer erkannt? Erscheint sie schlüssig? Ergibt diese zweite Leichenschau Anzeichen, die der ersten widersprechen, die auf einen nicht natürlichen Tod hinweisen? Wenn ja, wird der Leichnam auf seinem Weg gestoppt und in der Rechtsmedizin untersucht. Wenn nein, darf der Tote weiter.

Als die Arbeiter deinen Sarg öffnen, blickt der Arzt in dein Gesicht, ein knappes Mustern, nur ein weiteres Exemplar aus dem Stamm der Toten. Er schiebt dein Oberteil hoch, fährt in die Beine deiner bequemen Hose, fühlt und tastet dein kaltes Fleisch. Das ist das letzte Mal, dass dein Körper von einem Menschen berührt wird. Alles normal, keine Anzeichen auf eine andere Todesart als angegeben. Der Amtsarzt nickt deinen Leichnam ab, die Arbeiter schließen deinen Sarg. Das war das letzte Mal, dass Licht auf deinen Leichnam gefallen ist. Sie kleben einen Siegelstreifen an die Seite deines Sargdeckels und plombieren ihn damit. Niemand wird deinen Sarg nun mehr öffnen, bis ins Feuer nicht.

Als die amtsärztliche Leichenschau abgeschlossen ist, schieben sie deinen Sarg einen Raum weiter. Es ist ein lang gestrecktes Lager, niedrige Decke, strenges Licht. Rohre winden sich an den Wänden, an einer Seite sitzt das Abluftgebläse einer gewaltigen Klimaanlage. In der klammen Kälte stehen Särge. Sehr viele Särge. Ein halbes Hundert mindestens. Aufgestellt in Reih und Glied, belegen sie den gesamten Raum bis zu einem großen Tor am anderen Ende, nur hüftbreite Gänge für die Lebenden lassend. Alle Särge sind nur noch nacktes Holz. Jeden Griff aus Kunststoff, jedes Kreuz aus Metall haben die Arbeiter abmontiert. Das Fehlen dieser Details macht die Menge der Toten zur Masse. Die Arbeiter parken deinen Leichnam am Ende der Schlange. Vier Reihen vorn sticht ein Sarg heraus. Kunterbunte Abdrücke von Händen. Der Leichnam des jungen Mannes hat dich überholt.

Der Herr des Feuers ist K. Er ist vierzig Jahre alt, ein hochgewachsener Mann in der verstärkten Schutzkleidung eines Handwerkers auf Montage, der sein dunkles Haar zu einem Zopf gebunden trägt. K. sammelt Uhren in seiner freien Zeit. Seine Arbeit und der Takt, der ihr zu eigen ist, erinnert ihn manchmal an ein Metronom. Zwei Schichten, Tag für Tag. Vier Einfahrten, Schicht für Schicht. Vier Öfen, Einfahrt für Einfahrt. Am Ende des Tages werden fast alle Leichname im Sarglager eingeäschert sein. Leer läuft der Raum aber nie. Was am einen Ende an Särgen in die Öfen abgeht, wird am anderen Ende von den Aufbahrern wieder aufgefüllt. »Die Arbeit«, sagt K., »hat etwas Beruhigendes.« Wenn K. nach der Schicht wieder in die Welt der Lebenden eintaucht, wundert er sich oft. Stau auf den Straßen. Verspätete Züge. Selbst das Wetter nehmen Menschen zum Anlass, sich aufzuregen. »Worüber sich die Leute ärgern«, sagt er, »ist so sinnlos.«

Zwei Arbeiter treten in das Sarglager, Klemmbretter

unter dem Arm, ein Stempelkissen in der Hand. Sie kommen, um Tote abzuschreiben. So nennen sie in diesem Krema die abschließende Prüfung unter vier Augen, welche Leichname freigegeben sind für die nächsten Chargen im Feuer. Sie zwängen sich durch die Särge und rufen sich im Wechsel Zahlen und Namen zu, die auf ihren Listen stehen. Sie klingen wie Seemänner, die auf einem Schiff die Stunde aussingen.

»18/4635?«

»Nein.«

»4636?«

»Nein.«

»4637?«

»Ja, geht mit. Die M.«

»M., Edith?«

»Jawohl.«

Jeder Arbeiter hakt die Tote auf seiner Liste ab, dann stempeln sie ein rotes F auf ihren Sargzettel, F für: frei. Aus einem Kistchen nehmen sie den feuerfesten Schamottstein mit der Aschenummer 4637 und legen ihn auf das Fußende des Sarges. Damit sehen die Heizer auf einen Blick, dieser Sarg ist bereit, darf aber noch nicht eingefahren werden.

»18/4638?«

»Geht mit. Der S.«

»S., Ralf-Dieter?«

»Korrekt.«

»4639?«

»Auch dabei. Der B.«

»B., Heinrich?«

»Richtig.«

»4640?«

»Nein.«

»4641?«

»Nein.«

»4642?«

»Ist frei. Die K.«

»K., Irmgard?«

»Korrekt.«

»18/4643?«

»Frei. Die L.«

»L., Susanne?«

»Ist frei, ja.«

An der Tür des Sarglagers steht der Herr des Feuers und sieht zu, wie sie die abgeschriebenen Särge vorwärts rangieren. »Die da drinnen«, sagt K., »die haben sich alle für unsterblich gehalten.«

Zwei Stunden später schreiben die Arbeiter die nächsten Chargen ab, zwei Stunden darauf abermals. So rückt dein Sarg voran. In seinem Rücken stauen sich schon die neuen. Dann verschwindet der Sarg des jungen Mannes durch das Tor, und ein Dutzend Tote darauf singen sie im Sarglager die Nummer 18/4663 aus, dann deinen Namen. Auch du bist frei. Auch du darfst ins Feuer. Aber das wird heute nichts mehr. Am Ende der Spätschicht stehst du an dritter Stelle vor dem Tor. Die Arbeiter kritzeln mit Kreide auf den Sarg in Front das Datum des nächsten Tages und ein Wort. »Erster.«

Die Frühschicht tritt um sechs Uhr an, die Öfen sind dann noch heiß vom Abend. Das Tor des Sarglagers geht auf, und K. und seine Arbeiter blicken auf die Särge der ersten Charge. Abermals prüfen sie die Toten. Stimmen die Namen und Nummern auf ihren Listen mit den Namen und Nummern auf Sargzettel und Schamottstein überein? Als sie sich vergewissert haben, schieben sie den Stein auf deinem Sarg vom Fußende zum Kopfende. »Das bedeutet: Kann kremiert werden«, sagt K. Kurz darauf kommen deine Heizer. Offiziell heißen diese Arbeiter Krematoriumswarte, aber im Alltag nennen sie die Männer an den Öfen die Heizer.

Sie rollen deinen Sarg durch das Tor, und du bist im

Innersten des Kremas angekommen. Vier Öfen fächern sich vor dem Kontrollstand des Krematoriums auf – jeder Einzelne eine tonnenschwere Anlage aus Brennkammern und Abgasrohren, ein Anblick wie aus der Schwerindustrie. Manche moderne Krematorien im Land sind so gestaltet, dass Angehörige ihre Verstorbenen bis vor ansprechend verschalte Ofenschieber geleiten können, in die der Sarg auf einem Laufband gleitet. Andere nutzen automatisierte Roboter-Laufkatzen, um Särge nach Strichcode in die Öfen zu steuern. Aber diese Anlage ist von alter Bauart: vier Linien schwerer Flachbettöfen mit drei Brennkammern, die über gasbefeuerte Industriebrenner beheizt werden, Abgaskühlern mit Rohrbündelwärmetauschern und einer abgesenkten Ascheentnahmeebene, auf der die Prozesssteuerung und die Ascheaufbereitung untergebracht sind. Ein majestätisches Laufband? Diese Öfen werden mit dem Gabelstapler beschickt. Sarg 1 der Charge in Linie 1, Sarg 2 in die 2. Dann hebt der Gabelstapler deinen Sarg in die Höhe, dein erster Heizer gibt Linie 3 frei, der Ofenschieber öffnet sich. Im Inneren ist es glutrot, das Muffelgewölbe glost und glüht. Hitze schlägt aus der Hauptbrennkammer. Dein zweiter Heizer fährt deinen Sarg ein und setzt ihn ab. Einen Herzschlag lang steht er wie unberührt in der Hitze, ein sandheller 1-N Kiefer-O, dein Schamottstein darauf. Dann hat die Wand des Feuerraums genug Hitze über deinen Sarg geatmet. Das Holz wellt sich, wirft Blasen, jäh springen Flammen auf. Eine Hülle aus Feuer legt sich um deinen Sarg. Der Ofenschieber schließt sich, und sie beschicken Linie 4.

Dein Leichnam hat eine gute Stunde in der Hauptbrennkammer. Sobald der Sarg Feuer gefangen hat, dauert es etwa zehn Minuten, bis der Sargdeckel einbricht. Die Flammen ergreifen deinen Leib, deine Haare entzünden sich, deine Haut beginnt zu brennen. Die

Muskeln deines toten Körpers ziehen sich in der Hitze zusammen, und für einen kurzen Augenblick sieht es aus, als ob dein Leichnam die Arme anhebt, die Beine anwinkelt. Dann sind die Muskeln verbrannt. Das Wasser in deinem Körper geht in Dampf auf, bei über 800 Grad Celsius. »Was ist der Mensch?«, fragt K. »Eine sehr qualifizierte Qualle. Wir bestehen vor allem aus Wasser. Was aber brennen kann und brennen will, ist Fett.« Dein Körperfett verflüssigt sich zu Öl, zerkocht dein Gewebe, zehrt deinen Leib auf. Deine Knochen verkohlen. Die Konturen deines Körpers zerfallen. Deine Gestalt löst sich auf. Asche und Rückstände fallen in die Ausbrennkammer, von dort in die Nachbrennkammer, wo die Rauchgase deiner Kremierung nachverbrannt werden. »Die ganzen Giftstoffe, die sich in einem Menschenleben sammeln, werden bei der Kremierung freigeben«, sagt K. »Dioxine, Furane, gerade bei Rauchern.« Deine Abgase werden durch Zyklonabscheider und Gewebefilter gereinigt, bevor du durch einen fünfzügigen Schornstein in Rauch aufgehst.

Nach knapp zwei Stunden öffnet dein erster Heizer am Fuß von Kremierungslinie 3 die Ascheklappe und zieht mit einem Schieber ab, was von deinem Leichnam und deinem Sarg geblieben ist. Ascheflocken fallen in die Wanne des Aschewagens, einige brüchige Knochenstücke, der Schamottstein mit deiner Aschenummer. Keine vier Kilo sind von dir geblieben. Vor dem Gesetz gelten auch diese Rückstände als Leichnam; sie genießen denselben Schutz wie eine Leiche im Sarg.

In diesem Augenblick der Ascheaufbereitung beginnt in einigen Krematorien eine Grauzone, in der Ofenwarte anfangen, von den Vorschriften abzuweichen. Sie reden nicht gern über diese Grauzone. Im ganzen Land sind die Gesetze strikt, was deine sterblichen Überreste angeht: Asche ist nicht teilbar – alles, was aus dem Ofen kommt, muss in die Urne. Geht nicht immer, bei künstlichen Gelenken zum Beispiel. Für solche Fälle lassen sich Krematorien zusichern, übergroße Metallstücke entnehmen zu dürfen. Sie werden gesammelt, wiederverwertet, der Erlös für die Friedhofspflege oder die Förderung der Trauerkultur verwandt. Anders ist es mit Edelmetall: die Goldfüllungen deiner Zähne, der Ehering, der bis zuletzt an deinem Finger bleiben sollte. Sie zählen nach der Kremierung zu deiner Asche und gehören in die Urne. Geschieht gewöhnlich auch. Ab und an – vor einigen Jahren in Hamburg – versuchen Heizer, Gold aus der Asche zu klauben und zu klauen. Kommt kaum mehr vor. Die Grauzone, in der einige Krematorien von den Vorschriften abweichen, betrifft die Asche selbst. Vor dem Gesetz ist es verboten, sie zu teilen. Auf den Ascheentnahmeebenen einiger Krematorien wird sie aber geteilt – auf ausdrücklichen Wunsch der Angehörigen, die einen Teil der Asche als Andenken verwahren wollen. Es gibt eigene Aschekapseln dafür. Miniatur-Urnen aus Edelstahl. Schmuckkästchen für zwei Löffel Mama oder Papa. Alles illegal, aber Alltag, ein offenes Geheimnis in der Welt der Toten. In diesem Krematorium haben sie verboten, solche Leistungen unter der Hand anzubieten. »Ich kenne solche Kapseln, klar«, sagt K. »Finde ich falsch. Asche gehört beigesetzt, und zwar die ganze Asche. Wo soll das sonst enden? Soll jeder Angehörige ein paar Krümel bekommen?«

Dein Heizer rollt den Aschewagen mit deinen Resten hinüber zur Ascheaufbereitung. Er beschriftet eine verrottbare Urne mit deiner Aschenummer und stellt sie unter den Auslass der Aschemühle. Dann leert er deine Asche auf ein Sortiertablett, fischt mit einem Elektromagneten alles Metall heraus – die Nägel des Sarges, vielleicht ein künstliches Gelenk – und füllt die Reste in die Aschemühle. Surrend zermahlt die Maschine auch die Knochenstücke in deinen Überresten zu einem groben Granulat grauweißer Farbe, das in deine Urne fällt. Obenauf legt der Heizer den Schamottstein, der mit dir im Feuer war, verschließt deine Urne, versiegelt sie. Am Ende kommt ein Urnenaufkleber darauf, der deinen Namen verzeichnet, deine Aschenummer und die neuen Eckdaten deines Lebens: Geburts-, Sterbe- und Einäscherungstag.

Deine Trauerfeier war groß. Deine Urne setzen sie in kleinem Kreis bei, deine Familie, deine engsten Freunde. Sie schaufeln dein Grab selbst zu.

Auch die Asche des jungen Mannes bestattet seine Familie für sich.

Aber die Beerdigung des kleinen Kindes ist ein großes Fest. Der Friedhof ist voll. Keiner hat schwarze Kleidung an, das war sein Wunsch. Aber weil es Piraten so sehr mochte, haben die Trauernden Augenklappen an und Dreispitze auf, da sind Erwachsene in Rüschenhemden mit Piratenhaken an der Hand und Kinder mit Fernrohren, Seekarten, Kompassen, Schatzkisten. Sie tragen den Sarg selbst zum Grab, ein langer Zug lauter Kinder und dazu das Lied des kleinen Drachen Kokosnuss, der sendet euch allen einen feurigen Drachengruß.

Auf dem Sarg steht, in der Krikelkrakel-Schrift seiner Geschwister, eine Nachricht an das kleine Kind:

»Hast du den Dino-Ballon schon?«

Und jetzt stehen sie an diesem Grab, das kaum größer ist als ein Handtuch, eine gewaltige Meute von Kindern, mit vielen, vielen Dinosaurier-Luftballons in der Hand, und auf drei lassen wir sie alle zusammen fliegen und sagen Lebewohl, abgemacht?

1,

2,

3.

Adieu, kleiner L.
Alles Gute.

Trauer

AM ENDE, wenn sie dich zurücklassen, umhalst sie ein banges Erstaunen. Dein Sarg bleibt in der Trauerhalle zurück, die Tür schließt sich, deine Urne liegt unten im Grab, Erde deckt sie zu. Die Menschen, die um dich trauerten, zögern. Sie wenden sich zum Gehen, doch halten inne, sie blicken voraus, doch sehen sich um, ein flüchtiges Verharren, eine stumme Frage: Was, das war's?

Ja, das war's.

Nein, das war's nicht.

Menschen, die Trauer kaum kennen, malen sie sich oft als Weg aus. Sie meinen, die Trauer um dich kenne eine Richtung, sie führe zu einem Ziel. Sie meinen, Trauer habe einen Anfang und damit auch ein Ende, sei steinig und der Aufbruch schwer, aber Strecke machen lasse sich, vom Start weg. Sie meinen, Trauer teile sich in Etappen, und die entscheidende Etappe sei die erste, deine Trauerfeier. Der Trubel nach deinem Tod stützt diese Sicht auf Trauer: Die Tage waren rastlos, wie von einer flirrenden Energie erfüllt. Formulare, Entscheidungen, Fristen, es gab pausenlos etwas zu erledigen, ständig etwas abzuarbeiten. In dieser Zeit hatte alles Handeln ein Ziel: Deine Trauerfeier war der Fluchtpunkt, auf sie strebte alles hin, in ihr schien aller Schmerz zu münden. Deine Angehörigen stellten sie sich als quälende Prüfung vor, die nur durchsteht, wer sich wappnet: Wir werden stark sein, wir werden auch an diesem Tag aufstehen und uns anziehen und aufbrechen, wir werden dich begraben, wir werden um dich weinen, und danach wird der Weg weniger steinig sein.

Aber dann standen sie vor deinem Sarg und spürten um sich die Menschen, die Anteil nahmen an ihrem Schmerz. Sie hörten deine Lieder, sahen die Lichter um dich, fühlten im Umarmen viele Wangen, tränennass, deinetwegen. Sie waren nicht allein. Sie waren aufgehoben in der Anwesenheit aller, getragen von der Würde deines Abschieds. Viele Trauernde verblüfft diese Erfahrung: Deine Trauerfeier stillt Schmerz eher, anstatt ihn aufzureißen. Dieses Gefühl, gepaart mit der taumelnden Erschöpfung nach deinem Tod, führt bei Trauernden oft zu einer unwirklichen Stimmung, die sich mal als enorme Gefasstheit äußert, mal als eine Art schwereloser Schmerz oder als flackernder Elan. Einige schildern später, wie außer sich gewesen zu sein: Als betrachteten sie sich selbst aus der Ferne, aber seltsam scharf, wie durch ein Fernglas.

An deinem Grab reichen sich die Generationen, die dein Leben begleiteten, die Hand. Vielleicht die Generationen vor dir, deine Eltern, deine Großeltern. Vielleicht die Generationen nach dir, deine Kinder, deine Enkel. Vielleicht eine bunte Vielfalt aus beidem. Und deine Generation: deine Liebe, deine Freunde, deine Mitmenschen. Sie haben dein Leben begleitet, bis jetzt. Von nun an wird dein Tod sie begleiten. Jeden einzeln, jeden persönlich.

Deine Trauerfeier versammelt die Menschen deines Lebens, meist ein letztes Mal: Ohne dich – das Bindeglied, das sie zusammenhielt – werden sie in dieser Konstellation nicht mehr aufeinandertreffen, nicht alle, nicht zur selben Zeit. Sie finden sich nach deiner Beerdigung zusammen, beim Leichenschmaus. Die Menschen, die dir am nächsten waren, sitzen im Kreis ihrer Gäste und plaudern, sie wandern von Tisch zu Tisch, schütteln Hände, hören Trost, fühlen Wärme. Enorme Gefasstheit. Flackernder Elan. Häufig ist es, als durchdringe den Leichenschmaus dann stillschweigendes Wohlwollen:

Wie gut sie sich hält.

Wie gut er sich macht.

Wie gut sie das wegstecken.

Aber dann steigen deine Kollegen und Nachbarn, Bekannten und Freunde und Verwandten in ihre Autos, kehren in ihr Zuhause und zu ihren Familien zurück, und die Menschen, die dein Tod aus dem Lauf ihres Lebens gerissen hat, sind allein.

Trauernde, die ihren Schmerz später sezierten, erinnern von diesem Abend der Beerdigung nicht viel. Die Stille, die sie daheim umfing. Die Leere, die alle Räume füllte. Die Gnade, irgendwann von ihrer Erschöpfung in den Schlaf gezwungen zu werden. Aber der Morgen. An den Morgen danach erinnern sie sich. Sie tauchten aus dem Schlaf empor, träge noch, der schwerelose Zustand, in dem sie nicht mehr vollständig schliefen, aber auch noch nicht durch und durch erwacht waren. Da war ein Schatten. Da war eine Schwere. Sie erinnern eine dumpfe, bleierne Ahnung. Hatten sie Streit mit dir? Warst du weg gewesen? War etwas vorgefallen? Wo steckst du?

Dann fällt es ihnen ein.

Du bist tot.

Du, tot.

Wie eine Welle rollt die Wirklichkeit über sie hinweg. Manchen Trauernden wird in diesem Moment jäh klar, dass jede Vorstellung, die sie sich vor deinem Tod von

Trauer machten, hinfällig ist. Das hier, das ist anders – schroffer, gewaltiger, so unendlich schmerzhafter, etwas Aufsässiges und Zügelloses, das alle Kontrolle abschüttelt. Der erste Tag, an dem du unter der Erde und aus der Welt bist, zertrümmert ihre Hoffnung, dein Abschied könnte ein Abschluss und ein Anfang sein. Die Trauer um dich, wie sollen sie das ertragen, wie lang wird dieser Schmerz sie beherrschen? Ein Jahr, wie die Tradition des Trauerjahres verspricht?

Ein Jahr.
Das sind 365 Tage.
Das sind 8760 Stunden.
Das sind 525 600 Minuten.
Und jede einzelne ohne dich.

Trauer ist ein gespaltener Begriff, seine Bedeutung ändert sich im Augenblick, in dem jemand von ihr betroffen ist. Darin gleicht sie dem Gefühl, dessen Schatten sie ist, der Liebe: Über Liebe zu sprechen, zu denken, zu urteilen ist etwas vollkommen anderes als verliebt zu sein, atemlos, mit fliegendem Herzen, alle Gedanken allein auf die oder den einen ausgerichtet. Liebe ist jedoch auch in der Vorstellung, die nicht verliebte Menschen von ihr haben, uneingeschränkt und frei: Liebe muss nichts, Liebe darf alles. An die Trauer dagegen legen Menschen, die nicht trauern, Maßstäbe an: Sie pflegen Erwartungen, wie lange Trauer zu dauern und wie sie sich auszudrücken hat, sie sprechen von Trauerarbeit und Trauerphasen, sie bewerten die Trauer. Sie beurteilen sie in der Regel als Problem oder als Pflichtprogramm – wie etwas Technisches, ein Defekt, der zu beheben ist, ein Mechanismus, der abzulaufen hat. In ihrer Vorstellung ist Trauer niemals frei: Trauer darf nichts, Trauer muss und muss und muss.

Solche Vorstellungen sind – wie viele Trauernde wissen – irreführend. Trauer ist keine Phase, über die man einfach nur hinwegkommen muss. Trauer ist auch kein Störfall, der beseitigt, keine Krankheit, die bekämpft werden muss. Trauer ist etwas vollkommen Normales – die natürliche Reaktion auf den Tod eines geliebten Menschen. Das macht sie so mächtig, das macht sie so vielschichtig. Jeder Mensch aus den Generationen deines Lebens hatte eine einzigartige Beziehung zu dir – du warst ihnen Mann oder Frau, Mutter oder Vater, Bruder oder Schwester, du warst Freund und Kind, Geschwister und Gefährte, Kumpel und Kollege. Diese Begriffe spiegeln aber lediglich ihre Beziehung zu dir, ihre Bindung zu dir ist individueller gewesen, intimer. Eine Freundin kann dich so im Herzen getragen haben wie sonst nur ihren Sohn. Deinen Kindern kannst du fremder geblieben sein als das Wort Vater verheißt. Die blanke Art eurer Beziehung bestimmt ihre Trauer weniger als die Stärke eurer Bindung. Jeder der Menschen, die um dich trauern, hat in dir etwas verloren, das ihm eigen ist. Aus diesem Grund allein kann es keine einheitliche Trauer geben. Dazu kommt, dass jeder Mensch anders mit Trauer umgeht, jeder auf seine eigene Art trauert – und das von Todesfall zu Todesfall verschieden: Die Trauer um dich kann vollkommen anders sein als die Trauer um die Eltern, Geschwister, Freunde. Das ist der Wesenskern der Trauer, der oft übersehen wird: Jede Trauer ist einzigartig, keine ist gleich.

Viele Menschen, die schon lange an der Seite ihrer Trauer leben, macht die Vorstellung wütend, an Trauer ließen sich Maßstäbe anlegen. Trauer muss und muss und muss? Das ist Unsinn, sagen sie. Trauer muss überhaupt nichts. Trauer ist unberechenbar, Trauer ist unbeherrscht. Sie hält sich nicht an Zeitpläne. Sie beugt sich keinen Regeln. Sie gehorcht keinen Rezepten. So verständlich der Wunsch ist, Trauer in den Griff zu kriegen, wenigstens gedanklich: Es gibt keine Ordnung in der Trauer, es gibt kein richtiges Trauern, kein falsches. Jeder verschmerzt den Verlust eines geliebten Menschen auf seine eigene, einmalige Weise. Aber es kommen – darin gleichen sich Trauern und Sterben – einige Muster vor, die sich ähneln. Das bedeutet allerdings nicht, dass Trauernde diese Muster unweigerlich durchleben müssen. Vielleicht erleben die Menschen, die um dich trauern, viele davon. Vielleicht kein einziges.

Die Wahrnehmung von Trauer ist verzerrt. Das hat viele Gründe: Wie Trauer betrachtet wird, ist auch eine Frage der Gesellschaft, in der sie auftritt, des Kulturkreises, von dem sie erwartet wird. Wissenschaftler, die Trauer erforschen, warnen vor vorschnellen Annahmen: Die Vorstellung, dass der Verlust eines geliebten Menschen zwingend zu einem langen und intensiven Leiden führen muss, hat sich als falsch herausgestellt – manche Menschen wettern Trauer leichter ab als andere. Sie sind widerstandsfähiger gegen den Schmerz und das Leid nach Schicksalsschlägen. Die Wissenschaft spricht von Resilienz. Das bedeutet nicht, dass diese Trauernden ihre Trauer verdrängen. Sie trauern schlicht anders. Auf der anderen Seite bedeutet ein überaus schmerzhaftes, lang andauerndes Trauern nicht automatisch, dass es sich um etwas Krankhaftes handelt. In der Trauer ist alles möglich. Vielleicht finden die Menschen, die um dich trauern – zu ihrer Überraschung oder zu der anderer –, schneller als erwartet in den Lauf eines Lebens ohne dich. Vielleicht ist es schwerer als angenommen, ohne dich zu sein.

Eines jedoch eint Trauernde: Auch wenn es in den Augenblicken nach deinem Tod kaum jemand für möglich hält – so wie sich deine Gebeine im Grab zersetzen, wie die Schrift auf deinem Stein verwittert und die Erinnerung an dich verblasst, so schwindet auch die Intensität der Trauer um dich. Die Intensität. Die Trauer an sich nicht. Sie bleibt. Oft ein Leben lang. Doch auch die

Menschen, die um dich trauern, werden sterben. Und mit ihnen vergehst auch du, mit jedem Tod mehr. So lange, bis an einem Tag außer Sicht – in Jahren, Jahrzehnten, einem Jahrhundert – die letzten Spuren deines Lebens verwehen und dein Sterben und Tod vollkommen sein werden.

Diese Stille. Diese Leere. Sie sucht die Menschen heim, die um dich trauern, sie nistet sich ein. Die Räume, in denen du geatmet, gesprochen, gelacht hast, liegen still. Dein Platz am Tisch ist verwaist. Deine Stimme verstummt. Dein Bett leer. Wie gegenwärtig etwas Abwesendes sein kann. Wie sehr sich die Wahrnehmung verändert. Vor deinem Tod waren *still* und *leer* Worte ohne Leben. Aber nun lernen die Menschen, die dir nahe waren, alle leibhaftigen Arten von Stille und Leere kennen. Abends die schlaflose Stille, die kein Radio, kein Fernseher auslöschen kann. Morgens die Stille, die deinen Atem vermisst. Die Leere, die in diesem Augenblick in ihren Sinn schlüpft. Die Stille, wenn ihre Stimmen nach dir rufen. Die Leere, die an ihrer Seite sitzt, in ihrem Rücken läuft, sich neben sie legt. Die Stille mit Tränen, die ohne. Die Leere in ihnen.

In den ersten Tagen und Wochen nach deinem Tod schlägt der Schmerz über den Menschen zusammen, die dich begraben haben. Schmerz, aber er nicht allein. Trauer ist kein Gefühl. Trauer sind viele Gefühle. Angst. Schock. Wut. Sehnsucht. Furcht. Sorge. Erleichterung. Unglaube. Einsamkeit. Ohnmacht. Reue. Zorn. Ratlosigkeit. Liebe. Sehnsucht. Verwirrung. Ärger. Verlassenheit. Schuld. Dankbarkeit. Groll. Not. Gleichgültigkeit. Sehnsucht. Bitternis. Unglaube. Hilflosigkeit. Freude, dich gekannt, geliebt, mit dir gelebt zu haben. Hoffnungslosigkeit. Verzweiflung. Diese Stimmungen und Gefühle sind wetterwendisch, sie schlagen jäh um, sie wüten und stürmen. Manche Trauernde schreien diese Gefühle heraus: Sie drücken sie aus, sie erzählen sie wieder und wieder, sie beweinen sie. Manche schlucken sie herunter: Sie behalten sie für sich, sie durchdenken sie, sie suchen ihren Sinn. Alles natürlich. Jeder Mensch hat seine eigene Art, zu trauern.

Die Generationen deines Lebens spüren diese Gefühle unterschiedlich. Jede Familie ist anders, jede Familienstruktur komplex, gerade in großen oder in Stieffamilien, in denen es mehrere Väter und Mütter gibt. Deine Eltern übermannen diese Gefühle anders als deine Großeltern, weil der Tod des eigenen Kindes unter allen Toden eine Sonderstellung einnimmt: Du bist aus ihnen hervorgegangen, sie haben dich erschaffen – eine einzigartige Bindung, die nur zwischen Eltern und Kind existiert. In das Leben deiner Großeltern bist du lediglich getreten, deine Enkel fielen dir zu. Zudem zerstört der Tod des eigenen Kindes den als natürlich empfundenen Lauf der Dinge – Kinder sterben nach ihren Eltern, nicht andersherum. Deine Großeltern betrauern mit deinem Tod auch die Aussicht des eigenen, deine Enkel die Erfahrung, dass Sterben und Tod echt sind. Deine Kinder betrauern den Verlust des Menschen, ohne den sie diese Welt nicht kennen, und vielleicht das Wissen, dass nun sie die älteste Generation sind: Nach deinem Tod geht ihnen niemand mehr voran. Deine Liebe betrauert den Weggefährten, mit dem sie die meisten Erinnerungen teilte, und besonders im Alter deine blanke Gegenwart: Nach all euren gemeinsamen Jahren leben sie auf einmal wieder allein. So unterscheiden sich die vielen Gefühle der Trauer in den Generationen deines Lebens. Manche Trauernde erleben die ganze Fülle dieser Gefühle, manche einige wenige. Sehr häufig sind jedoch zwei Empfindungen.

Die eine reicht tief, sie wurzelt unter dem Wirrwarr der Gefühle: Die Menschen, die um dich trauern, wollen deinen Tod nicht wahrhaben – sie wehren sich dagegen, sie hegen heimlich die Hoffnung, er könnte ein Irrtum sein, ein böser Traum. Das ist normal. Du warst ein Leben lang leibhaftig. Ihre Gefühle und Gedanken sind der Tatsache deines Todes noch nicht hinterhergekommen. Menschen, denen Trauer nicht vertraut ist, fassen das meist nicht: Du bist tot, tot, tot, und nichts ist endgültiger als der Tod – was gibt es daran nicht zu begreifen? Doch das Unvermögen, deinen Tod als wahr zu nehmen, hat nichts mit Tatsachen zu tun. Obwohl alle Tatsachen – von deinem Totenschein bis zu deiner Beerdigung – untermauern, dass dein Tod endgültig ist, weigern sich die Menschen, die sich nach dir sehnen, das anzuerkennen. Nicht offen, nicht auf der Haut. Sondern im Inneren, in der Tiefe ihrer Gedanken und Träume. Es gibt eine Ebene des Bewusstseins, auf der sie glauben, dein Tod lasse sich ungeschehen machen. Menschen, die ihre Trauer später sezierten, erinnerte dieses heimliche Denken an Kinder: Wenn kleine Kinder anfangen, Verstecken zu spielen, schließen sie die Augen, weil sie glauben, wenn sie die Welt nicht mehr sehen, dann sieht die Welt auch sie nicht mehr. Sie sind unsichtbar – das zutiefst menschliche Wunschdenken, die Wirklichkeit beuge sich dem Willen von Gedanken. Dieses Wunschdenken kann stark sein. Manche Trauernde legen ihrem Toten noch monatelang Kleider heraus, als könnte er jederzeit in der Tür stehen. Manche müssen in den Stunden nach einem plötzlichen Tod, der anderswo als am Heimatort auftrat, wie unter Zwang nach Hause zurück, weil der Verstorbene doch sicherlich dorthin zurückkehren würde.

Die andere Empfindung, die viele Trauernde teilen, reicht hoch hinaus: Über die Fülle ihrer Gefühle spannt sich, wie ein dunkler Wolkenhimmel, ein Sinn des Verlusts – viel weiter und größer, als es zunächst den Anschein hat. Du bist verloren, deine Stimme ist verloren, dein Blick ist verloren, der Druck deiner Hände, der Geruch deines Haars, die Wärme deines Körpers sind verloren, deine Kraft ist verloren, dein Können, dein Wissen, deine Erfahrung sind verloren, deine Launen, deine Gesten, deine Liebe, sie haben so viel verloren in dir und noch unendlich viel mehr. Der Verlust nach deinem Tod umfasst nicht nur dich, sondern auch alles, was du verkörpert hast: Die Generationen deines Lebens haben außer einem geliebten Menschen auch ein Kind verloren, eine Ehefrau, einen Ehemann, einen Vater oder eine Mutter, den besten Freund, vielleicht den Koch im Haus, den Ruhepol der Familie, die Einzige, die mit Geld umzugehen weiß. Mit diesem Verlust sind weitere verbunden, die Verluste von mit dir verknüpften Rollen: Sind Eltern ohne Kind noch Eltern? Bleibt ein Ehemann ohne Ehefrau ihr Ehemann oder muss er sich ab sofort als Witwer auffassen? Ist die Lebenspartnerin eines Verstorbenen, mit dem sie nicht verheiratet war, eine Witwe? Diese verdeckten Verluste – Trauernde mit robustem Humor nennen sie Kollateralschäden – sind keine Spitzfindigkeiten, sondern haben auch handfeste Auswirkungen auf die Menschen, die um dich trauern: Sie verlieren den Lohn deiner Arbeit, die Sicherheit deiner Rente, vielleicht Wohnung oder Haus, die Verbindung zu Verwandten, deine Kontakte, deine Beziehungen, dein Wissen, wie zum Kuckuck die Waschmaschine zu bedienen oder der Tresor zu öffnen ist. Alles das ist aber nichts vor dem Verlust, der vielen Trauernden am größten erscheint: Sie verlieren nicht nur, was vergangen ist, sie verlieren dich nicht nur jetzt, in jedem Augenblick der Gegenwart – sie verlieren auch ihre Zukunft mit dir. Wissenschaftler vergleichen diesen Verlust mit einem Buch: Wenn die Geschichte deines Lebens ein Buch wäre, bricht dieses jäh ab,

mitten auf der Seite,

mitten in der Zei

Alle künftigen Kapitel sind ausgerissen. Alle Ziele und Pläne und Hoffnungen sind ausgelöscht. Die Kinder, die ihr einmal gehabt hättet. Die Enkel, die du ihnen eines Tages geschenkt hättest. Die Träume, die Reisen, die Wünsche, die ihr ganz bald – fest versprochen! – verwirklicht hättet. Alles vernichtet. Alles weg.

Trauernde schockt es oft, körperlich zu spüren, welche Kraft ihr Kummer entfaltet. Trauer nimmt nicht nur den Geist in Griff – Trauer befällt auch den Körper. Dieser Teil des Trauerns bekommt weniger Aufmerksamkeit als seine emotionalen Seiten, auch in der Wissenschaft. Die Symptome sind vielfältig. Manchen Menschen schnürt Trauer die Kehle derart zu, dass sie zu ersticken meinen. Manche krümmen sich vor Magengrimmen, manche spüren dort ein panisches Flattern, als wären sie auf der Flucht. Manchen schwindelt, manche spüren ihre Glieder taub oder voller Kribbeln. Vielleicht haben die Menschen, die um dich trauern, das Gefühl, um ihr Herz zurre sich etwas zusammen, enge sie ein. Vielleicht sengen sich ihre Tränen in die Wangen, bis ihre Haut brennt und spannt. Vielleicht geht ihre Verdauung in die Knie. Vielleicht hallt ihr Kopf vor Pein. Es ist, als sei ihr Körper entgleist. Das ist natürlich. Manchmal meinen Trauernde, was sie erleben – gerade anfangs, gerade körperlich –, wäre seltsam oder krank oder irre. Das ist es nicht. Sie trauern.

Auch innere Antriebe, auf die gewöhnlich immer Verlass ist, geraten ins Stocken. Viele verlieren jeden Appetit; allein der Gedanke an Essen verursacht Brechreiz. Andere übermannt ein unstillbarer Hunger, der nichts mit dem niedlichen Klang von Kummerspeck gemein hat. Viele vergessen vor Trauer zu trinken, und weil ihre Tränen den Körper auslaugen, dehydrieren sie wie in einer inneren Wüste. Andere fangen an, stark zu trinken, Alkohol aber. Sie finden keinen Schlaf oder schlafen ohne Unterlass. Sie spüren sich nur noch stumpf. Nichts fühlt sich mehr echt an. Die Zeit steht still.

Wenn Trauernde Worte suchen, um die ersten Wochen ohne dich zu beschreiben, sprechen viele von dieser Zeit wie über einen Ort. Sie schildern die Stunden als Mondlandschaft oder Trümmerwüste, sprechen vom Einschlagkrater deines Todes, vom Katastrophengebiet oder der Aufprallzone. Sie vergleichen diese Tage mit einem verwunschenen Ort, zu dem der Schlüssel ihres Schmerzes den Zugang öffnete, mit einem anderen Planeten oder dem Meeresboden, wo auf allem Leben atemloser Druck lastet und die Fische vor Finsternis blind sind. Sie sehen die Wochen wie ein langes und gewundenes Tal, in dem hinter jeder Kurve anderes Terrain auftaucht: meistens eine unerforschte Wildnis, manchmal genau die gleiche Landschaft, die der Trauernde seit vielen Kilometern hinter sich glaubte. So versuchen sie, Sinn zu bringen in das Chaos dieser Zeit, irgendeinen. Vielen kommt das im Rückblick vergebens vor. Sie sagen, man könne keinen Sinn in etwas legen, was sinnlos ist.

Ganz gleich, welche Gestalten die Trauer wählt und in welchen Gefühlen sie sich niederschlägt: Eine Gemeinsamkeit besitzen alle ihre Arten. Trauer ist kein statischer Zustand – ihr Leid kommt in Wellen. Sie schwillt an, sie schlägt hoch, sie ebbt ab, aber ohne das Ebenmaß, das Wellen in der Natur haben. Sie ist stürmischer, sie fällt Trauernde jäh an. Sie hat aber auch windstille Stunden und Augenblicke, sie hält inne, sie ruht. Wie stark diese Wellen sind, wann und in welcher Frequenz sie auftreten, wie lange sie währen, ist sehr unterschiedlich. Manchmal dauern sie Minuten. Manchmal halten sie eine Stunde oder länger an. Manchmal kommen sie hinterrücks. Manchmal spüren Trauernde sie heranrollen. Es dauert eine Weile, dann entwickeln etliche Trauernde einen Sinn, wann die Wellen bevorzugt hochschlagen. Morgen für Morgen tauchen sie eine süße Sekunde arglos aus dem Schlaf, bevor die Trauer über ihnen zusammenbricht. Abend für Abend singt ihr Schmerz sein altes Lied neu.

Deine amtliche Auslöschung beginnt, wenn deine Sterbeurkunde aus dem Drucker des Standesamtes kommt. Du hast in deinem Leben viele Spuren hinterlassen. Spuren in Herzen, wie Sinnsprüche und Sterbeanzeigen meinen, Spuren in Erinnerungen – aber vor allem hast du Spuren in Daten hinterlassen, in Dokumenten und Dateien. Diese Spuren zählen zu den ersten, die ausgelöscht werden. Der Prozess setzt sofort ein, sobald dein Tod amtlich anerkannt ist. Die automatisierten Mitteilungen, die das Sterbebüro verschickt, sickern durch Ämter und Behörden. Und überall beginnen Computer und Beamte, dich aus den Verzeichnissen der Lebenden zu streichen. In einigen Bereichen ist das mit ein paar Handgriffen am Computer erledigt – zack, und du bist nicht länger Bestandteil eines Wählerverzeichnisses. In anderen sind alte Prozeduren vonnöten. Viele Geburtenregister stützen sich, besonders bei alten Jahrgängen, auf Papier. In diesen Geburtenbüchern hat die Bürokratie – zu jenem fernen Zeitpunkt, als dein Leben anfing – deinen Tod bereits mitbedacht: Der amtliche Eintrag deiner Geburt enthielt am Rand einige vorgefertigte Zeilen, um dereinst Tag und Ort deines Todes zu verzeichnen. Nun blättern sie im Standesamt deines Geburtsortes deine Seite auf, tragen deinen Tod ein und dich aus. Sie löschen dich aus Melderegistern. Sie streichen dich aus Statistiken. Sie tilgen die amtlichen Spuren deines Lebens.

Die Menschen, die um dich trauern, erfahren davon postalisch. Vielleicht meldet sich das Finanzamt zuerst, dein Erbe, falls du Eigentum und Vermögen hattest. Vielleicht treffen zuerst deine Sterbeurkunden ein. Zwei Stück sind kostenfrei, eine für deine Rentenversicherung, eine für deine Krankenkasse. Die zusätzlichen Sterbeurkunden, die deine Angehörigen ausstellen ließen, dienen ihnen dazu, deinen Tod allen Stellen anzuzeigen, die dich nur lebend kennen. Es sind eine

Menge. Du existierst trotz deines Todes noch in vielfacher Form: bei der Bank, bei der Post, bei der Sparkasse und den Stadtwerken, die dir Wasser und Strom lieferten, für das Fitnessstudio oder die Zeitungsausträger, für die Haftpflicht-, Lebens- oder Hausratversicherung, auf den Lohnlisten deines Arbeitgebers oder in Kirchenbüchern, auf dem KFZ-Schein, in deiner Steueridentifikationsnummer, in E-Mail-Adressen und Telefonnummern und den Passwörtern deiner Identitäten im Internet. Die Menschen, die um dich trauern, machen sich daran, dein Leben abzuwickeln. Sie kündigen, annullieren, widerrufen, stornieren, lösen auf und bestellen ab – alles kraft deiner Sterbeurkunde: Dieses dürre Blatt Papier mit dem Bundesadler darauf ist die eine Bescheinigung, die alle anderen Bescheinigungen aufhebt. Ein Wink mit ihr, wie mit einem Zauberstab, und ein weiterer Beweis deines Lebens löst sich in Luft auf. Eine verstörende Erfahrung. Wie widerspruchslos alle deinen Tod aufnehmen. Wie sachlich sie damit umspringen. Wie gleichgültig der Welt dein Verlust ist.

Ein Spalt tut sich auf, ein Riss entsteht. Manche Trauernde nehmen diese Kluft wie dinglich wahr, sie spüren, wie sich etwas zwischen sie und den Rest der Welt schiebt, eine unsichtbare Wand, eine Barriere, unüberbrückbar. Andere schildern ihren Abstand von der Welt als Kokon, als Blase. Diese Gefühle kanntest du gut. So, wie vor ihrem Sterben viele Sterbende das Gefühl gewinnen, von einer Membran umgeben zu sein, die sie von der Welt abschottet, erleben es nun viele Trauernde. Sie können es nicht fassen, nicht deinen Tod, nicht die Selbstverständlichkeit, mit der der Alltag weiterläuft. Wie ist das möglich? Wie kann das sein? Dein Tod ist keinen Monat her. Der Verlust ist frisch. Die Wunde offen. Du bist vom Angesicht der Welt verschwunden, aber noch immer ist alles vorhanden, was an dich erinnert. Deine Kleider, und dein Geruch in ihrem Innern. Deine Zahnbürste, seit Tagen trocken. Deine Kinder. Dein Schlüsselbund. Dein Lieblingslied. Deine Bücher und dein Handy, deine Brille und der verfluchte Krimskrams im Keller, den du nie wegwerfen konntest. Du bist fort, und dennoch auf unzählige Arten zugegen.

Dieser Umstand bestimmt Trauernde und ihre Umwelt stark. Die Dinge werfen ihren Schatten in der Erinnerung, sie sind nicht allein Gegenstände, sondern auch Symbole. Das lädt selbst banale Objekte auf, die anderen Menschen bedeutungslos erscheinen. Ein zerknüllter Einkaufszettel birgt deine Gedanken. Der Verhau in deinem Zimmer ist nicht länger Quelle für Ärgernis, sondern Denkmal. Die Fernbedienung, das aufgeschlagene Buch, selbst eine angebrochene Tafel Schokolade tragen noch den Hauch deiner Hand. Menschen, die Trauer noch nicht kennen, haben für dieses zweite Gesicht der Gegenstände keinen Blick. Deswegen geben Trauernde, die ihre akute Trauer später analysierten, einen Rat: Wer in dieser ersten Zeit einem Trauernden zu Hilfe kommt – bitte nichts waschen, wegwerfen oder aufräumen, ohne vorher zu fragen. Diese leere Flasche Wein, die war die letzte, aus der du in deinem Leben ein Glas getrunken hast. Das zerwühlte Bett, in ihm zeichnen sich Spuren deines Körpers ab. Die dreckige Wäsche dort, sie riecht nach dir.

Trauer macht auf viele Arten einsam. Vielleicht ziehen sich die Menschen, die um dich weinen, von allein zurück. Vielleicht erleben sie, wie treue Freunde, mit denen sie alles teilten, ihnen auf einmal ausweichen. Vielleicht isoliert sie, immerzu von dir zu erzählen, vielleicht, nur noch zu schweigen. Sie ertragen es nicht, den Alltag, die Menschen, ihre tausend Nichtigkeiten. Trauernde sehen die Welt ohne Schleier, sie erkennen in schmerzender Klarheit, dass Tod und Verlust zum Leben zählen. Auf Sinnfragen der Art, was wirklich wichtig ist, haben sie eine handfeste Antwort gelernt. Diese klare Sicht kann dazu führen, dass das Verhalten anderer den Trauernden nichtssagend vorkommt. Alles scheint belanglos. Alles unerheblich. Psychologen sagen: Trauernde verlieren das Verbindliche. Sie unterscheiden radikal zwischen dem, was wesentlich ist, und dem Rest. Andere Menschen schreckt diese kompromisslose Haltung häufig ab. Trauernde ziehen sich daraufhin stärker zurück. Tröstende erleben sie daher als unzugänglich. Dann verkriechen sich Trauernde vollends in sich selbst, wie eine Schnecke in ihr Haus. Irgendwann erscheint es ihnen, als seien sie nicht nur von dir, sondern auch von allen anderen allein gelassen. Trauernde haben dieses doppelte Verlassensein eigens getauft: Einsamkeit^2.

In diesem zurückgezogenen Zustand erstaunt es, auf andere zu treffen, die auch einsam, wie hinter einer unsichtbaren Wand unterwegs sind. In ihrer individuellen Trauer verlieren Trauernde leicht aus dem Blick, dass viele Menschen die verwunschenen Orte des Schmerzes kennen, ähnliche Mondlandschaften und Trümmerwüsten durchquert haben. Aber auf einmal tauchen diese Ahnen der Trauer auf, oft unverhofft.

Ein Vater, der seinen kleinen Sohn im Sterben so lange in den Armen hielt, bis der kleine Körper kalt war, peitscht sich Tage später zur Arbeit. Er arbeitet in einer großen, internationalen Firma. Als der Vater abends im Auto sitzt, klingelt sein Firmenhandy, eine Nummer, aus dem Ausland, die Zentrale. Als er abnimmt, ist es ein Kollege, den er nicht kennt, den er noch nie gesprochen hat. Der Kollege sagt, er habe auch ein Kind verloren, einst. Er sagt nicht viel mehr. Er ist nur am Telefon, hört zu, schweigt. Der Vater denkt später oft daran.

Ausgerechnet ein Kollege war der Erste, der seine Trauer einfach nur anerkannte.

Eine Mutter und ein Vater, deren Tochter in einem tragischen Unglück ums Leben gekommen ist, bekommen am Tag darauf Besuch von einem Mann in Schwarz. Der Mann stammt aus einer entfernten Stadt, er ist ins Auto gestiegen, als er in den Nachrichten von dem Unglück hörte. Die Eltern sind erstaunt, als er auf einmal vor ihrer Tür steht. Der Mann sagt ihnen, er sei der Vater eines Kindes, das in einem ähnlichen Unglück zu Tode gekommen ist. Er sei gekommen, um ihnen zu schildern, was sie erwartet.

Ein junger Mann, der seinen Vater verlor, steht auf der Beerdigung vor der kleinen Schar von Freunden und Familie, die gekommen sind, um Abschied zu nehmen. Die Aussegnungshalle ist ein strenger Bau aus Beton. Aus den Lautsprechern klingt kein Choral, sondern die dunkle Stimme von Johnny Cash. Der Priester ist gar keiner, sondern ein Trauerredner, privat bestellt und bezahlt. Aber eines ist beim Alten geblieben auf dieser Beerdigung der neuen Art. Der junge Mann liest eine E-Mail vor, die ihm ein Schulfreund schickte, dessen Vater ein Jahr zuvor starb:

> »Der größte Trost damals war, dass ich mit meinem Schmerz und meinem Leid nicht allein bin. Und damit meine ich jetzt nicht die Vielzahl an Leuten, die einem in diesem Moment beistehen. Vielmehr meine ich die Unzahl an Leuten, die – ähnlich wie man selbst – um ihre Lieben trauern. Wie viele das sind, merkt man erst, wenn man selber trauert. Und merkt dann, dass der Schmerz, der einem – weil so unerträglich – einzigartig erscheint, glücklicherweise ganz gewöhnlich ist. Und gewöhnlich auch vorbeigeht.
> Sei also in der Gemeinschaft der Trauernden herzlich willkommen.«

Die Gemeinschaft der Trauernden.

Sie trägt viele Spitznamen. Trauerfamilie. Schmerzgenossenschaft. Manche ihrer Mitglieder nennen sie »The Tribe of After«, der Stamm des Danach. Wie viele Gemeinschaften, die das Schicksal formt, ist sie schwierig zu fassen, vor allem für Außenstehende. Sie scheint seltsam unscharf: Gibt es Gemeinschaft in etwas, was so individuell und schmerzhaft ist wie Trauer? Jeder Tod ist anders. Jede Trauer ist anders. Jeder Trauernde ist auf seine eigene Art allein. Aber es gibt andere, die in der Lage sind, das zu erkennen; Trauernde sagen, sie sichten sich, am Anblick ihrer Gesichter, ihrer Augen. Aber es gibt andere, die in der Lage sind, das anzuerkennen. Das macht die Gemeinschaft der Trauernden aus: Ihre Mitglieder wissen, dass sie nicht allein damit sind, allein zu sein.

Die Gemeinschaft der Trauernden ist kein fester Verbund oder Verein, sie ist eher ein Sinnbild. Dennoch versammelt sich diese Gemeinschaft auch, sie trifft sich, tauscht sich aus. Früher fanden sich Trauernde schwerer, aber heute gibt es eigene Foren der Trauer, vor der Haustür in Trauergruppen, weltumspannend im Internet. Manche Trauernde erleben es als Befreiung, das erste Mal ehrlich darüber sprechen zu können, unter ihresgleichen. Manchen fällt es schwer, ihren Schmerz offenzulegen. Viele ihrer Mitglieder haben die Hoffnung, dass die Gemeinschaft der Trauernden eines Tages so selbstverständlich zur Welt gehört wie eine andere lose Gemeinschaft, die ein einziges Ereignis im Leben verbindet: die Gemeinschaft der Eltern, mit ihren Krabbelgruppen, Elternabenden und allseits anerkannten Ritualen wie dem ersten Schultag.

Trauer trübt die Sinne. Die Menschen, die um dich klagen, erleben sich verwirrt oder fahrig. Sie vergessen Telefonnummern, den Schlüssel im Schloss, grüne Ampeln, die eigene Adresse, den aufgedrehten Herd, das simple Handwerk des Lebens. Sie ertappen ihre Gedanken, wie sie irgendwo fern der Vernunft umherwandern. Sie können sich schwer konzentrieren; ihre Aufmerksamkeit reicht kaum aus, mehr als ein paar Zeilen eines Buches zu lesen oder die Überschriften in der Zeitung. Das ist normal. Psychologen, die Trauer studieren, sprechen von kognitiven Defiziten. In der Gemeinschaft der Trauernden sagen sie dazu: der Nebel der Trauer.

In dieser Zeit unmittelbar nach deinem Tod suchen viele Trauernde Rat, meistens schwarz auf weiß, in Lehrbüchern oder Leitfäden. Sie sehnen sich nach dem Gefühl der Kontrolle, das Wissen verleiht. Sie sind dann oft enttäuscht, wie wenig sie ihre Gefühle darin erkennen, wie nutzlos ihnen Wissen in ihrer Situation scheint: Die Information, dass Trauernde in der Regel an eingeschränkter Konzentrationsfähigkeit leiden, ist inmitten des Nebels der Trauer keine Sichthilfe. Manche Mitglieder der Gemeinschaft der Trauernden haben deswegen – im Rückblick, Jahre später – ihre Erkenntnisse aus dieser akuten Zeit gesammelt und zu Tipps gebündelt. Sie sind spartanisch, sie lesen sich wie die Einsatzbefehle im Taschenformat, die Soldaten im Kampfgebiet ausgehändigt werden:

Trinkt Wasser (weil Weinen dehydriert)

Geht raus (weil der Wind nicht fragt, wie es euch geht, und Bäumen egal ist, wer vor ihnen weint)

Bewegt euch (ändert nichts an der ganzen Scheiße, aber Bewegung, und sei es ein kurzer Spaziergang, bringt Ruhe)

Duscht (wenn alles egal ist, warum duschen und waschen? Weil es reinigt, auch wenn das kaum spürbar ist)

Esst (wenigstens ein bisschen, wenigstens eine Brühe)

Hegt etwas (die Blumen, den Hund, das Auto; ein klein wenig kümmern kann helfen)

Passt auf euch auf (um euretwillen, und auch für die anderen: Wenn die Wellen der Trauer hochschlagen, wird es gefährlich, Maschinen zu führen, Autos zu fahren, nur schnell noch über die Straße zu laufen)

Manchen Trauernden helfen solche harten Handreichungen in der ersten Zeit. Anderen genügt es, anfangs zu erfahren, dass das Chaos, das sie erleben, keine Ausnahmeerscheinung ist.

So vergehen Tage und Wochen ohne Takt. Den Menschen, die dich vermissen, kommt nach deinem Tod das Gefühl für Zeit abhanden, die Augenblicke reihen sich trostlos aneinander. Ab und an kommen Momente in Sicht, die gemeinhin als Wegmarken angesehen werden. Es gibt einige. Vielleicht warten deine Angehörigen nur auf den Tag, an dem dein Testament eröffnet wird. Dann schließen sie mit deinem Tod vor dem Gesetz ab: Sie erhalten das Eröffnungsprotokoll des Nachlassgerichts, erfahren deinen letzten Willen, wenn du einen verfasst hast, entscheiden, ob sie das Erbe antreten. Das gilt als Form eines materiellen Abschlusses. Vielleicht pflegen deine Angehörigen die Tradition, nach sechs Wochen in der Kirche die Seelenmesse für dich lesen zu lassen. Dann gedenken sie deines Todes in einem Ritual: Sie versammeln sich nach den vierzig Tagen, die auch Jesus durch die Wüste wandelte, beten für deine ewige Ruhe, besuchen dein Grab. Dies gilt als Form eines spirituellen Abschlusses. Solche Wegmarken sagen wenig darüber, wie es deinen Freunden und deiner Familie wahrhaftig ergangen ist mit deinem Tod. Es sind von außen angelegte Maßstäbe. In ihrem Inneren ist ihre Trauer so vielschichtig wie immer. Vielleicht stellen sie fest, dass sich die spitzen Kanten ihres Schmerzes schon abschleifen. Kein Grund, sich deswegen schlecht zu fühlen. Manchen Menschen fällt es leichter, Trauer zu trotzen. Vielleicht spüren sie ihren Schmerz so schroff wie am ersten Tag. Auch das ist kein Grund zur Sorge. Sechs Tage oder sechs Wochen oder sechs Monate, egal – Trauer hat kein Verfallsdatum.

Manche der Menschen, die sich nach dir sehnen, fangen einige Tage oder Wochen nach deinem Tod an, dich zu suchen. Sie machen sich auf, ohne Ziel oft, sie wandern durch die Stadt oder den Wald, auf der Suche nach deiner Stimme, deiner Wärme, deiner Präsenz, sie können es nicht erklären, schon gar nicht sich selbst. Sie wissen, du bist tot. Sie erwarten nicht, dich in Fleisch und Blut zu treffen. Sie zieht es trotzdem hinaus, in die Natur, unter Menschen, in alle Himmelsrichtungen, um einen Hauch von dir zu erhaschen. Es hat etwas davon, einem Geruch hinterher zu wittern, einen verflogenen Duft zu verfolgen. Psychologen sprechen von Suchverhalten. Manche Trauernde – besonders jene, die eine sehr enge Bindung zu dir besaßen – meinen auch, dich ab und an zu finden. Sie gewinnen das Gefühl, du wärst zugegen. Sie glauben, deine Stimme zu hören. Sie spüren deine Nähe, als stündest du an ihrer Seite. Manchmal sind diese Gefühle so stark, dass Menschen sicher sind, dich in der Tat irgendwo gesehen oder einen Ratschlag von dir erhalten zu haben. Eingefleischte Psychoanalytiker sprechen von Wunschpsychosen: Die Sehnsucht selbst ruft die Eindrücke hervor, nach denen sie sich verzehrt. In der Gemeinschaft der Trauernden versuchen sie, gelassener mit solchen Gefühlen umzugehen. Neuen Mitgliedern tut es gut, zu erfahren, dass sie keineswegs verrückt geworden sind, nur weil sie in einer Menschenmenge ein Gesicht zu sehen glauben, das genau dem ihres Toten ähnelt. Das kommt derart häufig vor, dass Trauernde in den Vereinigten Staaten einen Spitznamen dafür gefunden haben: »Mourn Mirage«, das Trauer-Trugbild.

Viele Trauernde ziehen sich in die Vergangenheit zurück. Sie arbeiten deinen Tod durch. Sie erinnern sich an den Augenblick, als deine Ärzte anfingen, Fragen zu stellen: Wie sehen Sie Ihre Situation, was wissen Sie über Ihre Krankheit? Sie erinnern sich an die Tage im Krankenhaus, als sich eine Untersuchung an die andere reihte, an deine Hoffnung auf Heilung, an das Gespräch, als die Ärzte offenbarten, wie es um dich stand. Sie erinnern sich an ihre Tränen, die sie vor dir verbargen, an ihre Zuversicht, von deren Zweifeln sie allein wussten. An den letzten Urlaub und wie schwach sich deine Arme auf einmal anfühlten. An deinen letzten Ausflug und die Erschöpfung, die sich in dein Gesicht grub. An dein letztes Mal in der Sommersonne, im Winterwind. Sie erinnern sich, wie zu einem Medikament ein zweites kam und ein drittes, zu den Tabletten die Zäpfchen und Tropfen, wie das Material der Medizin um dich wucherte, die Kanülen und Beutel und Schläuche und Nadeln. Sie erinnern sich an deine Schmerzen und züchtigen sich; ihr Leid ist nichts dagegen, zusammenreißen, da muss man sich mal zusammenreißen. Sie denken an deinen Atem am Ende, deine Unruhe, dein Dämmern. Wie sie an deiner Seite wachten. Wie sie warteten. Wie der Anruf kam und sie schon an der Stimme der Schwester … – sie wussten es, sie wussten es sofort.

Sie erinnern sich an so viele Dinge, an einzelne Augenblicke, die auf einmal in ihren Erinnerungen aufflammen, an Ende und Anfang und alles dazwischen, kreuz und quer. Das ist normal. Die Menschen, die um dich trauern, arbeiten ihre Erinnerung auf. Manche mehr, manche weniger intensiv. Manche Trauernde analysieren – gerade wenn dein Tod unversehens kam – das Geschehen in den Stunden, Tagen, Wochen zuvor: Gab es Hinweise? Hatten sie ein Zeichen übersehen? Hatte irgendetwas deinen Tod ahnen lassen, eine Szene, ein Satz, sahst du selbst einen Schatten? Manche meinen dann rückblickend Botschaften zu bemerken, die ihnen damals entgingen. Das tote Tier auf der Terrasse. Das dunkle Gewitter auf der Fahrt aus dem Urlaub. Dein Unwillen, diese Arbeit oder jene Reise anzutreten. Ein achtloses Wort des Abschieds, das du aus dem Autofenster gerufen hattest, wird zum Omen. Ein kaputtes Gerät hat von deinem Tod gewusst. Menschen, die Trauer noch nicht kennen, kommt das kindisch vor. Deinen Trauernden erscheint es nur natürlich. Sie lesen Sinn in deinen Tod. Andere Trauernde aber sehen in der Erinnerung keine Omen, keine Ahnungen. Sie überrascht im Rückblick, wie normal alles war vor deinem Tod, wie alltäglich. Der Himmel blau. Die Straßen voll. Der Steuerbescheid im Briefkasten. Das Leben in Ordnung.

Auf den Ämtern schreitet die Aufarbeitung deines Todes vorschriftsgemäß voran. Im Sterbebüro haben dich die Standesbeamtinnen in die Liste für die örtliche Statistik eingetragen, eine erste grobe Aufstellung aller angefallenen Toten: Name, Vormerknummer, deine S-Nummer.

Dein alter Ausweis aus deiner Zeit unter den Toten – die Todesbescheinigung – ist an die zuständige untere Gesundheitsbehörde weitergeleitet worden, Sachgebiet Medizinalwesen und Infektionshygiene, Sachbereich Sterbewesen. In der Gegend, in der du gestorben bist, sitzt die Gesundheitsbehörde in einem großen, unscheinbaren Gebäude an einer Ausfallstraße. Viele Gänge sind voller Leben: Amtsärzte untersuchen Kinder, ob sie bereit sind für den Ernst des Lebens, beraten Schwangere, helfen Suchtkranken. Vor den Büros des Sterbewesens wartet niemand. Dein Amtsarzt ist ein hochgewachsener Mann mit Halbglatze, der kurz vor der Pensionierung steht. Sein Name ist Dr. G. Er ist ein seltener Spezialist unter Ärzten; ein Facharzt des Öffentlichen Gesundheitswesens. Er leitet das Sterbewesen. Seine Leidenschaft ist Seuchenschutz, aber die Kontrolle der Leichenschauen und Todesbescheinigungen in seinem

Amtsbezirk ist ihm mehr als eine Pflicht. Er ist der Überzeugung, dass die Arbeit der unteren Gesundheitsbehörden die Grundlage für Wissenschaft und Forschung schafft, gerade in Sachen Sterben.

Deine Todesbescheinigung trifft in seinem Reich per Einschreiben oder per Bote ein, eine von mehreren hundert TBs deiner Todeswoche. Diese Masse unterziehen die Verwaltungsfachkräfte des Todes einer formalen Kontrolle: Hat deine Leichenbeschauerin damals auch unterschrieben, vielleicht sogar leserlich? Hat sie Ort und Uhrzeit angegeben, an denen sie deine Leichenschau durchführte? Sind ihr Fehler der Art unterlaufen, bei einer Leichenschau nach Mitternacht das Datum des Vortages anzugeben? Die Prozedur ist von Bundesland zu Bundesland verschieden, aber gerade in größeren Städten, die ein hohes Leichenaufkommen haben, hat es etwas sehr Eigenartiges – es ist aus der Zeit gefallen: Deine Trauerfeier, deine Kremierung, deine Beisetzung sind längst vorbei, als sie deinen Tod aufarbeiten.

Dann machen sich die Amtsärzte, die Dr. G. unterstehen, über deine TB her. Sie prüfen deinen Tod fachlich, sie prüfen ihn auf Plausibilität. Im Fokus ihres Interesses: der vertrauliche Teil deines Totenscheins, Blatt 1, Absatz I, Zeilen a) bis c). In der Sprache ihres Fachbereichs sagen sie dazu: die Todesursachenkaskade oder, knapper, die Kausalkette. Sie beurteilen ihren Sinn. War dein Leichenbeschauer ein Simpel und schrieb dein Sterben in Schlagworten auf, die auf alle Sterbenden zutreffen? Solche Endzustände wie Atemstillstand oder Multi-Organ-Versagen mögen sie im Sterbewesen gar nicht gerne, und wenn ihnen der Kollege allzu schlampig scheint, mahnen sie ihn schriftlich an, die Kette deiner Krankheiten nochmals zu überdenken und deinen Totenschein zu korrigieren. War dein Leichenbeschauer ein Siebengescheit und schlüsselte dein Sterben im ICD-Code auf, den Kürzeln aller Krankheiten? Da blättern sie im Sterbewesen hochachtungsvoll durch die Krankheitskataloge, um nachzusehen, welchen Erreger genau der Kollege erkannt hat, der deine Blutvergiftung als A41.1.-Sepsis aufführte. Die Amtsärzte um Dr. G. machen sich keine Illusionen über die Güte dieser Dokumentation deines Todes. Sie sprechen nicht so gerne darüber, weil aus den Daten, die sie gewinnen, Statistiken über Todesursachen werden, Kernthemen für Gesundheitsministerien, Forschungsfelder für die Pharmaindustrie. An der Quelle dieser Daten aber wissen die Amtsärzte: Wenn sie dich und jeden anderen Toten aufschneiden würden, um die Ursachen des Todes nicht nur anhand der äußeren, sondern auch durch eine innere Leichenschau zu untersuchen – dann würde sich grob die Hälfte der angegebenen Todesursachen als falsch herausstellen. Im Behördensprech der Amtsärzte sagt man: Die äußere Leichenschau ist eine Untersuchung mit begrenztem Erkenntnisgewinn. Im offenen Gespräch sagen sie: Die Daten sind zum Teil so unzuverlässig, dass sie die Statistik der Todesursachen verzerren. Aber schlechte Daten sind besser als keine Daten. In etlichen Gegenden der Erde werden sie überhaupt nicht erhoben.

Schließlich erfasst das Sterbewesen die Stammdaten deines Todes elektronisch. In manchen Gebietskörperschaften gibt es zu diesem Zweck eigene Datenverarbeitungsprogramme, in anderen gehen sie nach alter Väter Sitte vor und tippen Tod für Tod in eine Tabelle ab. Die dadurch gewonnenen Daten geben sie weiter, viele Bundesländer haben eigene Verordnungen dafür: Totenscheine werden amtlich abgelichtet, Daten gesammelt, anonymisiert, als vertrauliche Dienstsache an die Landesämter für Statistik übermittelt und an die Krebsregister, die über diese Krankheit Buch führen. Am Ende, wenn alle Kontrollen und die Datenerfassung abgeschlossen sind, putzt das Sterbewesen deine Todesbescheinigung. So nennen sie es, wenn sie die Formulare von Resten der Klebefalze und Gummierung befreien, um sie archivfertig zu machen. Dann falten sie deine Todesbescheinigung, sortieren sie in die Sammlung aufgearbeiteter Fälle ein, stecken dich in eine Dokumentenwanne, in der alle Toten aufgereiht werden, Tag auf Tag, Woche auf Woche, Monat auf Monat. Diese Wannen dienen den Ämtern als Abklingbecken: Deine Todesbescheinigung wird so lange in ihnen aufbewahrt werden, bis dein Tod amtlicherseits Vergangenheit ist. Am Ort deines Todes passen alle Toten aus sechs Monaten in einen Aktenschrank. Er steht in Raum 2040, hinter einer Tür, an die deine Sachbearbeiter ein Bild geheftet haben, auf dem ein geflügelter Engel fluchend auf seiner Wolke sitzt.

Dann, plötzlich, ist eine Jahreszeit vergangen. Die Bäume schlagen aus, der Sommer zieht ein, das Laub fällt, Winter kommt – aber die Menschen, die von dir träumen, haben kaum Augen dafür. Sie sehen dein Gesicht vor sich, aber oft scheint es, als ob es verschwimmt. Deine Stimme ist ihnen lebendig, aber sie wird in ihrer Erinnerung immer leiser. Wie war das, wenn du gelacht hast? Welche Melodie hatte dein Ärger, deine Freude? Sie sind sich nicht mehr sicher, und das fühlt sich furchtbar an. Am Anfang, als ihre Trauer frisch war, trugen sie dein Bild wie eine Standarte in ihrer Seele. Sie waren sicher, dich nicht zu vergessen – nie, nie, niemals.

Doch die Vorstellung, in ihrer Erinnerung würdest du weiterleben, bis ans Ende aller Tage, ist ein Trugbild. Menschen erinnern nicht in Stein, felsenfest und unverrückbar. Die Erinnerung ist eher ein Fluss, der sich sein Bett selbst gräbt, der seinen Lauf mit der Zeit verändert. Trauernde, die Tagebuch über ihre Trauer führten, verglichen den Wandel in ihrer Erinnerung mit Schneefall: Langsam und leise legen sich die Schneeflocken ihrer eigenen Vorstellungen über die Erinnerungen an den Toten. Gut möglich, dass diese schleichende Veränderung mit weiteren einhergeht. Sie lernen, von dir in der Vergangenheit zu sprechen. Sie nennen eure Wohnung ihre Wohnung, unser Haus meins. Sie empfinden, es sei an der Zeit gewesen, als der Steinmetz anruft: An deiner Grabstätte steht nun der Stein; gesetzt, als sich die Erde auf deinen Überresten ausreichend gesenkt hatte.

Vielleicht wagen sich die Menschen, die dich vermissen, nun an deine Kleider, an deine Besitztümer. Auch in dieser Hinsicht ist Trauer individuell. Manche Trauernde werfen alles sofort aus dem Haus, als Signal an sich selbst, tunlichst auf die Beine zu kommen. Sie sortieren die Rückstände deines Leben zu Stapeln: für die Altkleidersammlung, für deine Freunde zur freien Auswahl, für Sperrmüll und Flohmarkt, und nichts als Fotos und ausgewählte Erinnerungsstücke für sie selbst. Überwältigt sie Furcht vor ihrer eigenen Unerbittlichkeit, überlisten sie sich, indem sie besondere Stücke deines Lebens anderen Menschen andienen. Dann glauben sie dein Werkzeug in gutem Gebrauch und deine Musik gehört. Anderen Trauernden zerschellt der Wille zum Ausmisten schon am ersten Paar Schuhe. Sie nehmen jede Hose, jedes Hemd einzeln in die Hand, als versuchten sie abzuwägen, wie viel Gramm von dir noch darin verborgen sind. Sie scheuen sich, Bücher wegzugeben, die sie dich nie lesen sahen. Sie beharren auf Gegenständen, die längst kaputt sind. Dein Tod hat einen Bann auf die Dinge gelegt. Später, im Rückblick, kommen sich einige Trauernde vor wie ein Kurator, wie der Direktor eines gewaltigen Museums, das einem einzigen Menschen gewidmet ist.

Die Wellen der Trauer schlagen hoch in diesen Stunden. So viel Erinnerung. So viel Schmerz. In der Gemeinschaft der Trauernden raten sie, sich Zeit für diese sachliche Seite der Trauer zu nehmen. Es braucht Abstand, sich von den Dingen zu lösen, die dein waren. Sie empfehlen aber, einige Andenken zu bewahren – und diese Andenken mit allen Sinnen auszuwählen. Fotos spiegeln dein Gesicht. Filme enthalten deine Art, zu lachen, zu gehen, zu schimpfen, zu tanzen. Deine Stimme und einige Dinge, die sie sagte, liegen womöglich auf Anrufbeantwortern oder im Speicher deines Mobiltelefons. Dein Geruch zählt zu den Eindrücken, die am ehesten verfliegen, er ist aber ein extrem machtvoller Anker der Erinnerung. Manche Trauernde hüten ihn in luftdichten Gefriertüten, in die sie Lieblingsklamotten des Toten stecken. Das ist nicht ungewöhnlich. Das ist auch nicht seltsam. Es ist einer von vielen Wegen, dein Andenken zu bewahren. Das Verblassen, das geschieht dann von allein.

Trauer macht mürbe, Trauer erschöpft. Die Menschen, die dich beklagen, lernen langsam, in ihrer Trauer zu leben. Sie beherrschen sich, sie halten ihre Tränen im Zaum. Wenn sie unter Menschen sind, wahren sie ihr Gesicht. Manchen Trauernden kommt das vor, als schlüpften sie Morgen für Morgen in eine Rüstung. Dieser Schutz ist schwächer, als es den Anschein hat. Eine kleine Geste, ein Gedankenfetzen reichen aus, und ihre Kontrolle stürzt in sich zusammen. Dann schlagen die Wellen des Schmerzes hoch, und die Trauer spült die Menschen davon, blind vor Tränen.

Die Auslöser dafür sind zahllos. Einige sind offensichtlich. Dein leerer Platz am Tisch. Dein Foto an der Wand. Die Briefe, die dich noch vereinzelt erreichen. Einige Auslöser sind sogar vorhersehbar. Der Tag jährt sich, an dem du damals vom Arzt gekommen bist, mit einer schlechten Nachricht. Ende Herbst kommt der Ewigkeitssonntag, an dem evangelische, und Allerseelen, an dem katholische Christen ihrer Verstorbenen gedenken. Aber die meisten Auslöser folgen keinem bestimmten Muster. In einer Menschenmenge weht ein

Hauch des Parfüms herüber, das du so gerne getragen hast. Irgendwo in der Wohnung – in einer Schublade, in einem Buch, vergessen in einer Jackentasche – taucht ein Zettel auf, auf den du etwas notiert hast. Vor dem Kühlregal im Supermarkt fällt der Blick auf eine bestimmte Marke Joghurt, den du immer gekauft hast. Auch der Auftakt einer Melodie, der Geschmack eines Gewürzes, das Wiedererkennen eines Ortes können Auslöser sein. Im selben Augenblick flackert eine Erinnerung auf, und auf einen Schlag ist alles wieder da. Der Abend, an dem ihr diese Melodie gehört hattet, und alle anderen Abende danach. Wie sehr du den Geschmack dieses Gewürzes verabscheut hast, und alle die Jahre des gemeinsamen Kochens. Diese Kreuzung, von der die Straße zu deiner alten Wohnung abgeht, in der ihr glücklich wart und jung. Die Erinnerungen entwickeln einen Sog, der sie wie ein Strudel hinabzieht, auf den dunklen Meeresboden, in das gewundene Tal oder die Trümmerwüsten ihrer Trauer, wo der Schmerz am stärksten ist.

In der Gemeinschaft der Trauernden vergleichen sie solche Auslöser mit Fallen, ausgelegt von der Erinnerung an dich. Viele Trauernde versuchen, diese Fallen zu umgehen. Sie suchen sich Wege abseits ihrer altbekannten Strecken. Sie versuchen, Plätze zu meiden, die mit dir verknüpft sind. Sie gehen wie mit gesenktem Kopf durch die Welt, Grenzlinien beachtend, die sie allein sehen. Aber egal, wie vorsichtig sie sind – sie können nicht alles vermeiden. Vor allem nicht den Lauf der Zeit. Zu den stärksten Auslösern zählen die Tage, an denen sich etwas jährt, dein Geburtstag, dein Todestag, der Tag deiner Trauerfeier.

365 Tage.
8760 Stunden.
525 600 Minuten.

Das erste Jahr ohne dich ist vorbei.

Es ist ein Zeitpunkt, den Menschen fern von Trauer als Wendepunkt verstehen, der sie in vorher und nachher teilt. 365 Tage, danach endete das traditionelle Trauerjahr, danach war es einer Witwe wieder erlaubt, zu heiraten. Nach einem Jahr enthüllen Juden den Grabstein auf dem Grab, nach einem Jahr lassen orthodoxe oder katholische Christen erneut eine Seelenmesse lesen. Viele Trauernde erleben den ersten Jahrestag deines Todes aber anders, viel stärker aus dem Lauf der Zeit betrachtet. Bis zu diesem Zeitpunkt war jeder Tag vor einem Jahr noch ein Tag, an dem du lebendig gewesen bist: Heute vor einem Jahr hast du den Ausflug in die Berge oder an die See gemacht, heute vor einem Jahr bist du ins Krankenhaus gekommen, heute vor einem Jahr – diese Möglichkeit des Denkens hielt dich gegenwärtig. Ab jetzt aber wird jeder Tag vor einem Jahr schon ein Tag gewesen sein, an dem du nicht mehr da warst. Ab jetzt ist jede Erinnerung an den Tag vor einem Jahr eine Erinnerung, in der du nicht mehr dabei bist. Vielleicht wehren sich deine Trauernden deshalb gegen deinen Todestag. Vielleicht wollen sie deiner genau deswegen gedenken.

Gedenktage sind schwieriges Gelände. Eine Mutter, die ihren Sohn verlor, erinnert sich an eine eigenartige Einsamkeit an seinem ersten Todestag, auch an seinem ersten Geburtstag danach. Viele Verwandte riefen nicht wie früher an, das Telefon war stumm. Das Argument, das sie später vorbrachten, lautete: Sie hätten nichts aufwühlen wollen. Das machte die Mutter wütend. Als ob sie die Bedeutung dieser Tage hätte vergessen können! Der Gedanke, Trauernde vor schmerzhaften Erinnerungen verschonen zu wollen, ist ein häufiger Trugschluss, auch abseits von Gedenktagen. Trauernde stehen aber nicht in Gefahr, aufgewühlt zu werden – sie sind schon aufgewühlt.

Die Generationen deines Lebens sammeln sich um dein Grab. Die vor dir, die nach dir, die Vielfalt daraus. Sie sind weniger, viel weniger als vor einem Jahr. Sie zünden ein oder zwei Kerzen an. Sie legen Blumen nieder. Es ist wie ein leises Echo deiner Beerdigung ein Jahr zuvor. Sie weinen ein wenig oder ganz viel oder gar nicht, den Blick auf diesen gesichtslosen Flecken gerichtet. Da liegst du, unter deinem Grabstein in deinem Grab, über dem sich alle Erde schon ausreichend gesenkt hat. Manchen Trauernden wird in diesem Moment eine erschütternde Tatsache bewusst.

Es geschieht wirklich.

Du rückst in die Vergangenheit.

Mit jedem Tag mehr, mit jedem Monat tiefer.

Der Wandel setzt schleichend ein, die meisten bemerken ihn kaum. Trauernde gewöhnen sich im Lauf der Zeit daran, dass ihr Schmerz im Geleit vieler Gefühle auftritt, dass die Wellen der Trauer in ihrer Wucht immer wahrnehmbar sind. Doch dieser Wandel ist verstohlen. Er übermannt Trauernde nicht jählings, wie so vieles anderes in der Trauer. Er kommt still, er nimmt sich Zeit. Trauernde, die Tagebuch führten, verglichen ihn mit dem Anbruch des Tages oder dem Vorgang, in dem sich ein Haus erwärmt, nachdem die Heizung angestellt wurde: Wenn dem Trauernden erstmals bewusst wird, dass der Tag die Nacht abgelöst hat oder das Haus warm geworden ist, ist der Prozess, der dies bewirkte, schon geraume Zeit im Gang. Die Menschen, die um dich trauern, stellen fest: Es gibt ein Leben nach deinem Tod.

Einige Trauernde vertreten die Auffassung, Trauer beginne erst dann: Das davor, das Leid, sei in seinem Pein und Schmerz passiv – das danach, die Auseinandersetzung mit diesem Leid, sei aktiv, sei tatsächliches Trauern. Wie alle Modelle, die sich der Mensch von

Trauer macht, wird auch dieses der Komplexität des Geschehens nicht gerecht. Trauer ist dynamisch, Trauer ist vielschichtig. Die Psychologen, die Trauer zu durchdringen versuchen, sprechen von einem komplexen, länger andauernden biopsychosozialen Bewältigungsprozess. Unter den Bildern und Vergleichen, die sie dafür gefunden haben, sticht eines hervor. Es beschreibt die chaotische Dynamik dieses Bewältigungsprozesses – das Auf und Ab, Hin und Her, Vor und Zurück der Trauer – als eine Art von Wippe, wie auf einem Spielplatz. Auf der einen Seite der Wippe sitzt der Teil der Trauer, der zurückblickt: Das ist die Trauer, die mit deinem Tod ringt, die in Wellen kommt, in Schmerz versinkt, die um das Leben mit dir trauert, auf die Vergangenheit ausgerichtet ist. Psychologen sagen: verlustorientierte Bewältigung. Auf der anderen Seite der Wippe sitzt der Teil der Trauer, der vorausblickt: Das ist die Trauer, die mit den Folgen deines Todes ringt, um das Leben ohne dich trauert, nach einer neuen Bindung zu dir sucht, sich den Veränderungen stellt, auf die Zukunft ausgerichtet ist – wiederherstellungsorientierte Bewältigung. Zwischen diesen zwei Seiten schwankt die Trauer hin und her, mal bekommt die ein größeres Gewicht, mal die andere. Aber im Laufe der Wochen, Monate, Jahre kippt die Trauer immer häufiger, immer länger auf die Seite der Zukunft.

Diese Stille. Sie umsäumt sich mit Klang, andere Stimmen, anderer Schwung. Diese Leere. Die Welt um sie weitet sich, andere Menschen, andere Orte. Deine Trauernden lernen Schritt für Schritt, an der Seite ihrer Trauer zu leben. Sie haben sich daran gewöhnt, dass dein alter Platz am Tisch leer bleibt. Sie essen wieder mit Appetit, sie schlafen tiefer und träumen andere Träume. Auch im Augenblick ihres Erwachens erinnern sie sich, dass du tot bist. Ihnen fällt es leichter, Dinge wegzugeben, die dein waren. Wann dieser Wandel einsetzt, ist so unterschiedlich wie die Trauer selbst. Manche Generationen deines Lebens spüren ihn früher: Gut möglich, dass du deinen Enkeln schneller aus dem Gedächtnis rückst als deinen Kindern. Manche Trauernde bemerken diesen Wandel nach Monaten, manche nach einem Jahr oder mehr. Sie erkennen, dass neben der Trauer um dich auch andere Gefühle Platz in ihrem Leben haben. Sie stellen fest, dass sie traurig um dich sein können und froh um anderes, um Momente, um Menschen, um das Leben.

Anfangs macht es ihnen vielleicht Angst, dass die Trauer um dich nicht mehr so maßlos ist, so gewaltig. Das ist normal. Für viele Trauernde ist die Trauer inzwischen zu ihrer stärksten Verbindung zu dir geworden. Nun zu spüren, wie sich diese Bindung verändert, kommt ihnen wie Verrat vor. Du warst so lange Teil ihres Lebens, und nun reichen ein, zwei Jahre, und ihr Schmerz um deinen Tod schwindet? Die Erinnerung an dich war über Monate wie körperlich spürbar, und auf einmal haben sie den Klang deines Lachens vergessen?

Die Menschen, die um dich trauern, zieht es seltener zu dir auf den Friedhof, sie besuchen dich weniger. Dein Grab ist dabei, seine Rolle als zentrale Stätte der Trauer zu verlieren. Trauerbegleiter sagen: Die Toten ziehen um – das Gedenken an sie verlagert sich an andere Orte, an eine Bank im Park vielleicht, in die Seiten der Bücher deiner Bibliothek, auf den Weg eines Spaziergangs, den du gerne gegangen bist. Es gibt viele Variationen: Manche Trauernde haben das Gefühl, dich nun stärker im Inneren zu tragen. Manche suchen dich an Stätten auf, die allein sie mit dir in Verbindung bringen; die Straße, in der du ganz früher wohntest, die Werkstatt, in der du getüftelt hast – wie eine Umkehr der Trauer zuvor, als sie alles daran setzten, solche Fallen der Erinnerung zu meiden. Alles natürlich. Manche Psychologen sagen, eines der großen Missverständnisse des Trauerns sei, dass es darum gehe, mit dem Toten abzuschließen, mit dir fertig zu werden. Sie glauben, es gehe vielmehr darum, eine neue, andere Beziehung zu dir aufzubauen. Das unternehmen die Menschen, die um dich trauern: Sie suchen andere Wege, sich an dich zu erinnern.

Dann ist es drei Jahre her, dass du gestorben bist, vier, fünf. Das Landesamt für Statistik hat deinen Tod längst weitergereicht, das Statistische Bundesamt dich erfasst, zusammen mit allen anderen Toten aufbereitet, abgezählt und die amtlichen Zahlen eures Sterbejahrgangs veröffentlicht: exakt 954 874 im Berichtsjahr, exakt 932 272 im Jahr zuvor, 910 902 Tote im Jahr davor. Die meisten Menschen, die dich kannten, haben sich daran gewöhnt, dass du aus ihrer Welt verschwunden bist. Sie fragen nur noch manchmal nach dir. Sie erzählen kaum mehr von dir. Sie vermissen dich selten. Deine Arbeitskollegen, deine Bekannten, viele deiner Freunde haben weniger die Tatsache deines Todes vergessen als die Bedeutung, die du in ihrem Leben einmal besessen hast. Du bist Vergangenheit geworden.

Auch den Menschen, die um dich trauern, entgleitest du. Sie haben deine Stimme nicht mehr im Ohr. Sie denken nicht mehr so oft an dich. Sie spüren keine Scham mehr nach jedem Lachen. Manche Trauernde beschreiben das als eine aufziehende Stille zwischen sich und ihrem Toten: Es wird leiser in der Erinnerung, aber auch im Leid. Das bedeutet nicht, dass Trauer zu Ende geht, ganz und gar nicht.

Dieses Empfinden, diese Zeiträume sagen nichts über die Trauer an sich. Dein Tod mag sechs Jahre her sein, sieben, acht, neun Jahre, aber an manchen Tagen fühlt es sich an, als wärst du erst gestern gestorben. Die Trauer um dich mag öfters schweigen, aber sie ist nicht stumm. Trauerbegleiter haben ein griffiges Bild dafür gefunden: Sie raten, sich Trauer als einen großen Klumpen Kohle vorzustellen, schwarz und schwer. Dieser Klumpen Kohle füllt ein Gefäß aus Glas fast vollkommen aus. Dieses Gefäß steht für die Welt, das Leben des Trauernden. Die meisten Menschen, die mit Trauer noch nicht vertraut sind, gehen davon aus, dass dieser große Klumpen nach einer gewissen Zeit zu schrumpfen beginnt, dass er nach und nach kleiner wird und zerfällt, bis er eines Tages vollends verschwunden ist und allein das Gefäß aus Glas zurückbleibt – vielleicht etwas schmutzig, aber leer. Diese Vorstellung von Trauer ist falsch, sagen Trauerbegleiter: Der Klumpen Kohle schrumpft nicht, er bleibt gleich groß – es ist vielmehr das Gefäß aus Glas, das seine Dimension verändert: Die Welt und das Leben des Trauernden wächst um die Trauer herum, wird größer und weiter, die Trauer nimmt weniger Raum ein. Aber sie ist noch genauso groß wie zuvor. Trauer geht nicht weg. Trauer bleibt.

Die Menschen, die an deinem Grab standen, finden sich erneut auf dem Friedhof ein, einzeln, als Teil einer ganz neuen Gruppe von Trauernden oder in nahezu der gleichen Zusammensetzung wie damals, vor Jahren, als sie dich beerdigten. Es tut wieder weh, aber anders. Sie weinen, aber nicht mehr allein um dich. Sie sehen ihren Schmerz im Spiegel des Gesichtes desjenigen, der dieses Mal die Liebe seines Lebens, seine Mutter, seinen Vater, sein Kind verloren hat. Vielleicht ist es für die Menschen, die nicht mehr nur um dich trauern, eine Offenbarung, vielleicht ist es ein Schock: Sie sehen diesen Ausdruck jetzt mit wissenden Augen – so verwundet, so nackt haben sie also damals auch auf dein offenes Grab geblickt.

Dann lassen die Schaffner den Sarg ins Grab hinab. Dann wirft der Priester die erste Erde auf den Sarg, Staub bist du, und zum Staub kehrst du zurück. Sie bitten für den Toten und alle Verstorbenen, und das ewige Licht leuchte ihnen. Sie beten besonders für den Menschen in ihrer Mitte, der dem Verstobenen als Erstes nachfolgen wird. Die Menschen, die damals auch an deinem Grab weinten, wenden sich ohne Zögern zum Gehen, und dann ist es an anderen, zu trauern, auf ihre Art.

Es dauert ein paar Begräbnisse, aber irgendwann, nach fünf Jahren oder zehn, erkennen deine Hinterbliebenen, dass sie in der Gemeinschaft der Trauernden zu den Alten, zu den Ahnen gehören. Sie haben an eigener Haut erlebt, wie vielschichtig Trauer sein kann: Sie haben die Tode nach dir anders als deinen verschmerzt. Sie standen an anderen Gräbern gleichmütiger. Sie weinten nicht um jeden Verlust. Manche Trauernde – oft jene, die auf eine offene Art trauern – beginnen, ihre Erfahrung an der Seite der Trauer zu teilen. Vielleicht unter Freunden, auf Fragen hin. Vielleicht unter Fremden, in Trauergruppen. Vielleicht wechseln einige sogar den Beruf. Viele Trauerbegleiter haben diese Arbeit aus eigener Trauer heraus ergriffen. Es gibt etliche Bestatter, die eine persönliche Geschichte mit Tod und Trauer verbindet. Doch die Mehrzahl der Trauernden trauert für sich. Und – je häufiger die Begräbnisse mit den Jahren werden – auch um sich. Im Alter ist Trauer anders, ichbezogener, allumfassender: Die eigene Generation ist dabei zu gehen, und mit jedem Freund, der stirbt, stirbt auch ein Stück der eigenen Geschichte. Der Mann, der auch noch wusste, wie diese Straßen vor fünfzig Jahren aussahen – gestorben. Die Frau, die sich an Sprüche und Spitznamen erinnerte, die sonst keiner mehr zu entschlüsseln verstand – tot. Alte Trauernde sagen, eines Tages empfinde man jeden Tod als Verlust eines Teils von sich. Wieder eine verloren. Wieder einer weg.

Der Sarg senkt sich ins Grab.

Staub bist du, und zum Staub kehrst du zurück.

Für alle Verstorbenen, und das ewige Licht leuchte ihnen.

Besonders beten wir für den in unserer Mitte, der dem Verstorbenen als Erstes folgen wird.

Die Menschen, die noch um dich trauern, werden weniger. Die Generationen deines Lebens rücken voran, Kinder werden Eltern, Eltern zu Großeltern, Großeltern sterben. Deine Lieben werden älter, deine Freunde weniger. Es ist sehr erstaunlich, es ist sehr menschlich: Auch die Menschen, die dein Sterben begleiteten, deinen Leichnam wuschen, deine Bestatter beauftragten, deine Trauerfeier gestalteten, an deinem Grab weinten, seit deinem Tod um dich trauern – selbst sie hegen bis zum Ende die alte Hoffnung: Der Tod? Das war doch immer der Tod der anderen, nie der eigene. Aber wir werden alle sterben, und nun wissen auch sie, wann.

Der Sarg sinkt ins Grab.

Der Priester betet, Staub zu Staub.

Und das ewige Licht leuchte ihnen.

Besonders beten wir für den unter uns, der dem Verstorbenen als Erstes folgt.

Mit jedem Tod wird die Trauer um dich schwächer, mit jedem Tod werden die Erinnerungen an dich weniger. Du bist dabei, zu vergehen. In deinem Grab hat sich die Urne mit deinen Überresten zersetzt, deine Asche ist in Erde übergegangen. Allein ihr Deckel überdauert noch, ihr Deckel und der Schamottstein, auf den deine Aschenummer geprägt ist. Der Boden, in dem du bestattet bist, bestimmt nun, wie lange deine letzte Ruhe dauert. Besteht der Boden um deine Urne oder deinen Sarg vor allem aus Schluff, aus Kies, aus Sand? Gibt es Ton- oder Lehmschichten? Wie sind die Grundwasserverhältnisse, wie verwesungsmüde ist die Erde, in der du liegst? Je nach Beschaffenheit des Bodens brauchen deine Überreste mehr oder weniger Zeit, um zu zerfallen. Je nach Boden gelten andere Ruhezeiten. Jeder

Friedhof setzt sie selbst fest, auf Grundlage der gesetzlich vorgeschriebenen Mindestruhezeiten, die eine ausreichende Verwesung deines Leichnams und eine angemessene Totenehrung zu ermöglichen haben. In der Regel sind es zwanzig Jahre, danach ist deine Ruhezeit abgelaufen. Wenn du in einem Wahlgrab verwest, können deine Angehörigen diese Frist verlängern. Ansonsten wird dein Grab neu belegt. Dann rollen die Grabmacher der nächsten Generation an, die Schaufel beißt sich in den Boden, und sie holen hoch, was von dir übrig ist, stechen dich tiefer ins Erdreich, betten dich in die Sohle.

Selbst in Stätten, die keine Vergängnis kennen – in Urnenhallen und Kolumbarien, in denen deine Asche in Nischen und Kammern beigesetzt wird –, sorgen sie dafür, dass du vergessen werden kannst: An deinem Sterbeort öffnen sie alle Urnen, deren abgelaufene Ruhezeit nicht verlängert wurde, geben die Asche aller Toten gemeinsam in einen großen Sack und beerdigen diesen Sack, aber diesmal anonym, in den Grabfeldern der Toten ohne Namen.

Ein Sarg.
Staub zu Staub.
Und das ewige Licht.
In unserer Mitte der Erste, der folgt.

Andere Menschen stehen an deinem alten Grab, ein neuer Toter senkt sich hinunter zu dir, und der alte Zyklus der Trauer, des Sterbens und des Todes beginnt neu. Der Abend der Beerdigung, und die Stille, und die Leere. Der Morgen danach, und das Erwachen in einer dunklen Ahnung. Die Tage, die Wochen, die Monate des Schmerzes. Das alles dreht sich nicht mehr um dich, sondern um den nächsten Toten in deinem Grab. Von nun an überdauerst du nur noch in der Erinnerung der Menschen, die dich einmal kannten. Und in einigen versprengten Schriftstücken, die in Dokumentenwannen verstaut sind.

Das Gesetz kennt genaue Fristen für dein Vergessen. Deine Geburtsurkunde bewahren die Ämter 110 Jahre auf. Danach geht das Gesetz davon aus, dass ein Geborener gestorben, vergangen und vergessen ist. Deine Heiratsurkunde hüten sie 80 Jahre. Deine Sterbeurkunde 30 Jahre. In den Augen der Ämter ist dein Tod danach Geschichte, und für Geschichte sind nicht sie, sondern die Archive zuständig: Sie überlassen ihre gesammelten Personenstandsurkunden den Stadt- oder Staatsarchiven. Auch das amtsärztliche Sterbewesen entsorgt dich nach dieser Zeitspanne. Dann fahren draußen im Hof die Aktenvernichter vor, werfen ihre Reißwölfe an und schreddern die Todesbescheinigungen wannenweise.

Die Menschen, die dich noch von Angesicht zu Angesicht kannten, sterben aus. Dein Tod ist dreißig Jahre her, vierzig Jahre, fünfzig. Sie werden weniger und weniger, bis nur noch jene bleiben, die dich am Anfang ihres Lebens kennenlernten. Vielleicht standen sie als Jugendliche an deinem Sarg, vielleicht als Kinder. Es ist eine ferne Erinnerung. Da war ein Grab. Da waren Männer in Schwarz. Ein Lied, schaurig und schön. Viele Menschen, längst alt geworden, längst gestorben. Wo war das noch? War es Winter? Sommer? Welches Jahr? Auch sie lernen zu leben und zu trauern, auch sie sterben. Irgendwann ist es nur noch eine Frage der Zeit, und es ist niemand mehr da, der dich noch lebendig kannte. Deine einstige Grabstätte wird zum dritten Mal geöffnet, und zwei Grabmacher, die zum Zeitpunkt deines Todes Säuglinge waren, stechen zu dir in die Sohle, um andere alte Knochen neben die zu betten, die noch von dir übrig sind, ein Stück Schädel, ein spröder Oberschenkel, schwarz wie Kohle.

Sarg.

Staub.

Das ewige Licht.
Der Erste, der folgt.

Deine Nachkommen zerstreuen sich. Sie wählen andere Wege, sie wohnen an anderen Orten. Sie führen ein Leben, das sich fundamental von deinem unterscheidet. Deine Existenz, die vor sechzig, siebzig, achtzig Jahren zu Ende ging, geistert nur noch in einigen Geschichten herum, erzählt an Kinder: Eure Urgroßmutter war früher … Euer Urgroßvater hat damals … Die wenigen Bilder von dir, welche die Generationen überdauert haben, sind wie Schatten aus einer lange entrückten Zeit. Was die Leute damals für Kleider trugen! Welche Geräte sie gebrauchten! Wie altertümlich ihre Art war, Bilder zu machen! Kein Mensch weiß mehr, wie du gelacht hast. Keiner kennt die Lieder, die dir wichtig waren. Niemand dein Wesen. Du bist nur eine blasse Erinnerung, eine unter vielen. Auch die Menschen, die diesen Funken von dir noch nicht vergessen haben, sterben, einer nach dem anderen.

Dann, an einem Tag außer Sicht, ist es so weit. Auf einem Sterbebett liegt ein alter Mensch, der noch nicht geboren war, als du einst gestorben bist. Er ist der Letzte, der eine Erinnerung an dich in sich trägt. Sie ist schwach. Sie ist schummrig. Kein Name. Kein Gesicht. Nur eine Ahnung, der Schemen eines Ahnen, vor grauer Zeit. Der sterbende Mensch sieht aus wie du damals. Seine Augen liegen tief in ihren Höhlen. Schwäche sperrt seinen Mund auf. Seine Wangen sind eingefallen. Seine Nase spitz. Er atmet flach. Er regt sich kaum. Er ist fern, so fern. Sein Kinn krampft, einmal noch schnappt er nach Atem. Dann ist es still. Der letzte Mensch, der sich an dich erinnerte, ist tot. Und mit seinem Tod ist deiner vollkommen, weil du vollständig in Vergessenheit fällst, wie alle anderen vor dir.

Nachwort

Als der Deutsche Bundestag im Jahr 2014 diskutierte, wie Sterbehilfe gesetzlich geregelt sein soll, war ich fasziniert: Die Debatte darüber war so emotional und persönlich wie sonst selten im Parlament, die gewohnten Grenzen zwischen den Parteien spielten keine Rolle mehr, die Abgeordneten sprachen sich offen aus – ein großer Augenblick der Demokratie. In den Monaten bis zur entscheidenden Abstimmung im November 2015 erörterten die Medien das Für und Wider der Gesetzesentwürfe, es gab Talkshows zum Thema, Meinungsumfragen. Ich hatte den Eindruck: Alle reden vom Sterben – aber was ist das denn eigentlich genau, das Sterben?

Ich war wenige Jahre zuvor Vater geworden, und damals hatte ich begeistert aufgesaugt, was es über den Anfang des Lebens zu lesen gab: Bis ins Detail zeichneten Bücher für werdende Eltern das Wunder nach, wie eine befruchtete Eizelle zu einem kleinen Menschen wächst. Sicherlich gäbe es, so glaubte ich, zum anderen Ende des Lebens ähnliche Wissenswerke: irgendeine Art von Einführung, in der ich Antworten auf meine Frage finden würde, was Sterben ausmacht. Vielleicht war diese Auffassung naiv. Aber ich war tatsächlich verblüfft, als ich auf die Schnelle nichts dergleichen fand. Meine Neugier war geweckt.

Ich arbeite als Journalist. Ich liebe diese Arbeit vor allem deswegen, weil sie mir erlaubt, neugierig zu sein, immer wieder von Neuem, ständig Fragen zu stellen, sogar dumme. Ich bin gerne neugierig, ich mag gerne ergründen. Also tat ich damals, was ich meistens mache, wenn ich mich einem Thema nähere, das mich neugierig gemacht hat: Ich suchte eine Bibliothek auf. Ich wählte eine Bibliothek, in der angehende Ärzte alles über ihre Arbeit lernen, Universität München, Fakultät für Medizin. Wo, wenn nicht hier, wäre ein guter Anfang, um etwas über das Sterben zu erfahren?

Doch in den Sälen, in denen Bücher bis zur Decke Spalier standen, schien es nichts zum Sterben zu geben. Ich irrte umher. Die Bibliothek hat zwei Stockwerke, es gibt eigene Räume für die wichtigsten Disziplinen der Medizin, endlose Regalmeter über Anatomie und Chirurgie, ellenlange Reihen zu Anästhesie und Radiologie, von einem einzigen Band zur Geburtshilfe existieren knapp zwei Dutzend Exemplare. Aber vom anderen Ende des Lebens – nichts. Es war seltsam. Ausgerechnet die Medizin, die sich dem Kampf gegen Krankheit und Tod verschrieben hat, blendet die Stunde des Sterbens aus? Sterben ist, was alle Menschen eint, die einzige Gewissheit des Lebens, die jedem sicher ist: Wir werden alle sterben. Wo waren die Bücher darüber?

Schließlich fand ich, ganz hinten, gleich neben der Naturheilkunde, eine schmale Spalte Bücher im Regal: die Palliativmedizin; jene Disziplin, die sich dem Sterbenden widmet. Der dickste Band dort, das »Lehrbuch der Palliativmedizin«, umfasst fast 1400 Seiten. Das Kapitel über den unmittelbaren Sterbeprozess ist neun Seiten lang. Zwei Stockwerke Wissen. Neun Seiten Sterben.

Das war der Augenblick, in dem die Arbeit an diesem Buch begann. Jetzt wollte ich es wissen. Wenn ein

Mensch stirbt – was passiert denn da genau? Wann beginnt es eigentlich, das Sterben? Wie verläuft er, der Weg in den Tod? Und was geschieht danach? Also habe ich mich auf die Suche nach dem Sterben und, in der Folge, nach dem Tod gemacht. Am Anfang bat ich Ärzte der Palliativmedizin um Antworten. Ich lernte schnell, dass meine Sehnsucht, Sterben so zu durchdringen wie eine Maschine oder eine Sprache, nicht zu erfüllen war. Dafür ist Sterben zu komplex, die Prozesse dahinter von Mensch zu Mensch zu individuell. Sterben, erklärten mir die Ärzte, folgt keinem festen Fahrplan. Meine erste Reaktion war Enttäuschung. Aber je länger ich mich damit beschäftigte, umso mehr fesselte mich, dass sich Sterben und Tod einem vollständigen Begreifen entziehen – und dass etliche Spezialisten, mit denen ich sprach, diesen Umstand im Grundsatz auch guthießen: Er finde es gar nicht so schlimm, sagte mir ein alter Arzt am Anfang meiner Recherche, dass Sterben solch ein Rätsel ist. Er empfahl mir einen Sammelband mit dem wunderbaren Titel »Sterben: Dimensionen eines anthropologischen Grundphänomens«. Mich faszinierte, in die unterschiedlichen wissenschaftlichen Sichtweisen des Sterbens einzutauchen: Ein zum Tode verurteilter Verbrecher in den Vereinigten Staaten ist in den Augen eines Psychologen bereits ein Sterbender, weil ihm die Tatsache und womöglich sogar der Zeitpunkt seines Todes bewusst sind – ein Arzt, der den gleichen Menschen medizinisch untersucht, begreift ihn ganz und gar nicht als sterbend. Ich überlegte, ob es nicht doch einen Weg geben könnte, Sterben zu schildern, in seiner gesamten Rätselhaftigkeit.

Dabei kam mir das Archiv der Süddeutschen Zeitung zu Hilfe, für die ich arbeitete. Artikel über Sterben und Tod gibt es etliche, und viele haben eine Gemeinsamkeit: Sie stellen konkrete Fälle in den Mittelpunkt. Sie schildern Sterben und Tod am Beispiel eines oder mehrerer Menschen, unmittelbar auf diese Personen bezogen. Während ich diese Geschichten las, rührten mich die Schicksale der sterbenden Menschen, oft zu Tränen. Aber ebenso zuverlässig wie meine Wehmut lösten sie noch etwas anderes aus – eine Art gnadenlosen Reflex, durch den ich mich augenblicklich distanzierte: Diese Schicksale handelten ja von jemand anderem, Sterben ging ja gar nicht um mich! Es war, als ob sich durch die Auseinandersetzung mit dem Sterben anderer eine Mauer zwischen mir und der Tatsache aufbaute, dass Sterben selbstverständlich auch mich betrifft, dass es das Einzige in meiner Zukunft ist, von dem ich vollkommen sicher sein kann, dass es eintreten wird. Ich stellte mir die Frage: Wie wäre es möglich, diese Hürde einzureißen, wenigstens erzählerisch? Wenn ich versuchen wollte, Sterben zu schildern, dann sollte klar werden, dass es jeden betrifft – und ja, auch und ganz besonders jeden Leser meiner Schilderung. Es sollte um Sterben gehen, aber nicht irgendein Sterben. Sondern dein Sterben.

Um diese Idee in die Tat umzusetzen, musste ich mich auf die Suche nach etwas machen, was es im Sterben eigentlich gar nicht gibt: einen archetypischen Sterbenden, der möglichst viele Aspekte des Sterbens in sich vereint – die Kunstfigur eines »Otto Normalsterbenden«. Ich begann, mich mit Menschen zu treffen, die sich mit dem Sterben auskennen: nicht nur Ärzte, sondern auch Krankenpfleger, Hospizhelfer, Gerichtsmediziner, Professorinnen der Palliativmedizin. Ich hangelte mich von Person zu Person, immer wieder fragend, wer sonst noch mit seinem Wissen dazu beitragen könnte, meinen »Otto Normalsterbenden« Stück für Stück zusammenzusetzen, wie ein Mosaik. Ich sprach mit alten Ärzten, die nahezu ihr gesamtes Arbeitsleben in der Palliativmedizin zugebracht hatten, und mit jungen, die gerade anfingen. Ich las wissenschaftliche Studien und persönliche Bücher, in denen Sterbende über ihre Situation reflektierten. Ich sah mir Statistiken, Zeichnungen, Filme an, die das Sterben einzufangen versuchten. Ich sprach mit Seelsorgern, mit Angehörigen, mit Menschen, die sterbenskrank waren. Manchmal waren diese Gespräche kurz, manchmal lang, manchmal nahm ich daraus nur einen einzigen Eindruck mit und manchmal eine lange Liste voller Empfehlungen von Büchern, Gedichten oder Kunstwerken über das Sterben. Es dauerte nicht lang, und mir ging es nicht mehr um das Sterben allein, sondern auch um das, was darauf folgt, den Tod und die Zeit danach. Ich lernte Bestatter kennen, Leichenbeschauer, Aufbahrer, Trauerbegleiter. Ich besuchte Beisetzungen auf kleinen Gemeindefriedhöfen und in großen Klosterkrypten. Ich bat einen Bestatter darum, bei ihm mitarbeiten zu dürfen, begleitete Leichenbeschauer und Standesbeamte bei ihrem Dienst, besuchte Krematorien und Aussegnungshallen. Aus meinem »Otto Normalsterbenden« war ein »Otto Normaltoter« geworden, dessen Weg ich nachzuzeichnen versuchte.

Oft verdankte ich es dieser Kunstfigur, dass mir Ärzte oder Bestatter erlaubten, ihre Arbeit an der Seite der Toten schrankenlos mitzuerleben: Der Schutz der Privatsphäre, die jedem Menschen gebührt, reicht über den Tod hinaus. Außerdem genießt jeder Leichnam vor dem Gesetz einen gesonderten Schutz seiner Würde. Deswegen sind viele Stationen, die ein Toter auf seinem Weg zum Grab durchläuft, der Öffentlichkeit und damit auch mir als Journalist verschlossen. Einige Spezialisten an der Seite der Toten gewährten mir nur deshalb so freizügig Einblick, weil ich versprach, keinerlei Details einzelner Verstorbener kenntlich zu machen, sondern aus der Summe aller Eindrücke einen archetypischen Toten in Deutschland erstehen zu lassen. Das hatte zur Folge, dass ich nicht nur alle Toten, sondern auch alle

Lebenden in diesem Buch anonymisiert habe, um keine Rückschlüsse zuzulassen. Das betrifft auch Gesprächspartner, die mir eigentlich gestattet hatten, sie mit ihrem Namen und ihrer Funktion zu zitieren. Auch alle Orte, die in diesem Buch auftauchen, habe ich aus diesem Grund verfremdet.

Meine Herangehensweise, gewissermaßen Sterben und Tod des Lesers selbst zu erzählen, zieht außerdem zwei Folgen nach sich, auf die ich aufmerksam machen möchte: Zum einen stützt die direkte Ansprache des Lesers einen Effekt, den Handreichungen manchmal haben – sie erwecken ein Gefühl des Wissens und damit der Kontrolle. Im Fall dieses Buches wiegt das schwerer als sonst, weil Sterben genau das Gegenteil von Kontrolle darstellt, und das Wissen im Tod an seine Grenzen stößt. Jede Überlegung, jedes Reflektieren über Sterben und Tod ist kognitiv, Sterben ist aber auch ein seelischer Prozess. Zum anderen sah ich im Schreiben mit Sorge, dass diese Form des Erzählens eine entscheidende Unschärfe mit sich bringt, insbesondere wenn es um Tod und Trauer geht: Um den Weg eines archetypischen Verstorbenen auf diese Art schildern zu können, musste ich ihm Angehörige zuschreiben – Menschen, die ihn im Leben liebten, um ihn sorgten, nun um ihn weinen. Dadurch entsteht der Eindruck eines starken sozialen Umfelds aus Freunden und Familie, das noch dazu im Angesicht des Todes wie spielerisch zu funktionieren scheint, ohne Angst, ohne Streit. Doch das ist in Sterben und Tod nicht die Regel. Manche Menschen haben keine Kinder. Manche haben Verwandte, die Hunderte Kilometer entfernt leben. Manche leben allein und sterben allein. Manche haben niemand, der um sie weint. Ein erfahrener Aufbahrer sagte mir, was sich in den vergangenen Jahrzehnten in seinen Augen am stärksten verändert habe, sei der deutliche Anstieg an stillen Einäscherungen – Verstorbene also, die ohne jeden

Abschied, ohne Trauerfeier verbrannt und dann beigesetzt werden. Ich wünschte, mir wäre es geglückt, diesen traurigen Aspekt des Todes in unserer Zeit deutlicher zu machen. Ich hatte manchmal das Gefühl, dieses Buch wirke – obwohl es um Sterben und Tod geht – viel zu warm, viel zu freundlich für die Umstände, in denen manche Menschen sterben und bestattet werden. Ich hoffe, diese Schwäche des Buches wiegt nicht zu schwer.

Zu guter Letzt: Dieses Buch ist mein Versuch, eine allgemein verständliche Darstellung von Sterben und Tod zu schreiben. Es ist kein Lehrbuch, keine wissenschaftliche Studie. Deswegen habe ich auf Fußnoten verzichtet. Im laufenden Text zitiere ich weder die Fachleute noch die Werke, die ich während meiner Recherchen gesprochen und zurate gezogen habe. Aber ich bin allen zu großem Dank verpflichtet.

Auch wenn ich manche im Folgenden nicht namentlich nennen kann – ich danke allen von ihnen, dass sie mir die Möglichkeit gegeben haben, an ihren Erfahrungen und ihrer Arbeit mit Tod und Sterben teilzuhaben.

Besonders danke ich den Sterbenden und den Toten, denen ich bei der Arbeit an diesem Buch begegnet bin.

Dank

Ich bin den vielen Menschen, die mir bei der Arbeit an diesem Buch geholfen haben, zu großem Dank verpflichtet. Allen voran danke ich Dr. Thomas Binsack, dem langjährigen Chefarzt der Palliativstation St. Johannes von Gott am Krankenhaus Barmherzige Brüder in München. Bedanken möchte ich mich auch bei den Pflegern und Ärzten des Christophorus Hospiz Vereins sowie der Klinik für Palliativmedizin am Klinikum Großhadern in München, besonders bei Prof. Dr. Claudia Bausewein, Dr. Holger Wegner, Sepp Raischl, Ulrich Heller und Michael Schneider.

Mein großer Dank gilt den Chefs und allen Mitarbeitern des Bestattungsbetriebs, bei dem ich hospitieren durfte. Ich danke besonders A., der ein außerordentlicher Trauerbegleiter ist, H. in seinem Keller voller Licht, N., D. und den weiteren Bestattungsfachkräften, mit denen ich über das Land fuhr. Auch dem anderen Bestatter in der großen Stadt, der mich an seiner Arbeit teilhaben ließ, danke ich sehr. Ich danke den Leichenbeschauern, die mir in der Theorie erklärten und mich in der Praxis erleben ließen, was eine Leichenschau ausmacht, ganz besonders Frau Dr. B. Zu Dank bin ich auch den Standesbeamten der Sterbebüros und der

Amtsärzte der Gesundheitsämter verpflichtet, die mich in die Feinheiten des Sterbewesens und des Personenstandsgesetzes einführten, insbesondere Frau O. und Dr. G. Zudem danke ich den Kollegen des Krematoriums, das ich besucht habe, speziell K., dem Herrn des Feuers.

Ein Teil meines Textes über das Sterben erschien zuerst im Magazin der Süddeutschen Zeitung, und die Unterstützung seiner Redakteure war für das Entstehen dieses Buches von entscheidender Bedeutung. Ich danke Timm Klotzek und Michael Ebert für die Bereitschaft, einem Thema wie Sterben nicht nur Raum zu geben, sondern mir auch die Zeit zu gewähren, die notwendig ist, sich einem solchen komplexen Thema zu nähern. Ich empfinde es als großes Glück, für ein Magazin und eine Zeitung zu arbeiten, die sich Geschichten mit solcher Leidenschaft, Gründlichkeit und Ausdauer widmen. Ich danke besonders den beiden großartigen Dokumentarinnen des SZ-Magazins, Dr. Daniela Ptok und Angelika Rauch, die mit großer Sorgfalt und Geduld meine Artikel auf Irrtümer prüfen. Auch dem Textchef, Marc Schürmann, gilt mein Dank für seinen umsichtigen Umgang mit meiner Arbeit, gerade wenn sie sich – wie bei der direkten Ansprache des Lesers in diesem Text – herkömmlichen journalistischen Stilformen entzieht.

Mein Dank gilt Elisabeth Ruge und den Mitarbeitern ihrer Agentur, die meinem anfänglichen Zweifel trotzten, ob Tod und Sterben tatsächlich geeignete Themen für ein Buch wären, und dann einen guten Verlag dafür fanden. Ich danke Felicitas von Lovenberg und ihren Kollegen im Piper Verlag für ihre Anregungen und ihre Begleitung. Besonders danke ich Anna Frahm, meiner Lektorin: Ihre Bereitschaft, sich ebenso beharrlich wie engagiert mit Sterben und Tod auseinanderzusetzen, machten die Zusammenarbeit mit ihr zu einer Ehre. Ihr genauer Blick und ihr Gespür für Sprache – insbesondere wenn es um auf den ersten Blick abstoßende Details der Prozesse des Sterbens und des Todes ging – haben dieses Buch besser gemacht.

Ich danke allen, die mit großer Geduld ertragen haben, dass ich immer und immer wieder von den Erfahrungen erzählte, die ich während meinen Recherchen machte: Ich kann nicht genug betonen, wie sehr es mir geholfen hat, im Kreis von Freunden und Vertrauten auszusprechen, was mich während der Arbeit an diesem Buch aufwühlte. Ihre Gedanken dazu haben mich gestützt und inspiriert. Im Besonderen danke ich: Tinka, Martin und Matthias, meinen alten Kollegen der schreib.maschine, Valentin für das Stundengebet zur rechten Zeit, Dirk und Peter für die Antworten auf viele Fragen im Meisterstück, Caro und Andreas, die nicht nur als Ärzte wissen, worum es geht, Daniela und Robert für einen Abend voller Offenheit, Philipp für seinen Erfahrungsschatz in der Gemeinschaft der Trauernden, Torsten, Moritz, Philipp und Oliver für die Fahrten auf dem Reik und die Gedanken darüber, wie der Tod der Eltern das Leben verändert, Vanessa für die Abende abseits des Sterbens – und vor allem meiner Familie: Mein Bruder, meine Eltern, meine Frau und meine Kinder, die mir mehr geholfen haben, als ich in Worte fassen kann.

Weiterführende Literatur

Ariès, Philippe, *Geschichte des Todes*. München, 2009.

Bausewein, Claudia, *Sterben ohne Angst. Was Palliativmedizin leisten kann*. München, 2015.

Bausewein, Claudia, Roller, Susanne, Voltz, Raymond (Hrsg.), *Leitfaden Palliative Care. Palliativmedizin und Hospizbetreuung*. 5. Auflage. München, 2015.

Becker, Ernest, *The Denial of Death*. New York, 1997.

Becker, Ulrich, Feldmann, Klaus, Johannsen, Friedrich (Hrsg.), *Sterben und Tod in Europa*. Neukirchen-Vluyn, 1998.

Blain, Georgia, *Museum of Words. A memoir of language, writing, and mortality*. Melbourne, 2017.

Bormann, Franz-Josef, Borasio, Gian-Domenico (Hrsg.), *Sterben. Dimensionen eines anthropologischen Grundphänomens*. Berlin, 2012.

Borasio, Gian Domenico, *Über das Sterben. Was wir wissen. Was wir tun können. Wie wir uns darauf einstellen*. München, 2012.

Bowler, Kate, *Everything happens for a reason. And other lies I've loved*. New York, 2018.

Butler, Katy, *Knocking on heaven's door. The Path to a better Way of Death*. New York, 2013.

Byock, Ira, *Dying Well. Peace and Possibilities at the End of Life*. New York, 1998.

Cardinal, Claudia, *Wir sehen uns. Neue Wege des Trauerns und des Erinnerns*. Mannheim, 2010.

Callender, Ru et al., *The Natural Death Handbook*. London, 2012.

Christakis, Nicholas A., *Death Foretold. Prophecy and Prognosis in Medical Care*. Chicago, 1999.

Deinert, Horst et al. (Hrsg.), *Todesfall und Bestattungsrecht*. Düsseldorf, 2014.

de Ridder, Michael, *Abschied vom Leben. Von der Patientenverfügung bis zur Palliativmedizin. Ein Leitfaden.* München, 2017.
de Ridder, Michael, *Wie wollen wir sterben? Ein ärztliches Plädoyer für eine neue Sterbekultur in Zeiten der Hochleistungsmedizin.* München, 2010.
Devine, Megan, *It's ok that you're not ok. Meeting Grief and Loss in a Culture that doesn't understand.* Boulder, 2018.
Diamond, John, *Because Cowards get Cancer too.* London, 1999.
Didion, Joan, *Das Jahr magischen Denkens.* Berlin, 2006.
Doughty, Caitlin, *Fragen Sie Ihren Bestatter. Lektionen aus dem Krematorium.* München, 2016.
Durigon, Michel, Guénanten, Michel, *Thanatopraxie.* Bern, 2013.
Earle, Sarah, Komaromy, Carol, Bartholomew, Caroline (Hrsg.), *Death and Dying.* London, 2009.
Enck, Robert E., *The medical Care of terminally ill Patients.* Baltimore, 2002.
Engelke, Ernst, *Die Wahrheit über das Sterben. Wie wir damit besser umgehen.* Reinbek bei Hamburg, 2015.
Feddersen, Berend, Seitz, Dorothea, Stäcker, Barbara, *Der Reisebegleiter für den letzten Weg. Das Handbuch zur Vorbereitung auf das Sterben.* München, 2015.
Gaedke, Jürgen, Diefenbach, Joachim (Hrsg.), *Handbuch des Friedhofs- und Bestattungsrechts.* 11. Auflage. Köln, 2016.
Gawande, Atul, *Sterblich sein. Was am Ende wirklich zählt.* Frankfurt, 2015.
Gawande, Atul, *Tell me where it hurts.* In: »New Yorker« vom 23. Januar 2017.
Goebel, Swantje, *Die eigene Sterblichkeit im Blick. Eine biographienanalytische Studie mit Hospizhelfern.* München, 2012.
Gottschling, Sven, *Leben bis zuletzt. Was wir für ein gutes Sterben tun können.* Frankfurt am Main, 2016.
Grill, Bartholomäus, *Um uns die Toten. Meine Begegnungen mit dem Sterben.* München, 2014.
Groß, Dominik et al. (Hrsg.), *Tod und toter Körper. Der Umgang mit dem Tod und der menschlichen Leiche am Beispiel der klinischen Obduktion.* Kassel, 2007.
Hall, Donald, *The poetry of death.* In: »New Yorker« vom 12. September 2017.
Harrison, Robert P., *Die Herrschaft des Todes.* München, 2006.
Hayasaki, Erika, *The Death Class. A True Story about Life.* New York, 2014.
Hayman, Jarvis, Oxenham, Marc, *Human Body Decomposition.* London, 2016.
Herrndorf, Wolfgang, *Arbeit und Struktur.* Berlin, 2013.
Hitchens, Christopher, *Endlich. Mein Sterben.* München, 2013.

Iverson, Kenneth, *Death to Dust. What happens to dead bodies?* Tuscon, 1993.
Kalanithi, Paul, *Bevor ich jetzt gehe. Was am Ende wirklich zählt: Das Vermächtnis eines jungen Arztes*. München, 2016.
Kellehear, Allan, *The Study of Dying. From Autonomy to Transformation*. Cambridge, 2011.
Kellehear, Allan, *The Inner Life of the Dying Person*. New York, 2014.
Kübler-Ross, Elisabeth, *Interviews mit Sterbenden*. München, 2001.
Lakotta, Beate, Schels, Walter, *Noch einmal Leben vor dem Tod. Wenn Menschen sterben*. München, 2004.
Lewis, Clive S., *Über die Trauer*. Frankfurt am Main, 2016.
Lewis, Clive S., *Über den Schmerz*. Gießen, 2015.
Lichtner, Rolf (Hrsg.), *Bestattung in Deutschland*. Düsseldorf, 2015.
Lloyd, Caroline, *Grief demystified*. London, 2018.
Macdonald, Helen, *H wie Habicht*. Berlin, 2015.
Mann, Sally, *What remains*. Boston, 2003.
Mannix, Kathryn, *With the End in Mind. Dying, Death and Wisdom in an Age of Denial*. London, 2017.
Mitford, Jessica, *The American Way of Death Revisited*. New York, 1998.
Moller, David W., *Confronting Death. Values, Institutions and Human Mortality*. Oxford, 1996.
Mukherjee, Siddhartha, *Bodies at Rest and in Motion*. In: »New Yorker« vom 8. Januar 2018.
Nuland, Sherwin B., *Wie wir sterben. Ein Ende in Würde?* München, 1994.
Piepgras, Ilka, *Wie ich einmal auszog, den Tod kennenzulernen, und dabei eine Menge über das Leben erfuhr*. München, 2017.
Raschke, Jens, *Schlafen Fische?* München, 2017.
Rinder, Nicole, Rauch, Florian, *Das letzte Fest. Neue Wege und heilsame Rituale in der Zeit der Trauer*. München, 2012.
Ritter, Marc, Ising, Tom, *Das Allerletzte. Was Sie schon immer über den Tod wissen wollten*. München, 2013.
Roach, Mary, *Die fabelhafte Welt der Leichen*. München, 2012.
Roth, Fritz, *Das letzte Hemd ist bunt. Die neue Freiheit in der Sterbekultur*. Frankfurt am Main, 2011.
Saramago, José, *Eine Zeit ohne Tod*. Reinbek bei Hamburg, 2009.
Saunders, Cicely, *Leben mit dem Sterben. Betreuung und medizinische Behandlung todkranker Menschen*. Göttingen, 1991.
Schlingensief, Christoph, *So schön wie hier kanns im Himmel gar nicht sein. Tagebuch einer Krebserkrankung*. München, 2010.
Schulz, Kathryn, *When Things go missing. Reflections on Two Seasons of Loss*. In: »New Yorker« vom 13. Februar 2017.
Schupp, Isabel, *Die Nacht bringt dir den Tag zurück. Leben und Abschied meiner Tochter*. Bielefeld, 2014.

Shneidman, Edwin S. (Hrsg.), *Death. Current Perspectives.* 3. Ausgabe. Palo Alto, 1984.

Student, Johann-Christoph (Hrsg.), *Sterben, Tod und Trauer. Handbuch für Begleitende.* Freiburg, 2004.

Soffer, Rebecca, Birkner, Gabrielle (Hrsg.), *Modern Loss. Candid Conversation about Grief.* New York, 2017.

Süskind, Patrick, *Über Liebe und Tod.* Zürich, 2005.

Sußebach, Henning, *Die Angst des Friedhofs vor dem Tod.* In: »Die Zeit« vom 24. Oktober 2013.

Taylor, Cory, *Sterben. Eine Erfahrung.* Berlin, 2016.

Taylor, Cory, *Questions for me about Dying.* In: »New Yorker« vom 31. Juli 2017.

Thöns, Matthias, *Patient ohne Verfügung. Das Geschäft mit dem Lebensende.* München, 2016.

Uhl, Juliane, *Drei Liter Tod. Mein Leben im Krematorium.* München, 2015.

Warraich, Haider, *Wie wir heute sterben. Über die Biologie des Todes und wie sich das Ende unseres Lebens verändert hat.* München, 2018.

Wirth, Ingo, Strauch, Hansjürg, *Rechtsmedizin. Grundlagen für die Ermittlungspraxis.* Heidelberg, 2006.

Wittkowski, Joachim (Hrsg.), *Sterben, Tod und Trauer. Grundlagen, Methoden, Anwendungsfelder.* Stuttgart, 2003.

Wittkowski, Joachim, Strenge, Hans, Lenzen, Wolfgang, *Warum der Tod kein Sterben kennt.* Darmstadt, 2011.

Wittwer, Héctor, Schäfer, Daniel, Frewer, Andreas (Hrsg.), *Sterben und Tod. Ein interdisziplinäres Handbuch.* Stuttgart, 2010.

In der Passage über die Totenpflege wird aus den folgenden Schlagern zitiert: Manuela: *Schuld war nur der Bossa Nova*, Udo Jürgens: *Die Sonne und du*, Mireille Mathieu: *Das Wunder aller Wunder ist die Liebe*, Jürgen Marcus: *Eine neue Liebe ist wie ein neues Leben*, Udo Jürgens: *Immer wieder geht die Sonne auf*, Zarah Leander: *Nur nicht aus Liebe weinen*